소프트웨어로 해보는 문헌고찰
: MAXQDA 활용하기

한유리 지음

박영story

서 문

안녕하세요. 이 책을 쓴 목적은 질적 자료분석을 도와주는 컴퓨터 소프트웨어 패키지(CAQDAS 또는 QDA software)를 문헌고찰에 활용하는 방법을 소개하기 위해서입니다. 질적 연구자들이 소프트웨어 사용법도 익히고, 동시에 연구에 필수적인 문헌고찰도 수월하게 할 수 있다면 좋겠다는 생각에서 책을 구상하게 되었습니다. CAQDAS는 Computer-Assisted Qualitative Data Analysis Software(QDA software는 Qualitative Data Analysis software)의 줄임말로서 현재 ATLAS.ti, MAXQDA, NVivo, Dedoose, Quirkos 등 다양한 소프트웨어가 연구자들에 의해 사용되고 있습니다.

사실 저는 2018년에 냈던 『초보자를 위한 질적분석가이드』라는 책에서 대학원생이 논문을 쓸 때 일단 종이에 프린트하여 어느 정도 분석을 시작한 뒤, 이후 작업은 워드나 엑셀 프로그램을 활용해도 충분하다고 했습니다. 저 역시 그렇게 하고 있었기 때문이죠. 최근에는 그 생각이 바뀌었습니다. 몇 가지 소프트웨어의 기능을 비교할 겸 이것저것 바꿔가며 분석을 하다 보니 이제는 소프트웨어를 쓰며 작업 과정을 기록으로 남기는 것이 습관이 되었고, 나아가 분석뿐 아니라 문헌고찰에도 소프트웨어를 활용합니다. 물론 질적 연구에서는 기본적으로 연구자의 직관과 성찰이 큰 부분을 차지하기 때문에 컴퓨터 소프트웨어가 오히려 창의적인 분석에 걸림돌이 된다는 의견도 여전히 많죠. 소프트웨어 사용법을 배우고 익숙하게 쓸 때까지 드는 시간도 무시할 수 없습니다. 그러나 상당수의 소프트웨어는 업그레이드가 거듭되면서 쓰기 편해지고 기능이 발전했습니다. 표나 그래프, 개념도 작성, 나아가 동영상 또는 이미지 분석도 수월합니다.

이 책에서 예시로 사용할 소프트웨어는 MAXQDA(맥스-큐디에이)입니다. 소프트웨어 패키지마다 기능이 크게 다르지 않으므로 본문에서 소개하는 분석 방법을 이해하면 자신이 가지고 있는 다른 프로그램(예를 들어 ATLAS.ti나 NVivo)에도 적절하게 응용할 수 있을 것입니다. 또한 이 내용은 모든 질적 분석과도 연결되므로 질적 연구에 대한 이해가 있는 독자라면 문헌고찰 분석방법을 응용해서 내용분석이나 테마분석, 또는 특정 방법론의 분석(가령 근거이론의 오픈코딩과 축코딩, 선택코딩)을 진행할 수 있을 것입니다.

여기서 잠깐. 워드로 보고서를 쓸 때 마이크로소프트 워드 매뉴얼을 달달 외울 필요도 없고, 설사 외운다고 글이 저절로 잘 써지는 건 아니듯, 소프트웨어가 제공하는 모든 기능을 이해한 뒤 분석할 필요는 없습니다. 그래야만 제대로 된 분석인 것도 아니고요. 이 책은 빠르게 읽고 바로 시도해 볼 실용서 역할에 충실하고자 했기 때문에 실제 문헌자료를 입력해서 코딩하고 범주로 묶고 여러 측면으로 비교하면서 테마를 도출하는 데 충분하다 싶을 정도의 기본적인 기능을 소개합니다. 동영상 분석 같은 그 밖의 기능은 나중에 자신감이 붙어서 해당 소프트웨어로 할 수 있는 다른 부분까지 알고 싶다는 호기심이 들 때 홈페이지의 매뉴얼이나 동영상(video tutorials)을 검색해서 알아볼 수 있습니다. 나아가 주제 선정이나 데이터베이스를 통한 아티클 검색 방법 등 문헌고찰 설계에 대한 전반적인 설명은 시중에 나와 있는 여러 방법론 서적을 참고하는 게 효과적이라고 판단하였습니다. 정리하면, 본문에서 다룰 내용은 아래와 같습니다.

- MAXQDA의 사용법과 기본 기능 소개
- 아티클을 소프트웨어 패키지에 입력해서 읽고 평가하며 최종 테마를 도출하는 과정 설명

자칫 소프트웨어만 있으면 분석이 저절로 될 거라는 잘못된 인식을 줄까 우려되지만 그렇게 단순하게 받아들일 연구자는 없으리라 생각합니다. 소프트웨어를 연구와 문헌고찰이라는 쉽지 않은 과정에 도움을 줄 유용한 도구로 잘 사용하시기를 바랍니다.

마지막으로 이 책의 출간을 흔쾌히 허락해 준 박영Story 노현 대표님, 귀여운 토끼 이모티콘을 만들어서 책에 포인트를 추가해 준 일러스트레이터 조해밀 양에게도 감사의 말씀을 드립니다.

감사합니다.

2022년 가을

저자 한유리

차 례

준비단계

Chapter

01

문헌고찰이란

안녕하세요. 일반적으로 박사나 석사논문에는 선행연구를 검토하는 문헌고찰(literature review)이 포함됩니다. 많은 양의 자료를 찾고 정리하는 작업은 초보 연구자뿐만 아니라 숙련된 연구자에게도 쉽지 않은 일인데요. 학술적인 글에 문헌고찰이 반드시 들어가는 이유는 무엇일까요?

대학원 박사과정 진학을 준비하던 시절, 제가 흥미롭게 읽은 책은 필립스와 퓨(Phillips & Pugh, 2005)의 『박사학위 길잡이(How to get a Ph.D)』였습니다. 특히, 와 닿았던 문구가 있는데요. 박사학위를 받는 과정에서 반드시 도달해야 하는 새로운 전문가적 정체성이 있으며, 그것은 바로 남들이 "무식하다고 할까봐 두려워서 아는 척하는 대신, 필요하면 이해하지 못한다는 것을 거리낌 없이 표현하고, 무언가에 대해 모른다는 것을 알게 되면 정보를 요구"(p. 25)할 수 있는 사람이 되는 것이었습니다. 아마 성장하고 사회생활을 하는 동안 모르고도 아는 척하며 불안해 한 경험이 저에게 많았나 봅니다.

"그건 저도 모르겠습니다."라는 말은 한편, 현재 자신이 가진 지식의 범위와 한계를 안다는 뜻입니다. 이것은 문헌고찰과도 밀접한 관련성이 있는데요. 좋은 연구란 앞선 학자들이 현재까지 남긴 지적 유산을 충실히 파악한 뒤, 우리가 아직까지 모르는 부분이 무엇이고 그것을 아는 것이 왜 공동의 이해를 향상시키는 데 중요한지를 밝히는 것에서 시작해야 하기 때문입니다. 연구자는 문헌고찰을 통해 해당 분야의 최신 지식을 알고 있고, 무엇이 중요한지를 말할 수 있고, 부족한 부분을 연구할 수 있는 역량을 갖췄음을 증명하게 됩니다. 어떻게 보면 논문에서 상당히 중요한 요소입니다. 나아가, 문헌고찰을 제대로 하지 못하면 남들이 이미 다 해 놓은 연구인 줄 모르고 반복할 우려마저 있습니다.

그렇지만 대학원에서 문헌고찰하는 방법을 따로 가르치는 경우는 드뭅니다. 지도교수 역시 '그런 것은 학생들이 알아서 할 부분'이란 인식이 강하고, 그러다 보니 선배들의 논문을 보면서 흉내만 내는 학생들이 많습니다. 질적 평가로 잘 알려진 마이클 패튼이 "Literature Reviews: Common Errors Made When Conducting a Literature Review"라는 제목으로 Youtube 채널에서 지적하듯(https://www.youtube.com/watch?v=NiDHOr3NHRA&t=347s), 기존 논문들을 찾아보면 잘못된 문헌고찰이 상당히 많습니다. 예를 들어, 개별 연구들을 단순히 요약하거나 나열하는 식의 문헌고찰이나(예. 2008년 논문에서 김아무개는 ***라고 하였다, 2010년 논문에서 이아무개 등은 ***라고 하였다..), 아티클의 내용을 제대로 분석하지는 못한 채 수치와 형식에만 신경 쓰는 문헌고찰(예. 어떠한 데이터베이스를 썼고 총 몇 편의 논문이 검색되었다.. 등에만 치중), 그리고 좁고 단순하게 검색한 내용을 바탕으로 자신의 연구가 '독창적'이라는 것만 강조하는 문헌고찰(예. 지금까지 아무도 이러한 연구를 한 적이 없다)이 여기에 해당합니다.

제대로 된 문헌고찰은 선행연구를 충분히 소화한 뒤에 어떻게 하면 독자들에게 효과적으로 전달할지 고민하는 과정에서 완성됩니다. 그리고 문헌고찰은 논문 쓰기 전에 먼저 다 끝내 놓는 것이 아니라, 연구가 끝날 때까지 계속 진행되는 과정이기도 합니다. 브랜리 등(Branley, Seale, & Zacharias, 2018)의 설명처럼 자료를 수집하고 분석하며 새로 알게 된 통찰을 설명하고 이론화하기 위해서는 다시 문헌고찰로 돌아가서 이론적 설명을 추가하거나 수정해야 할 필요가 있습니다. 나아가 논문이 단시간 내에 끝나는 것이 아닌 만큼, 논문을 쓰는 동안 새로 나온 문헌 역시 지속적으로 논문에 포함시켜야 합니다.

자료 준비하기

준비단계

선행연구를 읽고 중요한 내용을 어떻게 정리하는지 이해하려면 직접 해 보는 것이 최선입니다. 이 책에서는 독자 여러분에게 문헌고찰 분석의 예를 보여 드리기 위해 몇 편의 아티클을 검색해서 자료로 활용할 예정입니다. 실제로 학위논문을 쓸 때에는 훨씬 더 많은 수의 아티클이 포함되어야 한다는 걸 잊지 마세요.

여러분은 평소 스트레스가 쌓이면 어떤 취미활동을 하면서 마음의 여유를 찾으시나요? 저는 어려서부터 만화를 좋아했습니다. 그래서 이 책을 쓰기 위해 어떤 주제의 연구들을 살펴볼까 고민하다가 잠시 머리를 식히려고 평소 아끼는 배혜수 작가의 웹툰 '쌍갑포차'를 읽고 있었습니다. 그러다가 '그래, 쌍갑포차! 이 키워드로 나온 아티클이 있을까?'하는 생각이 들었고, 바로 검색을 해 보았습니다. 먼저 통합 데이터베이스에서 '쌍갑포차'라는 키워드를 넣고 검색을 해서 총 다섯 편의 아티클을 찾았고, 구글 스칼라(Google Scholar)에서 동일한 키워드로 재검색 후 여섯 편의 아티클을 추가로 찾았습니다. 여기에는 쌍갑포차와 직결된 아티클도 있고, 경계선에 있는 글도 몇 편 있습니다만, 최종적으로 문헌고찰에 포함할 아티클을 추려내는 과정을 보여드리기 위해서 일단 검색된 모든 11편의 아티클을 컴퓨터에 저장하였습니다.

실제 학위논문을 쓸 때에는 더 다양한 키워드와 이들의 조합을 넣어서 검색을 확장할 필요가 있습니다. 이번에 제가 검색한 자료에는 직접 참여자를 만나 인터뷰를 하거나 설문을 해서 자료수집을 한 실증연구는 포함되어 있지 않습니다만, 학위논문을 쓸 경우에는 다양한 방법론도 고려하시기 바랍니다.

마지막으로, 문헌자료의 어떠한 측면을 자세히 볼지 초점을 좁히기 위해서는 대략적이라도 초기부터 연구 질문을 설정해야 합니다. 저는 다음과 같이 세 개의 연구 질문을 만들었습니다.

- 웹툰 쌍갑포차와 관련해서 어떠한 종류의 연구들이 보고되고 있는가?
- 웹툰 쌍갑포차와 관련해서 문헌에서 주요 관심사로 다뤄지고 있는 것은 무엇인가?
- 어떠한 추가 연구가 필요한가?

여기서 잠깐! '쌍갑포차'라는 웹툰을 모르시는 독자분들은 이 단어의 어감이 다소 강하게 느껴질 수도 있을 것 같습니다. 쌍갑이란 '당신이나 나나 쌍방 간에 갑'이라는 의미에서 나온, 인간사 모든 것이 평등해야 함을 강조하는 단어입니다. 웹툰이 인기를 얻고 나서 드라마로도 만들어진 작품입니다.

MAXQDA 계정 만들고 시작하기

준비단계

질적 자료분석을 도와주는 컴퓨터 소프트웨어(CAQDAS)는 문헌고찰에도 유용하게 활용될 수 있습니다. 제가 사용할 소프트웨어는 MAXQDA입니다. VERBI GmbH사에서 나왔으며 텍스트, 이미지, 오디오, 비디오 등 다양한 자료를 입력하고 코딩할 수 있습니다. 쉽게 메모로 연구자의 생각을 기록하거나, 여러 조합의 표를 만들거나, 개념도를 그릴 수 있어서 자료의 심층 탐색과 비교가 수월한 장점이 있습니다. MAXQDA 외에도 ATLAS.ti나 NVivo 등 다양한 소프트웨어가 있고, 기능도 유사하므로 자신에게 잘 맞는 소프트웨어가 있다면 그것을 사용해도 무방합니다.

MAXQDA 계정 만들기

먼저 http://maxqda.com 사이트에 가서 오른쪽 위 Download Trial을 누릅니다. 14일 동안 무료로 사용해 보고 나서 유료 구입을 할지 결정합니다.

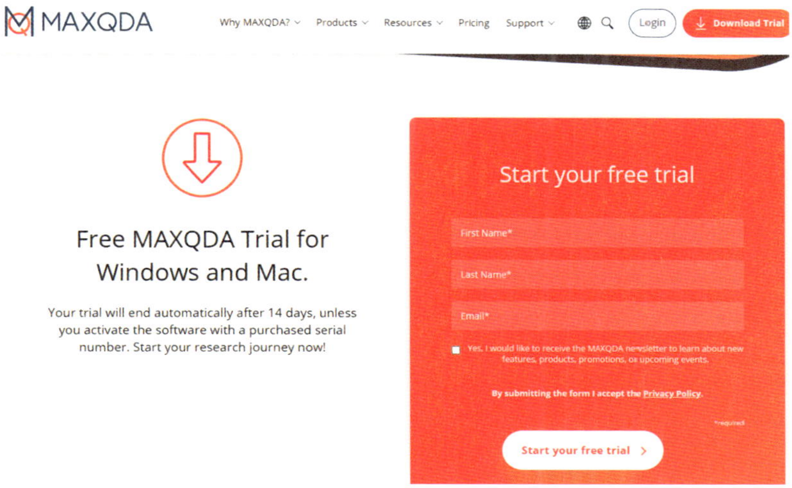

소프트웨어 구입을 원하면 홈페이지 상단의 Pricing을 클릭합니다. 만일 자신이 대학원생이라면 Students(학생 버전)를 선택한 뒤 여기서 일반적인 MAXQDA Plus 버전을 구입하면 됩니다. 6개월과 24개월 버전 중 원하는 것을 선택하세요(저는 Academia의 MAXQDA Standard 버전을 사용하고 있습니다. 참고로, 이 책을 쓸 당시에는 MAXQDA 2022 버전을 썼는데, 그 이후 2022.3 버전이 나왔습니다. 업데이트 버전을 쓰시면 이 책에서 소개하는 스크린샷 이미지와 살짝 다르게 표시되는 부분도 있어요. 그렇지만 기능은 전혀 차이가 없으니 걱정마세요).

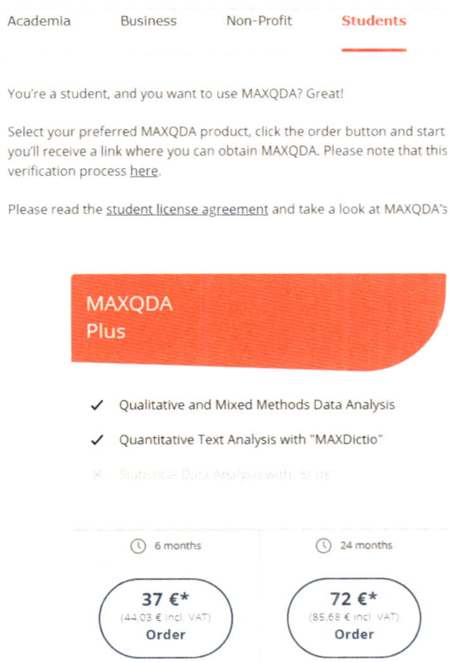

컴퓨터에 소프트웨어를 설치한 뒤 실행버튼을 누릅니다.

MAXQDA

2022

이제 프로그램을 실행해 보겠습니다. 새로 프로젝트를 시작하기 위해서 좌측의 New 버튼을 클릭합니다.

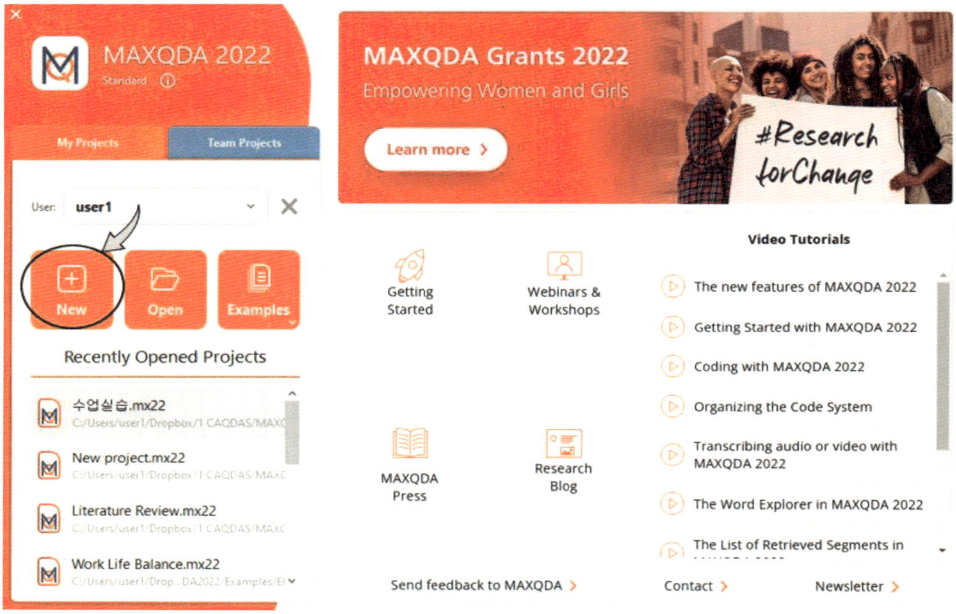

그러자 새 프로젝트를 어디에 저장할지 묻는 화면이 뜹니다. MAXQDA로 하는 작업을 한 군데에 모아둘 폴더를 새로 만들고, 파일 이름을 수정한 뒤에 저장을 합니다. 저는 파일 이름을 '쌍갑포차 문헌고찰'이라고 하겠습니다.

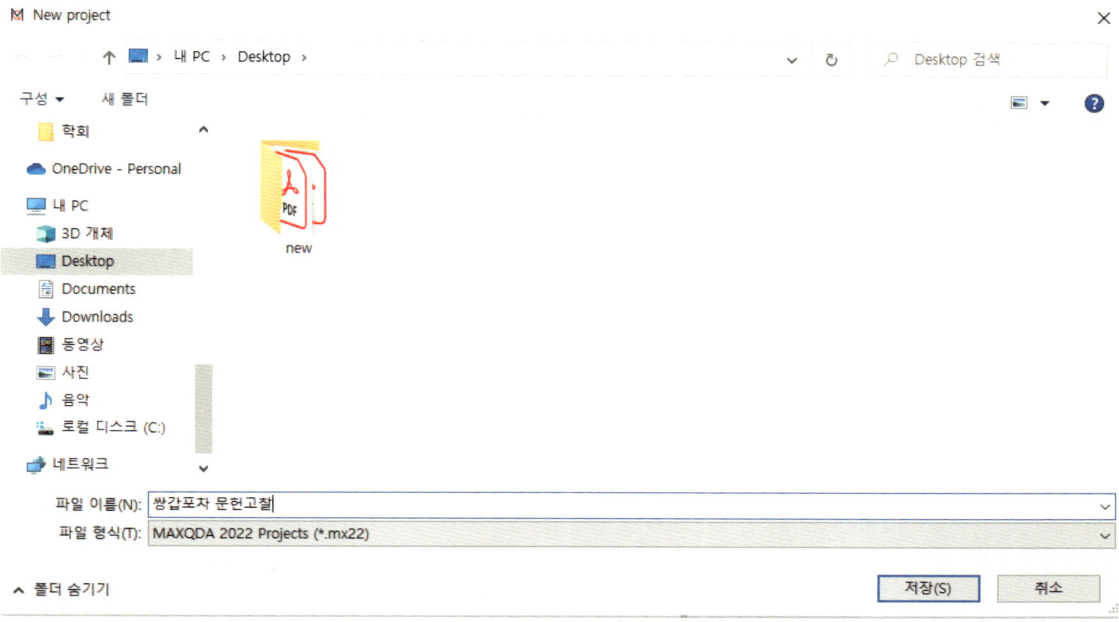

파일을 저장하면 다음와 같이 메인 화면이 뜹니다. 아직은 아무런 자료가 입력되지 않은 상태입니다. 화면의 가장 윗줄에는 프로젝트의 이름이 있습니다(①). 바로 아래에는 Home, Import, Code, Memos 등 메인 메뉴 및 이와 관련된 여러 tab이 보입니다. 중앙의 메인 화면은 네 개의 윈도우로 분리되어 있습니다. 윈도우의 크기는 연구자가 원하는 대로 넓히거나 좁힐 수 있습니다. Home tab 중간에 있는 네 종류의 Change View 아이콘(②)을 번갈아 눌러 보면서 윈도우 배치를 자신에게 편한 방식으로 수정해도 좋습니다.

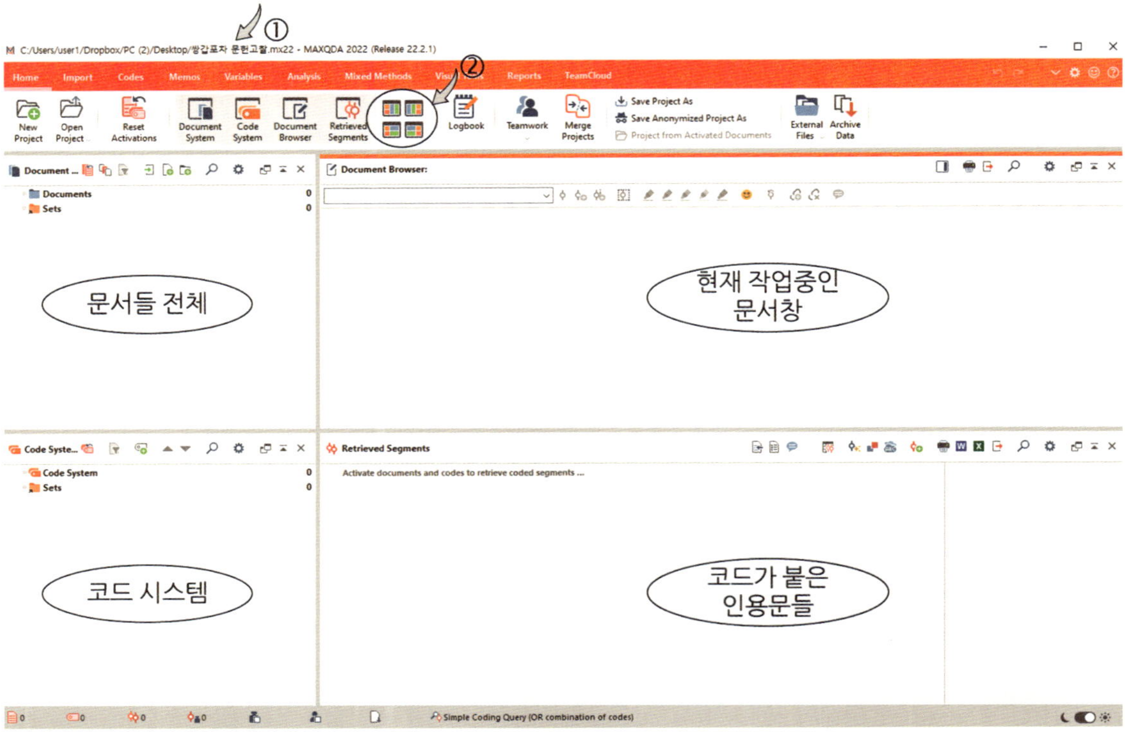

저는 평소 작업할 때 다음의 그림처럼 Retrieved segments 화면은 지우고 주로 나머지 세 개의 윈도우만 열어놓는 편입니다. 닫아 놓은 화면은 나중에 필요할 때 다시 열어서 확인할 수 있어요. 이처럼 연구자가 자신에 맞게 소프트웨어를 활용할 수 있습니다.

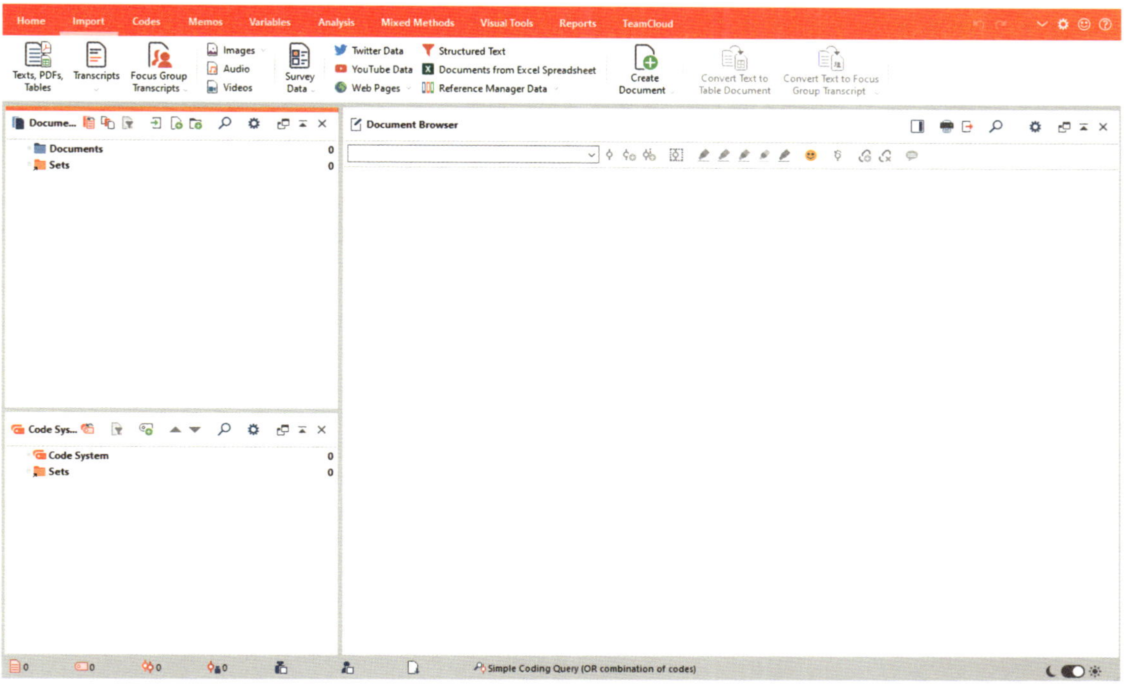

기본적인 프로젝트 만들기 소개는 여기까지 하겠습니다. 만약 기타 기능에 대해 더 알고 싶다면 https://www.maxqda.com/help-mx22/welcome에서 자세한 사용자 매뉴얼을 다운받을 수 있습니다.

자료 입력하기

준비단계

소프트웨어에 새 프로젝트를 만들었다면 이제 자료를 불러올 차례입니다. 저는 아티클을 PDF 형태로 다운로드해 두었기 때문에 PDF 불러오기를 할 예정입니다. 만일 Endnote 같은 서지 프로그램을 쓰거나 문헌자료를 RIS(Research Information Systems) 형식으로 저장해 두었다면 Import 메뉴에서 Reference Manager Data 기능을 사용하세요.

Import: 문서 불러오기

상단의 Import 메뉴에서 Text, PDFs, Tables 기능을 누르고, 컴퓨터에 저장해 둔 아티클을 가져옵니다.

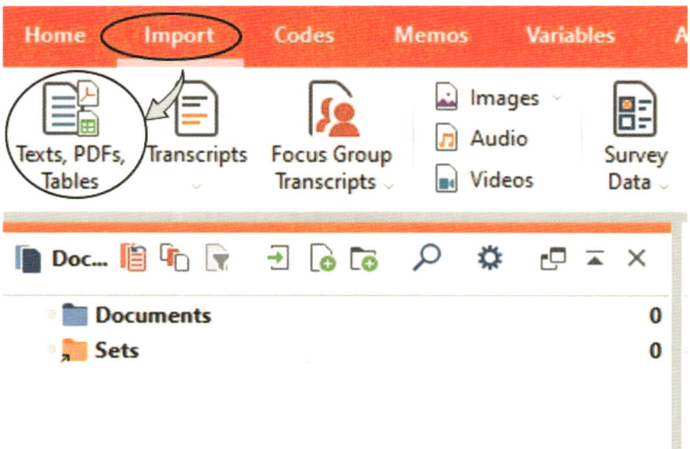

미리 컴퓨터에 저장해 두었던 11개의 아티클이 왼쪽 Documents 폴더에 추가된 것을 확인할 수 있습니다. 오른쪽에는 마지막으로 입력된 아티클의 내용이 보입니다.

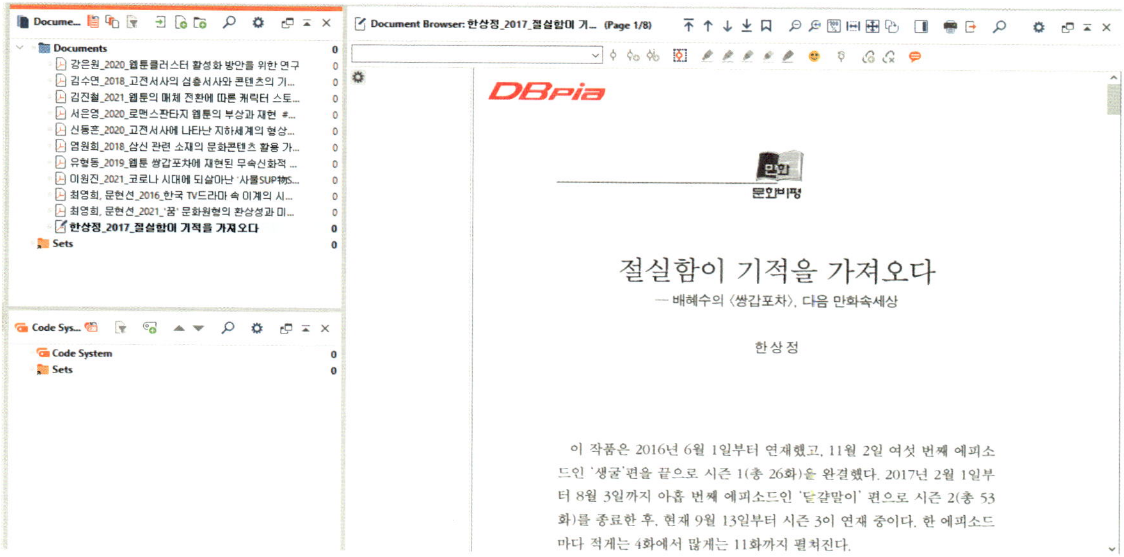

Document Group: 문서를 그룹으로 분류하기

필요하다면 Documents 안에 별도의 하위 그룹을 만들어서 아티클을 구분하는 것이 좋습니다. 저는 Document Group 기능을 사용해서 학술저널과 전문잡지를 따로 구분해 보겠습니다. (응용 팁: 만약 질적 자료를 분석하는 경우라면 Document Group 기능을 써서 인터뷰나 포커스 집단 등 자료 수집 방법별, 또는 연구가 진행된 특정 장소별, 참여자 집단별로 자료를 나눠 놓을 수 있습니다.)

하위 그룹은 두 가지 방식으로 만들 수 있습니다. Documents Browser 첫 줄에 있는 폴더 모양을 클릭하거나 Documents라는 글씨 위에 마우스를 놓고 오른 클릭한 뒤 New Document Group을 클릭해도 됩니다.

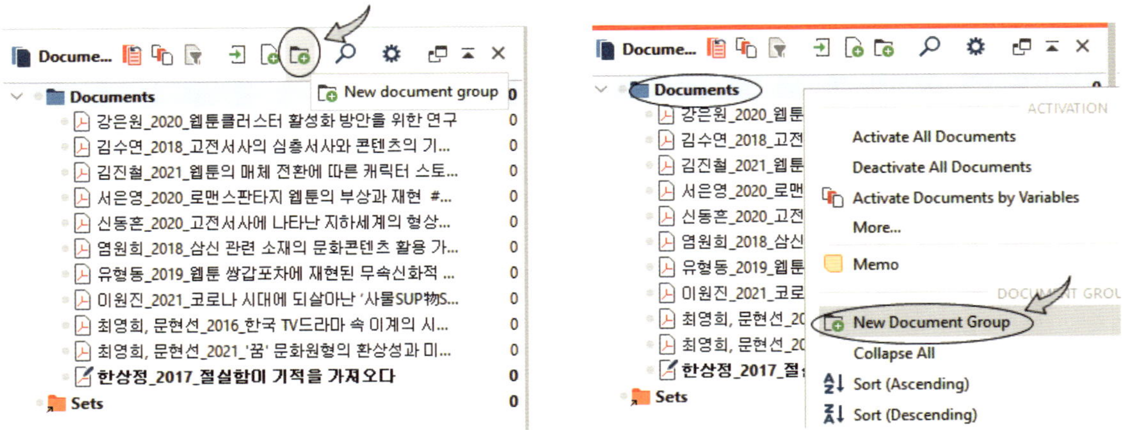

Documents Browser에 Group 1이 만들어진 걸 확인할 수 있습니다. 그룹명은 자신이 원하는 이름으로 변경합니다(참고: MAXQDA에서 무언가의 이름을 변경할 때에는 오른 클릭 후 Rename 기능을 찾으면 됩니다). 저는 먼저 Journal Group을 만들겠습니다.

동일한 방법으로 그룹을 하나 더 추가하겠습니다. 그런데, 혹시 여러분 중에 아래와 같이 Journal이라는 그룹의 하위 폴더가 만들어진 경우가 있나요? 놀라지 않아도 됩니다. 이런 경우가 발생한 건 방금 전에 새로 그룹을 만들고 그룹명을 변경하는 과정에서 Journal이라는 그룹이 선택된 채로 남아있었는데, 이 상태에서 새로 폴더를 추가했기 때문입니다. 시스템이 'Journal이라는 그룹의 하위 폴더를 생성하라'는 것으로 이해한 것이지요(필요한 경우, 그룹 안에서 이런 방식으로 하위 그룹을 만들 수 있습니다). 지금 우리는 Journal과 동등한 레벨의 그룹을 추가로 생성하는 것이 목적이므로 일단 하위 그룹을 지웁니다(오른 클릭해서 Delete를 눌러도 되고 워드나 한글과 마찬가지로 되돌리기 버튼을 눌러도 됩니다.)

여러분 중에 또 하나 특이한 변화를 눈치챈 분이 있나요? 네, 맞습니다. 그룹을 여러 번 생성할수록 Group 옆에 숫자가 계속 바뀌지요? 아래의 그림에서는 Group 6이라고 되어 있습니다. 그 이유는 제가 작업하면서 그룹을 만들었다 지웠다를 여러 번 반복해서 그렇습니다. 이 숫자는 그냥 무시하면 됩니다.

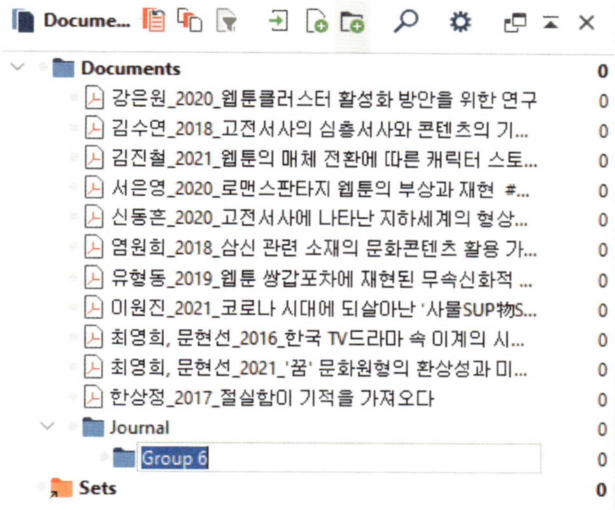

그러면, Journal과 동등한 지위의 그룹을 추가로 만들기 위해서 마우스로 상단의 Documents 칸을 클릭합니다. 그러면 Documents 라인이 연한 하늘색으로 변합니다. 즉, Documents 단위로 작업을 하고 있음을 보여주지요. 그런 다음 다시 상단의 폴더 모양 아이콘을 눌러서 새로 그룹을 하나 생성하고 이름을 변경합니다.

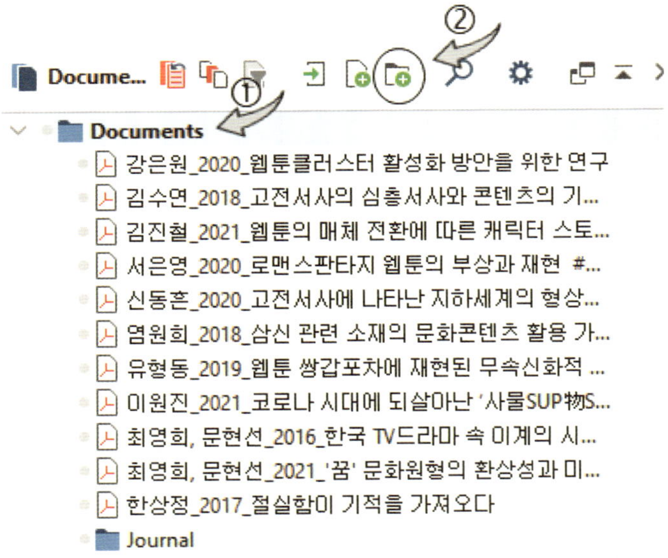

이제 Magazine과 Journal이라는 두 개의 그룹이 생겼습니다.

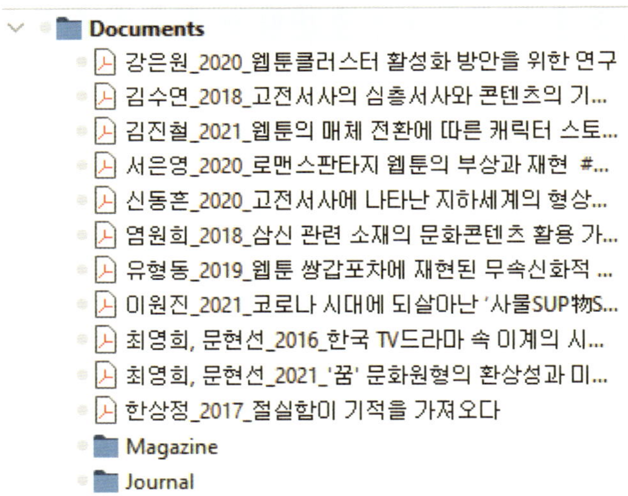

Magazine이라는 그룹을 나중에 만들었기 때문에 위치상 Magazine이 위, Journal이 아래에 위치해 있습니다. 만약 Journal 그룹을 위로 놓고 싶다면 폴더를 드래그해서 위치를 변경합니다.

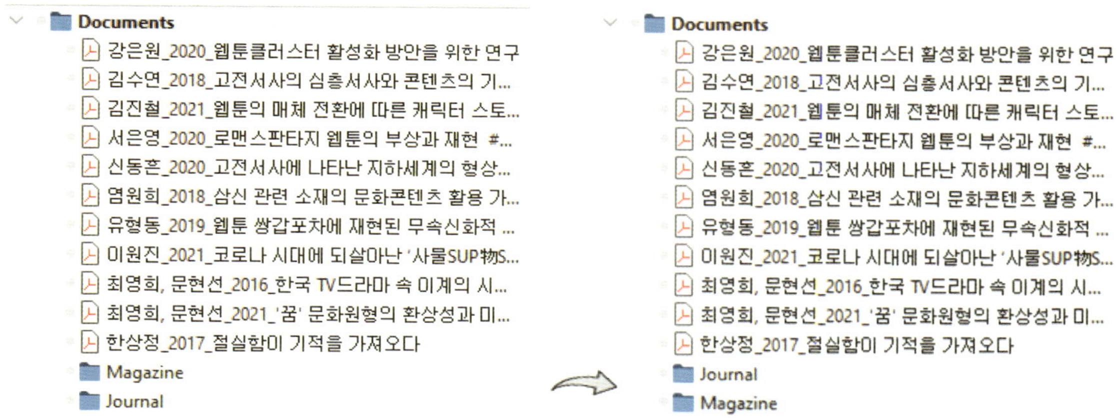

이제 Documents에 있는 아티클을 하위 그룹으로 드래그해서 이동합니다. 이원진(2021)과 한상정(2017)은 Magazine 그룹으로, 나머지는 Journal 그룹으로 보내겠습니다. 이때 아래쪽에 있는 문서부터 추가하면 순서가 그대로 유지되기 때문에 편리합니다. 즉, 최영희, 문현선의 2021년 아티클을 제일 먼저 Journal 그룹으로 이동하고, 그다음으로 최영희, 문현선의 2016년 아티클.. 이러한 순서로 진행하면 됩니다. 만약 강은원의 2020년 아티클을 제일 먼저 Journal 그룹에 넣을 경우, 순서상 가장 아래에 자리 잡게 되기 때문에 가나다 순으로 자료가 정리되길 원할 경우 순서를 다시 바꿔야 하는 불편함이 생깁니다.

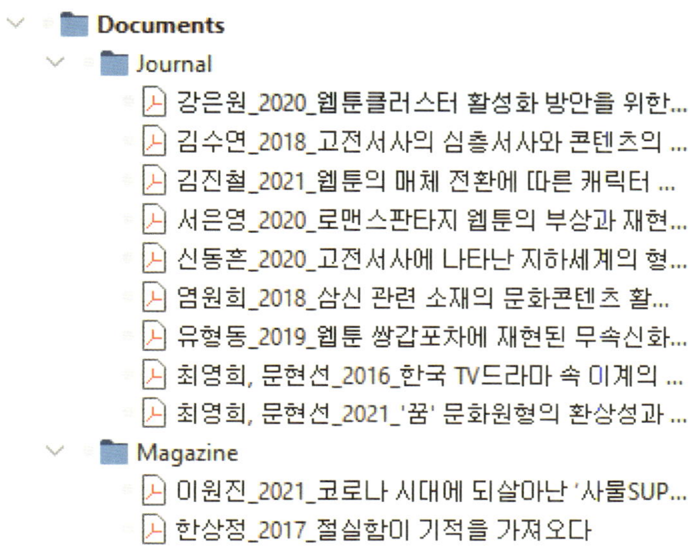

Document Sets: 문서를 여러 그룹으로 만들기

11개의 아티클을 학술저널과 잡지로 구분해서 정리하였습니다. 이렇게 Document Group 기능을 이용할 경우, 자료는 하나의 그룹에만 포함될 수 있습니다. 그런데 만약 양쪽에 포함되는 자료가 있다면 어떻게 할까요? 예를 들어, 반려동물을 키우는 가족들을 인터뷰한 다음 자료들을 그룹으로 나눈다고 생각해 봅시다. 반려견 그룹, 반려묘 그룹으로 나눌 경우, 개를 여러 마리 키우면서 고양이 한 마리가 있는 집이나, 며칠 전에 개를 다른 집에 분양해서 지금은 고양이만 있는 집에서는 경중의 차이는 있지만 반려견과 반려묘의 이야기가 모두 나올 수 있겠지요. 이들 인터뷰는 반려견 그룹으로 분류하기도, 반려묘 그룹으로 분류하기도 모호합니다. 이렇게 분류가 명확하지 않을 경우에 활용하기 좋은 것은 바로 Document Sets입니다. Document 아래쪽에 계속 보이던 주황색 폴더가 있지요. 네, 바로 Sets입니다. 여기에 원하는 만큼 다양한 그룹을 만들고 자료들을 넣어둘 수 있습니다. Document Group 기능과는 달리 Document Sets에는 하나의 아티클이 여러 Sets에 포함될 수 있습니다.

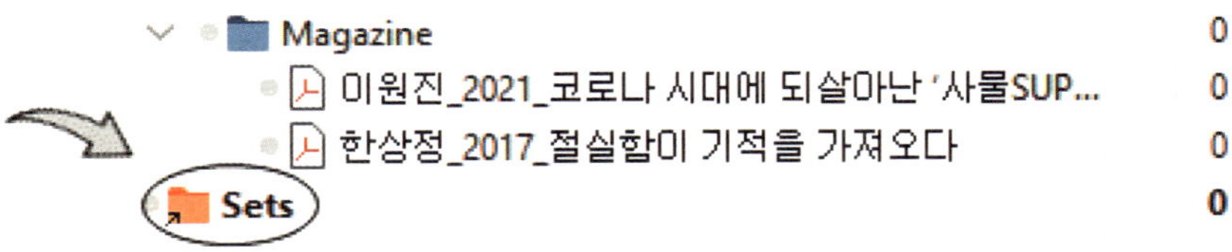

Sets를 만드는 방법은 두 가지입니다. 첫 번째는 Sets를 오른 클릭하고 여기서 New Set 기능을 클릭해서 새로운 그룹을 생성하는 방법입니다.

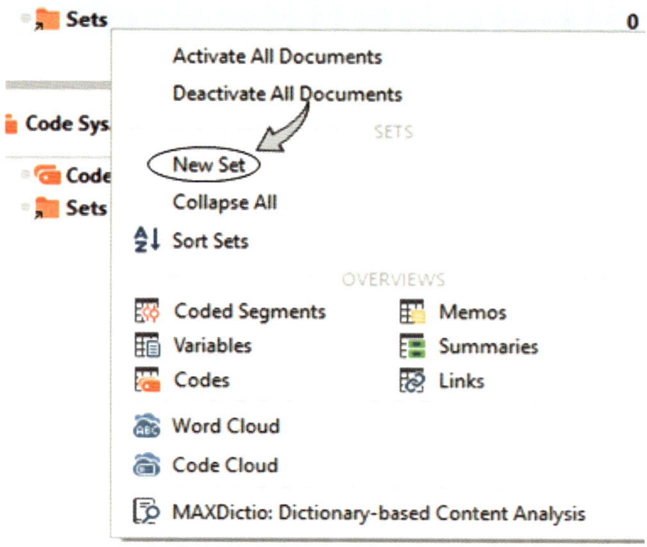

이렇게 새로운 세트가 생겼습니다.

자신이 원하는 이름으로 변경한 다음 Document에 있는 아티클을 드래그해옵니다. 저는 '고전서사'라는 이름으로 변경한 다음 Document 중에서 고전서사라는 말이 들어간 아티클 두 개를 드래그해서 새로 만든 Set에 추가하였습니다. 다음의 그림에서 볼 수 있듯, Document Group은 그대로 유지되면서 신동흔과 김수연의 아티클이 별도의 Set로 묶인 것을 알 수 있습니다.

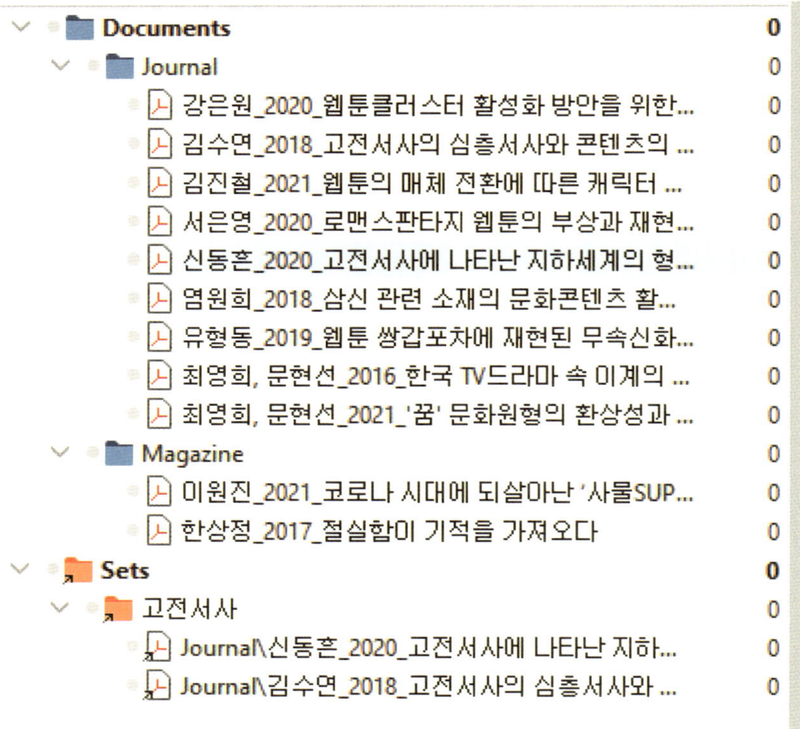

이처럼 미리 New Set를 만들고 자료를 가져오는 것 말고 다른 방법도 있습니다. 자료를 먼저 선택하고 Set를 구성하는 방식인데요. 예를 들어, 김수연과 신동흔의 아티클을 따로 묶고 싶다면 먼저 자료를 활성(Activate)화 합니다. MAXQDA에서 활성화한다는 것은 자료 앞에 있는 작은 회색 동그라미를 클릭해서 빨간색으로 바꾸는 것을 말합니다. 마치 불을 켜듯 말이죠. 그러면 현재 활성화된 자료만을 가지고 작업을 한다는 의미가 됩니다. Activate 기능은 MAXQDA 작업의 여러 부분에서 활용되는 기능이니 잘 알아두면 편리하겠지요. 그럼 먼저 김수연의 아티클과 신동흔의 아티클을 Activate 하겠습니다.

위와 같이 원하는 자료를 activate 한 상태에서 Sets를 오른 클릭합니다. 그런 다음 New Set from Activated Documents 버튼을 누릅니다.

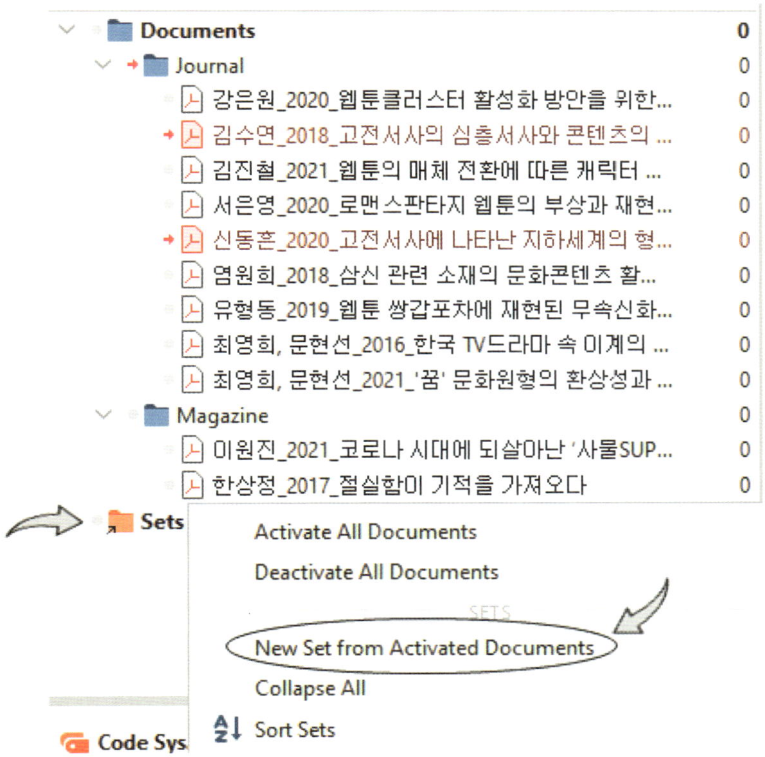

아래와 같이 원하는 아티클이 두 개 들어있는 새로운 세트가 만들어졌습니다. 그런 다음 Sets의 이름을 수정합니다. 이처럼 Document Groups와 Document Sets를 연구자의 필요에 맞게 활용해 보세요.

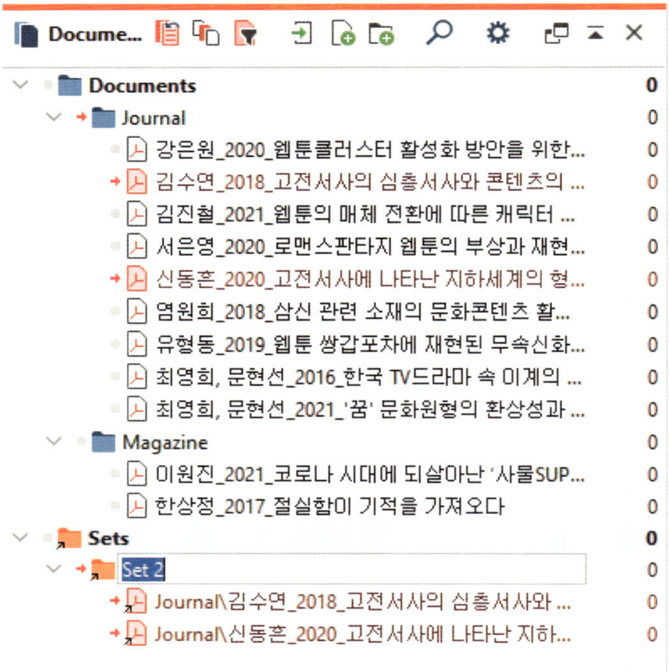

변수 추가하기

준비단계

일반적으로 질적 자료를 심층 분석할 때에는 참여자 중에서 남성과 여성의 인터뷰 내용을 비교하거나, 조직에 대한 일반 사원과 중간관리자, 그리고 임원의 관점을 비교하거나, 의료 처치에 대한 환자와 의사, 간호사의 경험을 비교하는 등 자료를 다양한 변수로 나눠서 살펴봅니다. 문헌을 리뷰할 때에도 질적 자료분석의 비교방법을 활용해볼 수 있는데요. 예를 들어 시간상으로 2000년 이전에 나온 문헌과 이후의 문헌을 나눠서 논의의 흐름을 비교하거나, 자료수집과 관련하여 참여자 집단이나 연구 장소별로 문헌을 구분하거나, 사용된 연구 방법론별로 문헌을 분류해서 비교해볼 수 있습니다. 이를 위해 미리 MAXQDA에 여러 변수(variables)를 추가해 두면 편리합니다.

List of Document Variables: 변수 목록 추가하기

상단의 메뉴에서 Variables를 선택한 뒤, 맨 처음에 있는 List of Document Variables를 클릭합니다.

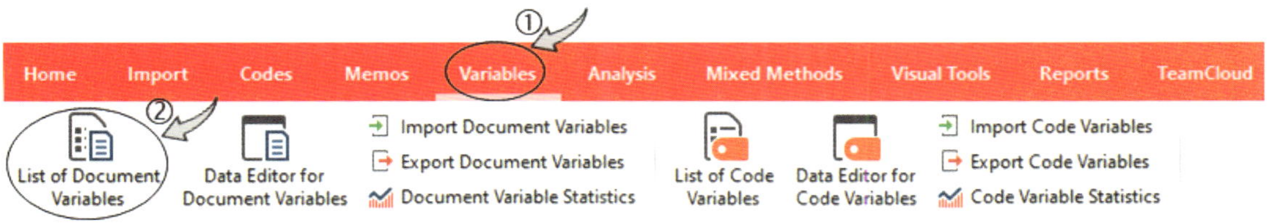

별도의 창이 뜨면서 MAXQDA에서 기본적으로 제공하는 변수들이 보입니다. 이것들은 그대로 둔 채 연구자가 추가로 몇 가지 변수를 생성하겠습니다.

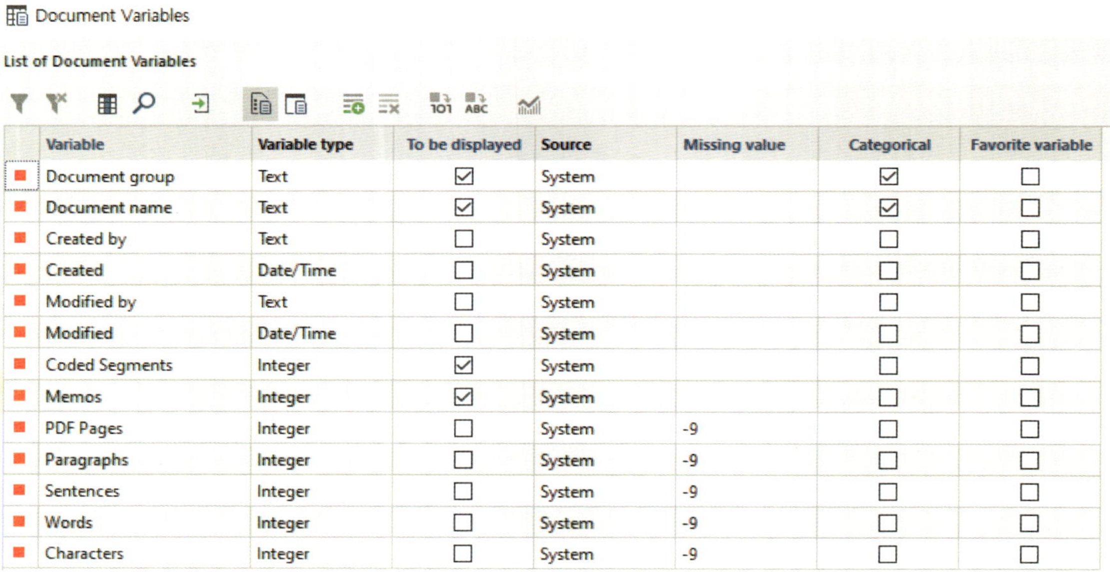

	Variable	Variable type	To be displayed	Source	Missing value	Categorical	Favorite variable
■	Document group	Text	☑	System		☑	☐
■	Document name	Text	☑	System		☑	☐
■	Created by	Text	☐	System		☐	☐
■	Created	Date/Time	☐	System		☐	☐
■	Modified by	Text	☐	System		☐	☐
■	Modified	Date/Time	☐	System		☐	☐
■	Coded Segments	Integer	☑	System		☐	☐
■	Memos	Integer	☑	System		☐	☐
■	PDF Pages	Integer	☐	System	-9	☐	☐
■	Paragraphs	Integer	☐	System	-9	☐	☐
■	Sentences	Integer	☐	System	-9	☐	☐
■	Words	Integer	☐	System	-9	☐	☐
■	Characters	Integer	☐	System	-9	☐	☐

List of Document Variables의 상단 중간을 보면 작은 플러스(+) 표시가 있는 아이콘이 있습니다. 마우스를 가져가면 New variable이라는 설명이 보이네요. 이 버튼을 클릭합니다.

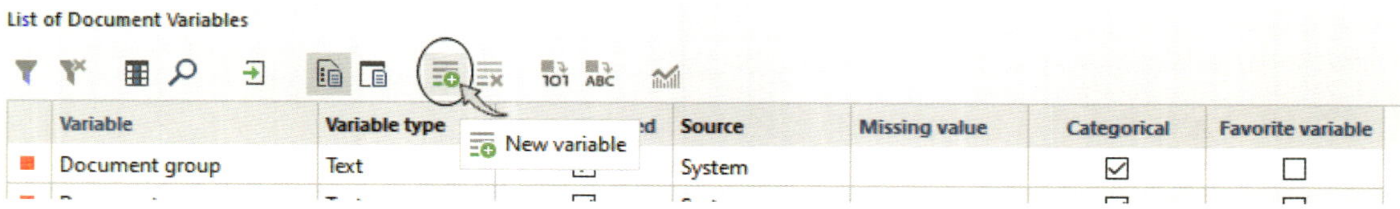

새로운 변수를 입력할 상자가 생겼습니다. 그럼 먼저 문헌의 연도를 넣을 변수를 만들어 보죠. Name 칸에 'Year'라는 이름을 적습니다.

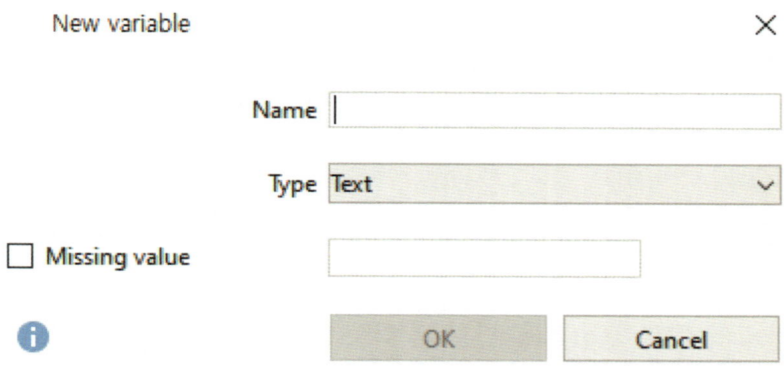

Type 칸에는 여러 선택이 있습니다. Text를 선택하면 연구자가 직접 글자를 쳐서 내용을 입력할 수 있습니다. Integer(정수)는 숫자, Decimal(소수)은 소수점을 포함한 숫자, Date/Time은 날짜와 시간, Boolean(true/false)은 '네/아니오'를 선택할 수 있는 칸을 만드는 데 사용됩니다. 지금 만들려는 변수는 문헌의 연도를 표시하는 Year 항목이므로 Integer를 선택하겠습니다.

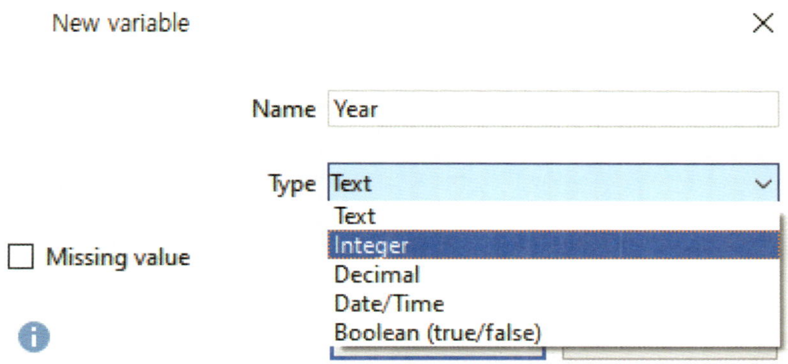

그러자 List of Document Variables의 맨 아랫줄에 파란색 네모 모양이 생기고 'Year'라는 변수가 만들어졌습니다. 파란색 네모는 연구자가 만든 변수를 의미합니다.

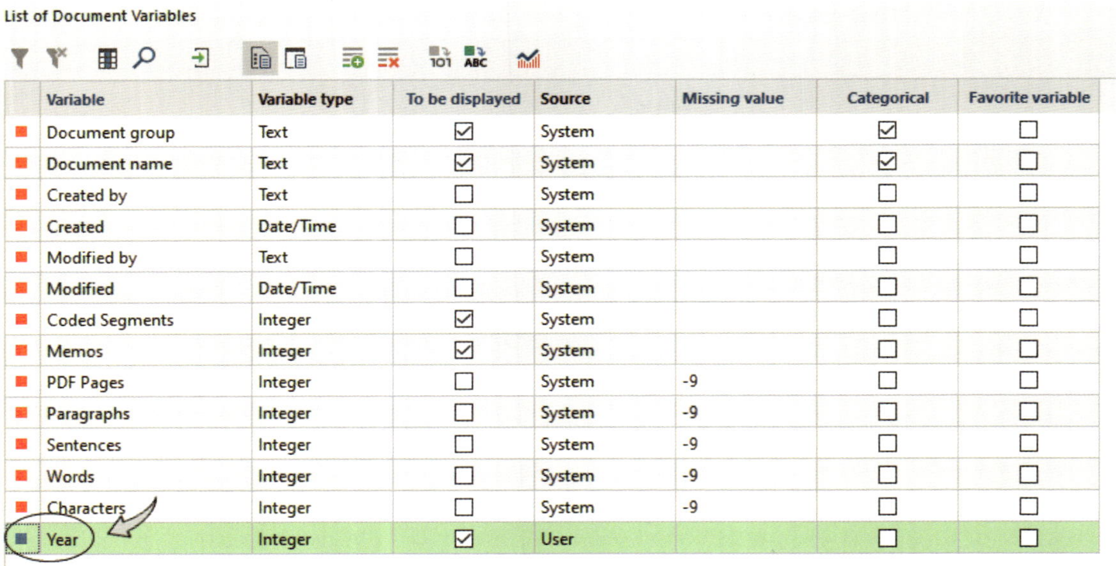

List of Document Variables

	Variable	Variable type	To be displayed	Source	Missing value	Categorical	Favorite variable
■	Document group	Text	☑	System		☑	☐
■	Document name	Text	☑	System		☑	☐
■	Created by	Text	☐	System		☐	☐
■	Created	Date/Time	☐	System		☐	☐
■	Modified by	Text	☐	System		☐	☐
■	Modified	Date/Time	☐	System		☐	☐
■	Coded Segments	Integer	☑	System		☐	☐
■	Memos	Integer	☑	System		☐	☐
■	PDF Pages	Integer	☐	System	-9	☐	☐
■	Paragraphs	Integer	☐	System	-9	☐	☐
■	Sentences	Integer	☐	System	-9	☐	☐
■	Words	Integer	☐	System	-9	☐	☐
■	Characters	Integer	☐	System	-9	☐	☐
■	Year	Integer	☑	User		☐	☐

동일한 방법으로 다른 변수도 만들어 보겠습니다. 이번에는 ‘Article type’이라는 변수를 만들어서 아티클을 종류별로 구분해 볼 예정입니다. 이번에 Variable type으로 Text를 선택합니다. 이 밖에도 프로젝트의 성격에 따라 다양한 다른 변수(자료 수집 방법이나 실험 처치의 종류, 연구 분야 등..)를 만들 수 있습니다. 한꺼번에 변수를 모두 만들 필요는 없고, 분석하다가 중간에 생각이 나면 그때 다시 추가해도 좋습니다.

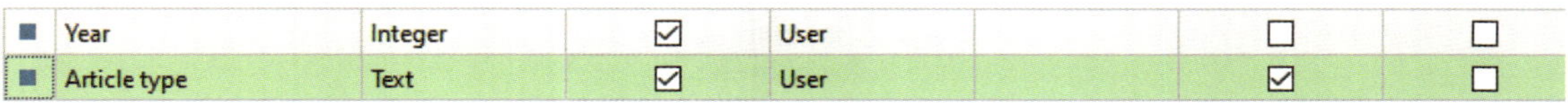

	Variable	Variable type	To be displayed	Source	Missing value	Categorical	Favorite variable
■	Year	Integer	☑	User		☐	☐
■	Article type	Text	☑	User		☑	☐

Data editor: 연구자가 추가한 변수에 내용 넣기

변수를 만들었으니 내용을 입력해야겠지요. 앞서 활용한 New variable 버튼 바로 왼쪽에 있는 Data editor를 클릭합니다.

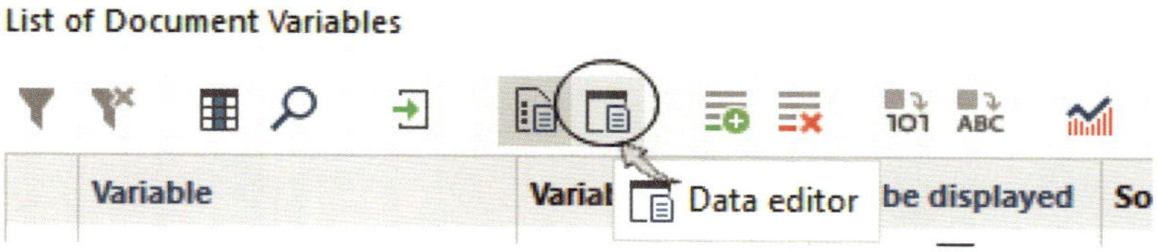

아래의 창 오른쪽 위를 보면 방금 입력한 Year와 Article type이라는 변수가 보입니다. 먼저 연도부터 입력해 보겠습니다. Document name에 미리 연도를 적어 놓았기 때문에 쉽게 작업할 수 있을 것 같습니다.

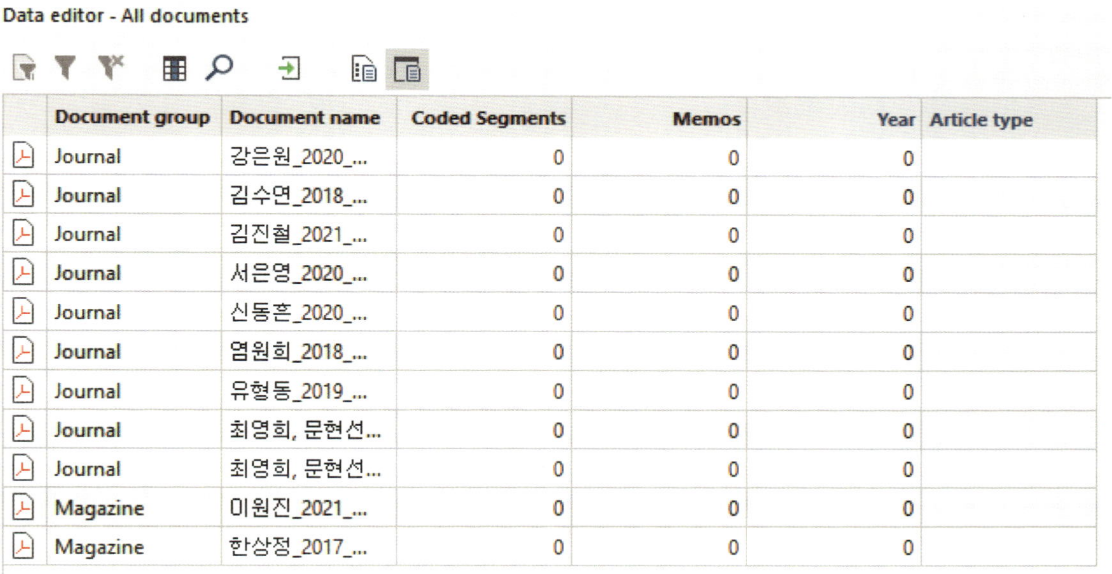
Data editor - All documents

Document group	Document name	Coded Segments	Memos	Year	Article type
Journal	강은원_2020_...	0	0	0	
Journal	김수연_2018_...	0	0	0	
Journal	김진철_2021_...	0	0	0	
Journal	서은영_2020_...	0	0	0	
Journal	신동흔_2020_...	0	0	0	
Journal	염원희_2018_...	0	0	0	
Journal	유형동_2019_...	0	0	0	
Journal	최영희, 문현선...	0	0	0	
Journal	최영희, 문현선...	0	0	0	
Magazine	이원진_2021_...	0	0	0	
Magazine	한상정_2017_...	0	0	0	

맨 처음 아티클부터 연도를 입력합니다. 이러한 방식으로 모든 아티클의 연도 변수를 입력합니다.

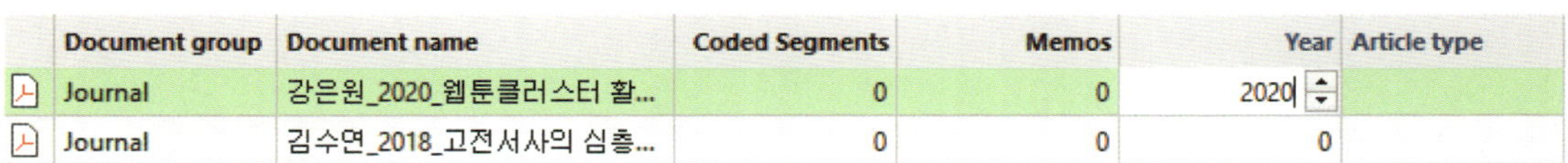

Document group	Document name	Coded Segments	Memos	Year	Article type
Journal	강은원_2020_웹툰클러스터 활...	0	0	2020	
Journal	김수연_2018_고전서사의 심층...	0	0	0	

모두 입력했습니다. 가장 오래된 문헌이 2016년이고 최신의 것이 2021년이네요. 비교적 최근에 연구가 진행된 주제라고 볼 수 있겠습니다.

	Document group	Document name	Coded Segments	Memos	Year	Article type
	Journal	강은원_2020_웹툰클러스터 활...	0	0	2020	
	Journal	김수연_2018_고전서사의 심층...	0	0	2018	
	Journal	김진철_2021_웹툰의 매체 전환...	0	0	2021	
	Journal	서은영_2020_로맨스판타지 웹...	0	0	2020	
	Journal	신동흔_2020_고전서사에 나타...	0	0	2020	
	Journal	염원희_2018_삼신 관련 소재의...	0	0	2018	
	Journal	유형동_2019_웹툰 쌍갑포차에 ...	0	0	2019	
	Journal	최영희, 문현선_2016_한국 TV...	0	0	2016	
	Journal	최영희, 문현선_2021_'꿈' 문화...	0	0	2021	
	Magazine	이원진_2021_코로나 시대에 되...	0	0	2021	
	Magazine	한상정_2017_절실함이 기적을 ...	0	0	2017	

다음으로 Article type을 입력합니다. text type이므로 직접 '학술 저널'이라고 입력하면 됩니다. 아래와 같이 일단 입력된 텍스트는 그대로 남아있기 때문에 이후 동일한 내용을 입력해야 하는 경우에는 이미 입력된 내용을 클릭하기만 하면 됩니다.

	Document group	Document name	Coded Segments	Memos	Year	Article type
	Journal	강은원_2020_웹툰클러스터 활...	0	0	2020	학술 저널
	Journal	김수연_2018_고전서사의 심층...	0	0	2018	
	Journal	김진철_2021_웹툰의 매체 전환...	0	0	2021	학술 저널
	Journal	서은영_2020_로맨스판타지 웹...	0	0	2020	
	Journal	신동흔_2020_고전서사에 나타...	0	0	2020	
	Journal	염원희_2018_삼신 관련 소재의...	0	0	2018	
	Journal	유형동_2019_웹툰 쌍갑포차에 ...	0	0	2019	
	Journal	최영희, 문현선_2016_한국 TV...	0	0	2016	
	Journal	최영희, 문현선_2021_'꿈' 문화...	0	0	2021	
	Magazine	이원진_2021_코로나 시대에 되...	0	0	2021	
	Magazine	한상정_2017_절실함이 기적을 ...	0	0	2017	

위의 9개 문헌에는 학술 저널, 아래의 두 개 문헌에는 전문 잡지라는 텍스트를 입력하였습니다. 입력하고 보니 'Document group으로 나눠 놓은 것과 같잖아?'하는 생각이 드네요. 맞습니다.

그룹으로 나눠 놓아도 되고 이렇게 변수 형태로 입력해도 좋습니다. 아무튼 분석 시 활용할 수 있도록 지금은 이렇게 변수로도 넣어두겠습니다.

Document group	Document name	Coded Segments	Memos	Year	Article type
Journal	강은원_2020_웹툰클러스터 활...	0	0	2020	학술 저널
Journal	김수연_2018_고전서사의 심층...	0	0	2018	학술 저널
Journal	김진철_2021_웹툰의 매체 전환...	0	0	2021	학술 저널
Journal	서은영_2020_로맨스판타지 웹...	0	0	2020	학술 저널
Journal	신동흔_2020_고전서사에 나타...	0	0	2020	학술 저널
Journal	염원희_2018_삼신 관련 소재의...	0	0	2018	학술 저널
Journal	유형동_2019_웹툰 쌍갑포차에 ...	0	0	2019	학술 저널
Journal	최영희, 문현선_2016_한국 TV...	0	0	2016	학술 저널
Journal	최영희, 문현선_2021_'꿈' 문화...	0	0	2021	학술 저널
Magazine	이원진_2021_코로나 시대에 되...	0	0	2021	전문 잡지
Magazine	한상정_2017_절실함이 기적을 ...	0	0	2017	전문 잡지

만일 나중에 작업을 하다가 변수를 잘못 입력했다는 사실을 발견하면 수정을 해야겠지요. 이럴 경우에는 두 가지 방법이 모두 가능합니다. 상단의 Variables 메뉴에서 Data Editor for Document Variables를 누르면 바로 위의 그림이 뜹니다. 여기서 자료를 수정할 수 있겠지요. 또는 수정이 필요한 개별 자료를 오른 클릭한 뒤 Variables를 누르면 해당 자료의 변수만 수정할 수 있습니다.

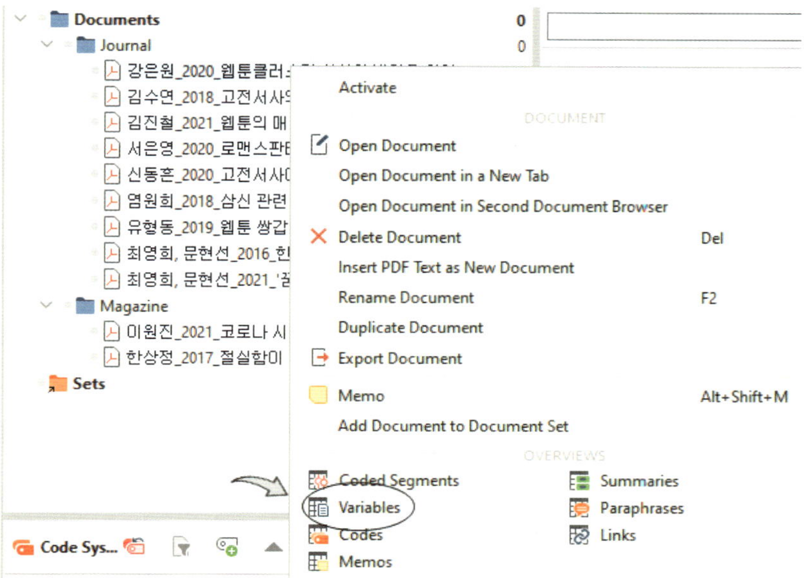

검색 기준 점검하기

준비단계

철저한 문헌고찰을 하려면 자료 검색의 기준을 명확히 할 필요가 있습니다. 나아가 본격적인 리뷰를 하기 전에 자료를 훑어보고 제외할 문헌이 없는지 검토해야 합니다. 여기서는 문헌고찰의 검색 기준을 알아보겠습니다.

일반적으로 문헌고찰을 작성할 때에는 어떠한 기준으로 자료를 선정했는지를 자세히 기술해서 연구자가 철저하게 검색을 했다는 점을 독자들에게 전달합니다. 이때 브루스(Bruce, 2001)가 제시한 8가지 기준(주제, 포괄성, 범위, 관련성, 흐름, 제외, 권위, 접근성) 등을 참고하는 것도 도움이 되는데요. 자세한 내용은 아래와 같습니다.

중심 내용 (Topicality)	• 검색한 자료가 문헌고찰에서 논의할 핵심 주제나 관심 영역에 대한 것인가?
포괄성 (Comprehensiveness)	• 문헌고찰의 범위를 어느 정도까지 할 것인가? 예를 들어, 주제에 대한 모든 연구를 넣을 것인가, 아니면 상호검증이 이루어진 학술지에 실린 문헌만을 넣을 것인가?
범위 (Breadth)	• 연구의 구체적 초점을 넘어서 주제에 대한 맥락적 배경지식을 제공해 줄 문헌들을 어디까지 포함할 것인가?
관련성 (Relevance)	• 다른 분야에서 나온 연구이지만 문헌고찰의 주제를 이해하는 데 도움이 되는 연구인가?
흐름 (Currency)	• 과거의 연구는 어디까지 넣을 것인가? • 문헌고찰의 주제가 어떻게 전개되었는지를 보여주는 초창기 연구를 포함해 최신의 중요한 문헌을 포함하고 있는가?

제외 (Exclusion)	• 자료의 특정 측면 중 문헌고찰에 포함하지 않을 내용은 무엇인가?
권위 (Authority)	• 이 주제에 대해 중대한 영향을 끼친 연구자나 이론가의 기념비적 연구를 포함하고 있는가?
접근성 (Availability)	• 구할 수 있는 자료인가?

연구자는 문헌고찰을 할 때 데이터베이스로 검색되는 문헌의 양을 고려하며 자신만의 기준을 보다 명확하게 해 나가게 됩니다. 논문에 문헌검색 기준을 기술하는 방식의 예는 아래와 같습니다.

예시 1 Winkler-Wagner(2015)의 연구 (In Efron & Ravid, 2020, p. 85)

> 분석의 범위를 좁히기 위해서 연구에 포함하거나 제외할 자료 선정 기준을 개발하였다... 대학 진학과 성공적인 대학 생활은 여러 영역에 걸쳐 연구되어 있으므로, 본 리뷰의 범위는 대학입학 허가를 받은 후의 경험과 결과에 관한 문헌으로 한정하였다. 리뷰에 포함되기 위해서는, 반드시 (a) 미국 내 대학에 입학한 흑인 여자대학생의 경험을 탐색하였으며; (b) 실증연구나 이론적 아티클, 또는 역사적인 분석이어야 하고; (c) 상호검증이 이루어진 학술지나 학술적 출판사에 실린 글로써; (d) 2014년 3월까지 도서관이나 전자 검색을 통해 다운로드가 가능하며; (e) 성취, 자기개념, 학위 완료, 지지적 구조와 같이 대학에서의 교육적 성공에 관한 현상을 탐색한 것으로; (f) 인종, 성별, 또는 두 가지 모두와 관련한 대학 경험을 분석하고 논의한 것이 포함되어야 했다. 기준에 해당하는 다양한 학문 분야의 아티클을 포함하였다... 대학 접근, 대학 허가 또는 대학 선택과 관련된 문헌은 제외하였다. (p. 173)

예시 2 Taylor(2007)의 연구

> 문헌은 몇 개의 데이터베이스(예. ERIC, Wilson, Proquest, Medline, Lumina)를 활용하여 검색하였다. 검색에 사용된 세 가지 기준은 다음과 같다: (a) 전환학습을 주된 이론적 틀로 사용한 경우(예. Freire 1984, Mezirow 1991, 2000; Cranton 1994, Boyd and Meyers 1998), (b) 방법론 부분이 확실하게 드러난 경우, 마지막으로 (c) 전환학습 이론 연구에 영향을 미치는 결과를 제시한 경우이다. ...(중략) 이러한 방식으로 연구들을 목적 표집함으로써 모든 연구들을 공통의 틀 안에서 비판적으로 살펴볼 수 있어서 전환학습에 대한 보다 일관된 해석이 가능하였다. 또한 개념적인 내용을 논의한 내용은 고찰에 포함하지 않았다. (p. 174)

이처럼 연구자는 문헌고찰의 기준을 명확히 할 필요가 있습니다. 물론 명확한 기준을 통과해서 검색된 문헌이라 하더라도 내용이 부실하거나 문헌고찰의 방향성과 맞지 않는 연구가 포함될 수 있겠지요. 그럴 때에는 연구자의 판단하에 분석에서 제외하고 그 이유를 언급합니다. 물론 방법론 등이 다소 부실한 경우여도 주제를 이해하는 데 도움이 되거나, 부실한 부분에 대한 자신의 코멘트를 넣고 싶을 때에는 해당 문헌을 리뷰에 포함할 수 있습니다(Efron & Ravid, 2020).

본격적인 리뷰 전에 자료 훑어보기

준비단계

문헌고찰을 하기 위해 모은 자료들이 모두 최종 결과에 포함되는 것은 아닙니다. 데이터베이스에서 키워드나 초록만을 보고 자료를 찾았기 때문에 일단 전체적으로 훑어보면서 해당 아티클을 문헌고찰에 포함할지의 여부를 결정해야 합니다. 이 작업이 생략되면 연구주제와 관련성이 떨어지거나 부실한 연구가 문헌고찰에 포함될 우려가 있습니다. 저의 경우, 이 책에서 예시로 사용하기 위해 데이터베이스에서 '쌍갑포차'라는 단어가 들어간 연구는 모두 다운로드 받은 상태입니다. 문헌의 양이 많지 않았기 때문이지요. 지금부터는 MAXQDA를 활용해서 자료를 훑어보도록 보겠습니다.

Word Explorer: 어휘 탐색하기

MAXQDA의 어휘 검색 기능은 다양하게 활용할 수 있습니다. 관심 있는 문구나 이론, 단어 등을 넣고 검색하면 자료 안 어느 곳에 있더라도 찾아서 보여주기 때문입니다. 저는 일단 아티클에서 '쌍갑포차'라는 단어가 들어간 부분들을 확인해 보고자 합니다. 먼저 상단의 Analysis에서 Word Explorer를 클릭합니다.

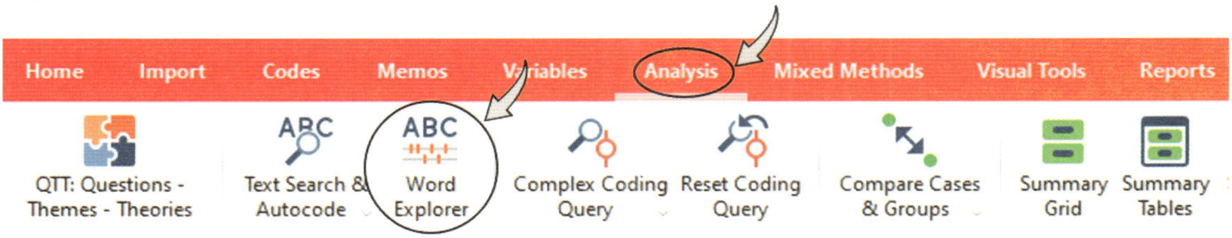

팝업창이 뜨면 검색창에 원하는 단어를 입력하고 Explore 버튼을 누릅니다. 그러자 아래와 같은 내용이 뜹니다. 왼쪽 위의 In documents는 전체 자료에서 해당 단어가 몇 번 언급되는지를 보여줍니다. '쌍갑포차'라는 단어는 총 129번이 검색되었고, 11개 문헌 전체에서 포함되어 있음을 보여줍니다. Most frequent in these documents 칸에는 해당 단어가 가장 많이 언급된 문헌이 순서대로 보입니다. 오른쪽 아래에 있는 Most frequent context words 칸에서는 '쌍갑포차'라는 단어가 어떤 맥락의 단어와 자주 언급되는지를 보여줍니다.

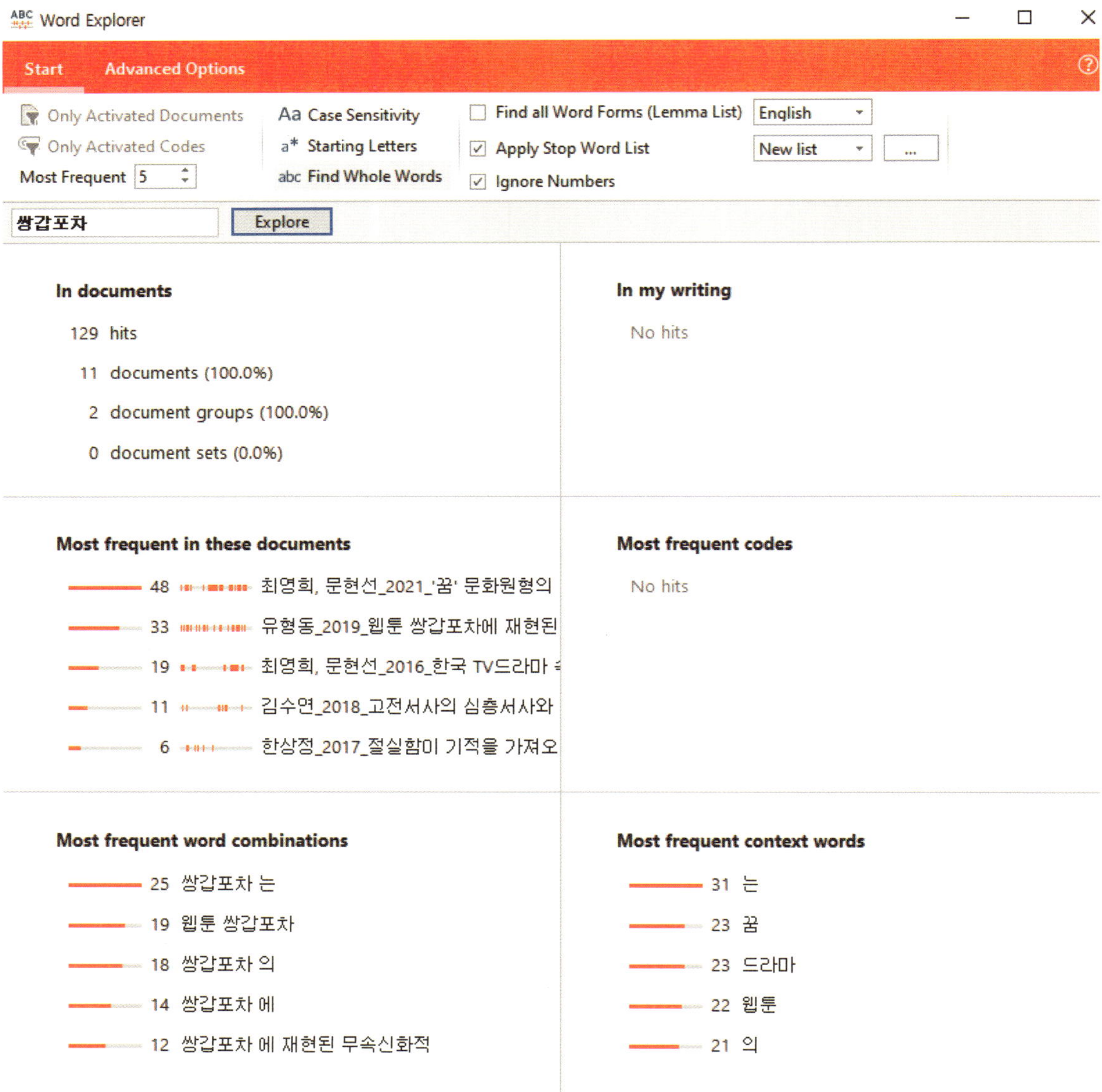

Text Search & Autocode: 원하는 텍스트를 찾아서 검색 결과에 일률적으로 원하는 코드를 붙이는 기능

Word Explorer 메뉴 왼쪽에는 검색 단어가 들어있는 문장이나 부분을 찾아서 자동으로 원하는 코드를 붙이는 기능이 있습니다. 바로 Text Search & Autocode인데요. 저는 지금 이 기능을 쓰지는 않을 것이지만, 버튼을 클릭하면 어떤 결과가 나타나는지를 보여드리겠습니다.

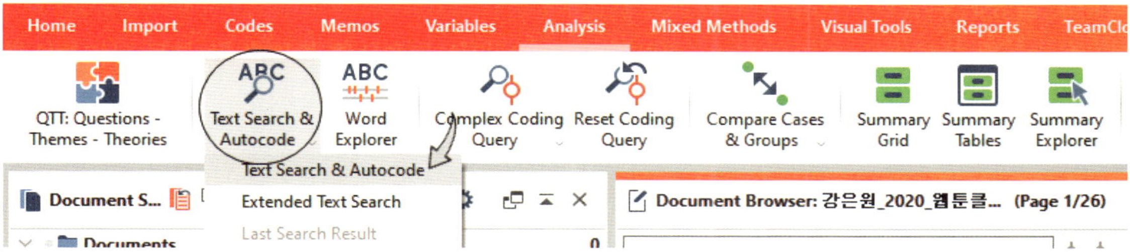

먼저 다음과 같이 Search item에 검색하려는 단어를 입력합니다. 그다음, 오른쪽 위를 보면 어떤 영역에서 이 단어를 찾고자 하는지 선택할 수 있는 항목이 보입니다. 저는 문서 안에서 이 단어가 쓰인 경우를 찾고 싶기 때문에 In documents를 선택하겠습니다. 만약, MAXQDA로 작업을 하면서 메모를 작성했고, 쌓인 메모 중에서 '쌍갑포차'라는 단어가 들어간 부분을 찾는다면 In memos를 선택할 수 있습니다. In comments나 In paraphrases 역시 MAXQDA에서 코멘트 기능(연구자가 코드 등에 설명을 추가하는 기능)이나 패러프레이즈 기능(자료의 내용을 읽고 연구자의 말로 요약하는 기능)을 사용한 경우, 이 부분에서 특정 단어를 검색하기 위해 사용할 수 있습니다.

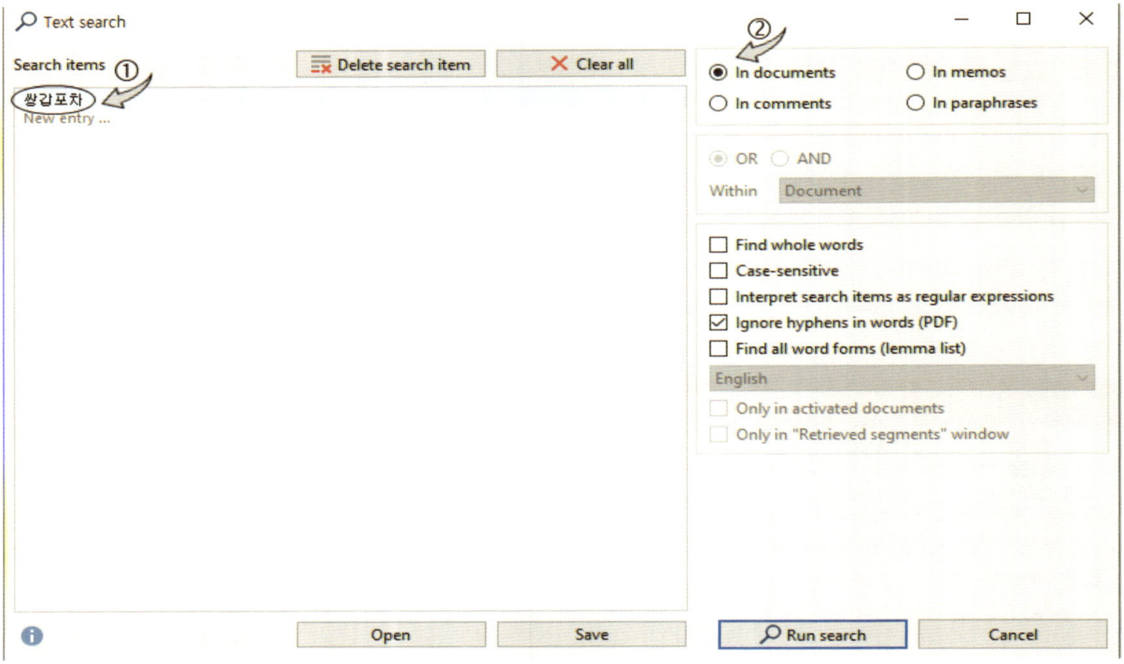

다음과 같이 본문에서 '쌍갑포차'가 들어간 부분이 검색되었습니다.

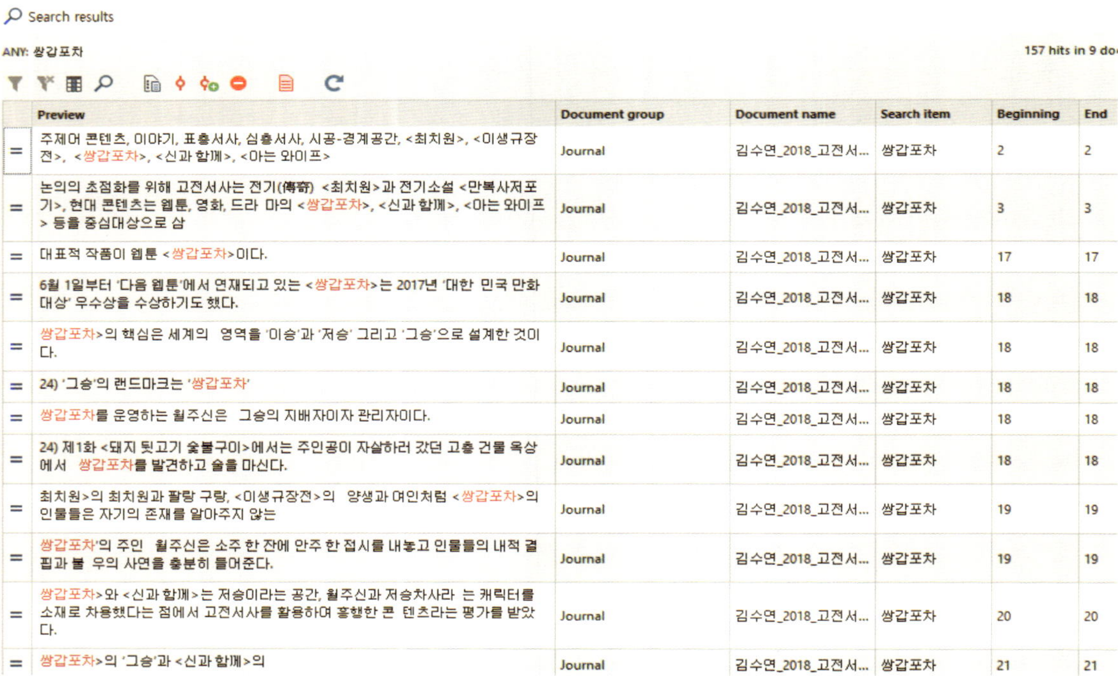

	Preview	Document group	Document name	Search item	Beginning	End
=	주제어 콘텐츠, 이야기, 표층서사, 심층서사, 시공-경계공간, <최치원>, <이생규장전>, <쌍갑포차>, <신과 함께>, <아는 와이프>	Journal	김수연_2018_고전서...	쌍갑포차	2	2
=	논의의 초점화를 위해 고전서사는 전기(傳奇) <최치원>과 전기소설 <만복사저포기>, 현대 콘텐츠는 웹툰, 영화, 드라 마의 <쌍갑포차>, <신과 함께>, <아는 와이프> 등을 중심대상으로 삼	Journal	김수연_2018_고전서...	쌍갑포차	3	3
=	대표적 작품이 웹툰 <쌍갑포차>이다.	Journal	김수연_2018_고전서...	쌍갑포차	17	17
=	6월 1일부터 '다음 웹툰'에서 연재되고 있는 <쌍갑포차>는 2017년 '대한 민국 만화대상' 우수상을 수상하기도 했다.	Journal	김수연_2018_고전서...	쌍갑포차	18	18
=	쌍갑포차>의 핵심은 세계의 영역을 '이승'과 '저승' 그리고 '그승'으로 설계한 것이다.	Journal	김수연_2018_고전서...	쌍갑포차	18	18
=	24) '그승'의 랜드마크는 '쌍갑포차'	Journal	김수연_2018_고전서...	쌍갑포차	18	18
=	쌍갑포차를 운영하는 월주신은 그승의 지배자이자 관리자이다.	Journal	김수연_2018_고전서...	쌍갑포차	18	18
=	24) 제1화 <돼지 뒷고기 숯불구이>에서는 주인공이 자살하러 갔던 고층 건물 옥상에서 쌍갑포차를 발견하고 술을 마신다.	Journal	김수연_2018_고전서...	쌍갑포차	18	18
=	최치원>의 최치원과 팔랑 구랑, <이생규장전>의 양생과 여인처럼 <쌍갑포차>의 인물들은 자기의 존재를 알아주지 않는	Journal	김수연_2018_고전서...	쌍갑포차	19	19
=	쌍갑포차'의 주인 월주신은 소주 한 잔에 안주 한 접시를 내놓고 인물들의 내적 결핍과 불 우의 사연을 충분히 들어준다.	Journal	김수연_2018_고전서...	쌍갑포차	19	19
=	쌍갑포차>와 <신과 함께>는 저승이라는 공간, 월주신과 저승차사라 는 캐릭터를 소재로 차용했다는 점에서 고전서사를 활용하여 흥행한 콘 텐츠라는 평가를 받았다.	Journal	김수연_2018_고전서...	쌍갑포차	20	20
=	쌍갑포차>의 '그승'과 <신과 함께>의	Journal	김수연_2018_고전서...	쌍갑포차	21	21

만일 검색된 내용에 '쌍갑포차'라는 코드를 붙이고 싶다면 상단의 Autocode search results with a new code를 선택합니다.

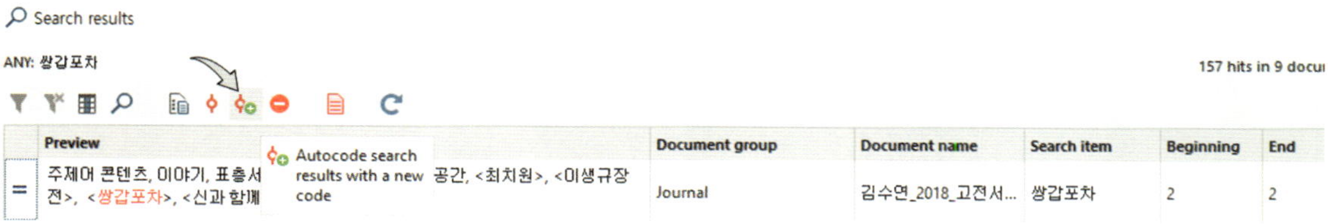

그러면 다음과 같은 창이 뜹니다. OK를 누르면 이 인용문 모두에 '쌍갑포차'라는 동일한 코드가 부여되겠지요. 코드 창 하단에 있는 Code memo에 해당 코드에 대한 정의를 적어두면 일관된 코딩 작업에 도움이 됩니다.

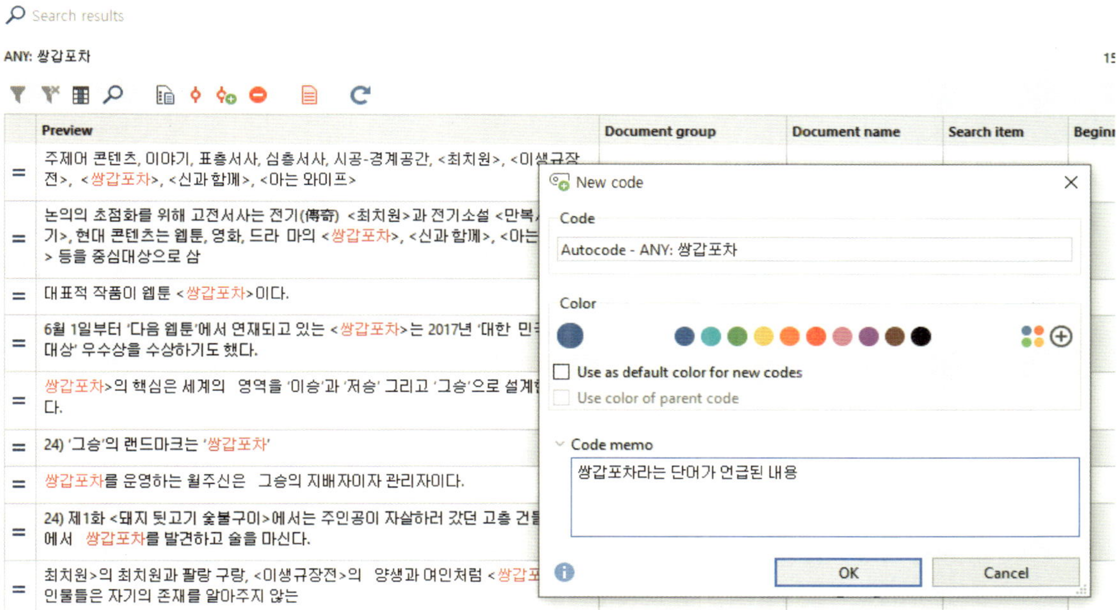

만일 검색한 내용에 이미 만들어 놓은 코드를 부여하고자 한다면 Code System에서 해당 코드를 클릭한 다음(①) Autocode search results(②)를 누르면 됩니다(코드 만드는 것은 뒤에서 다시 설명하겠습니다).

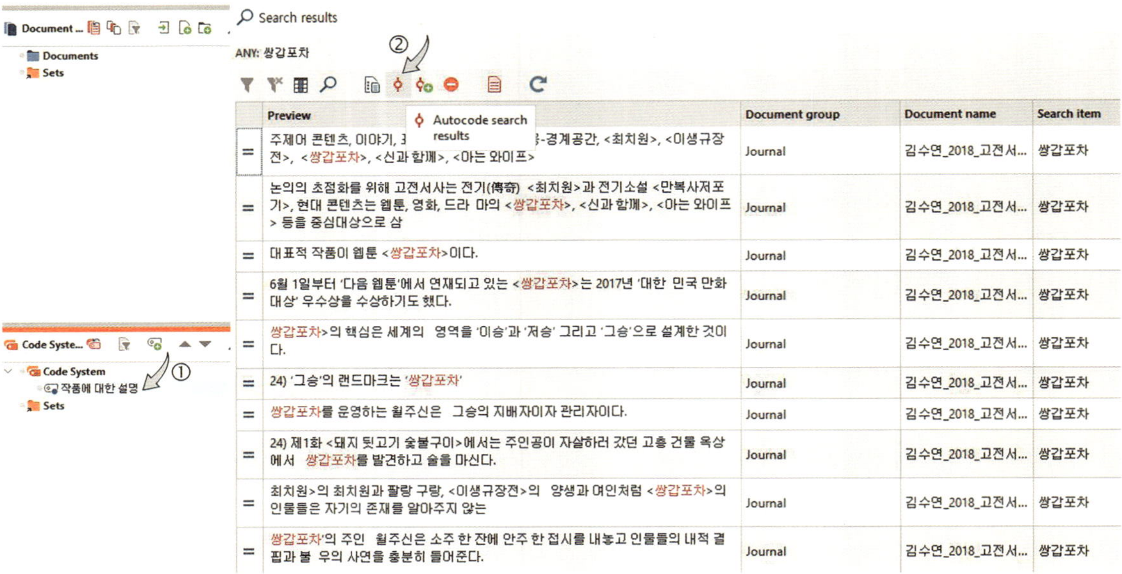

Extended Text Search: 확장된 검색하기

이번에는 Text Search & Autocode 아래에 있는 Extended Text Search를 클릭하겠습니다.

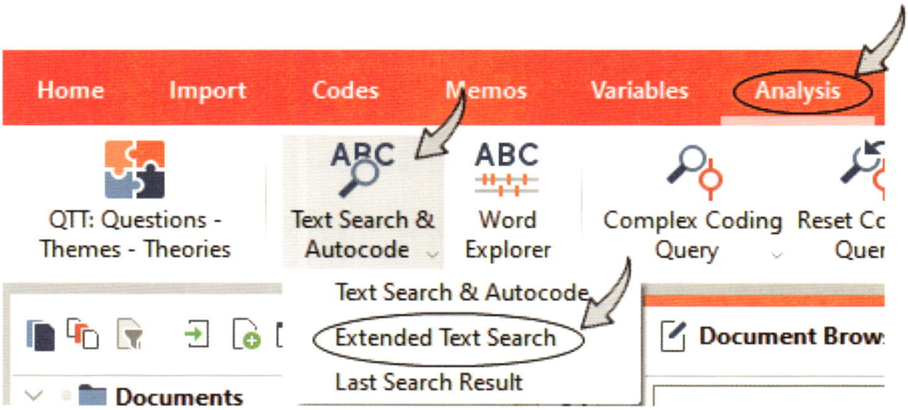

아래와 같이 검색창이 열립니다. 맨 첫 줄에 있는 Include all these search items 칸에 원하는 단어를 입력합니다. 저는 '감동'이라는 키워드를 입력해 보겠습니다. 그런 다음 Run search를 누릅니다.

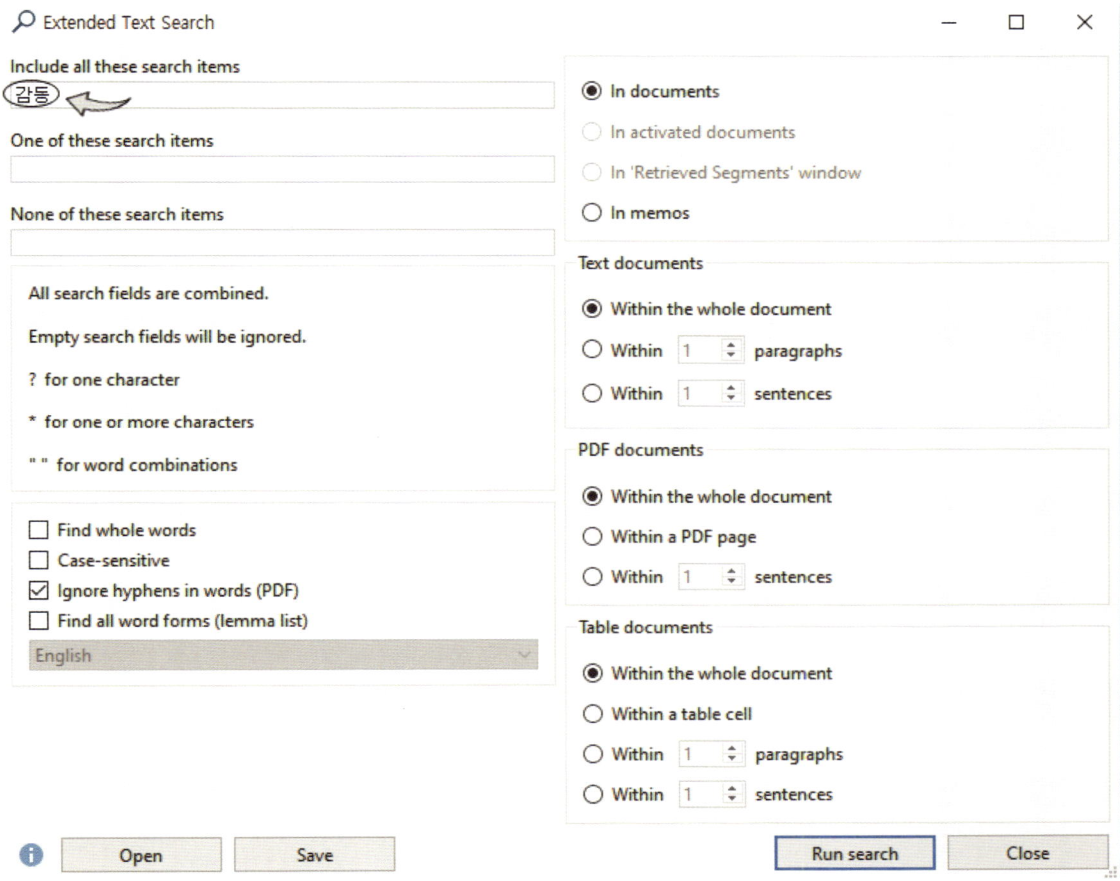

모든 문서에서 '감동'이라는 단어가 들어간 부분이 검색되었습니다. '감동'이라는 단어는 빨간색으로 표시되어 있습니다.

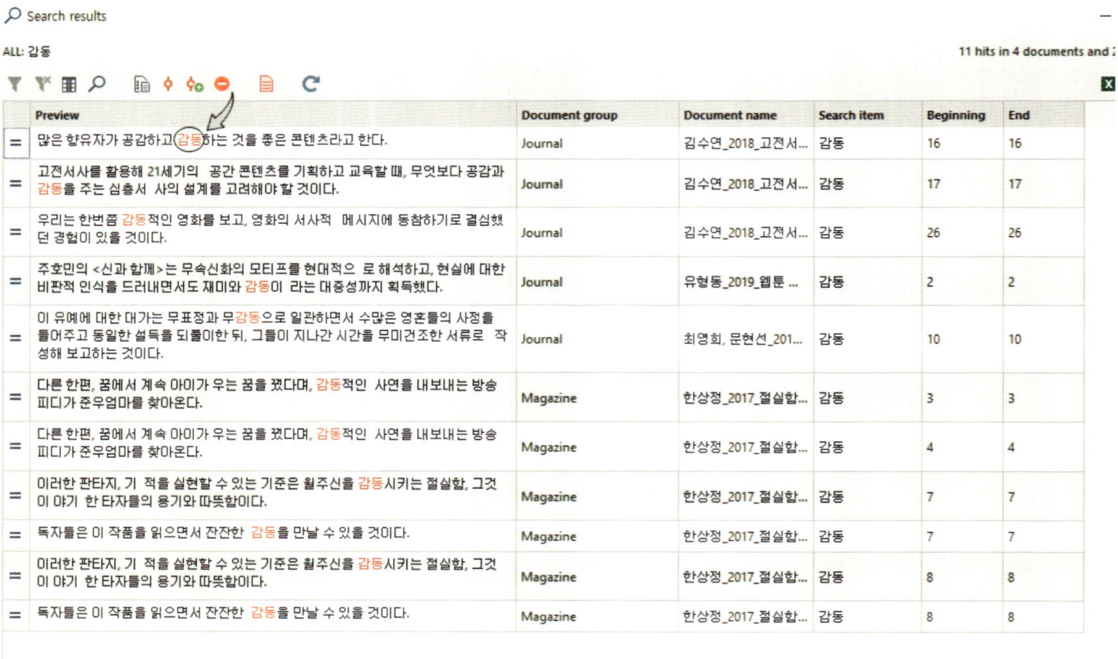

원하는 행을 클릭하면 Document Browser에 그 단어가 포함된 원래의 자료가 표시되므로 원문 전체를 확인할 수 있습니다.

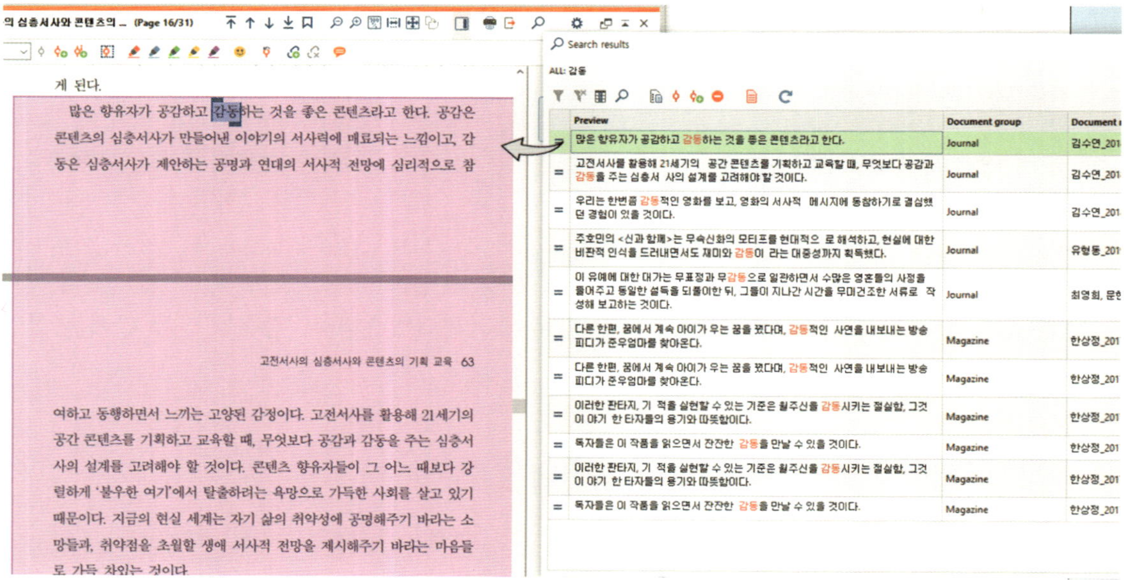

Document Browser 안에서 Search하기

이번에는 문서를 하나씩 열어서 그 안에서 해당 단어를 찾아보겠습니다. Documents에서 원하는 아티클을 더블 클릭합니다. 그러면 오른쪽 Document Browser에 해당 아티클의 내용이 보입니다. 여기서 맨 오른쪽 위를 보면 돋보기 모양의 검색 아이콘(①)이 있지요. 이 아이콘을 클릭하면 ②와 같이 단어를 검색할 수 있는 창이 열립니다. 여기에 검색을 원하는 단어를 입력합니다.

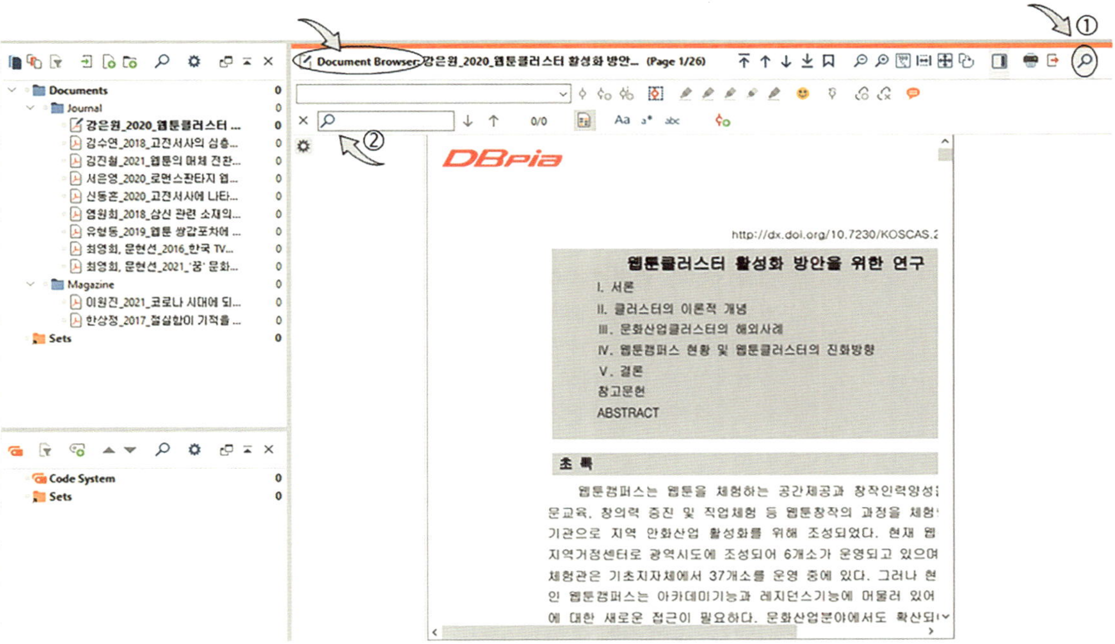

원하는 단어를 입력하면 다음과 같이 본문 중에 해당 단어를 찾아서 보여줍니다. 단어가 있는 부분을 보려면 검색창 옆에 있는 위로 가기와 아래로 가기 화살표를 누르세요. 이러한 방식으로 특정 아티클에서 자신이 관심 있는 단어가 어디에서 언급되고 있는지를 살펴볼 수 있습니다.

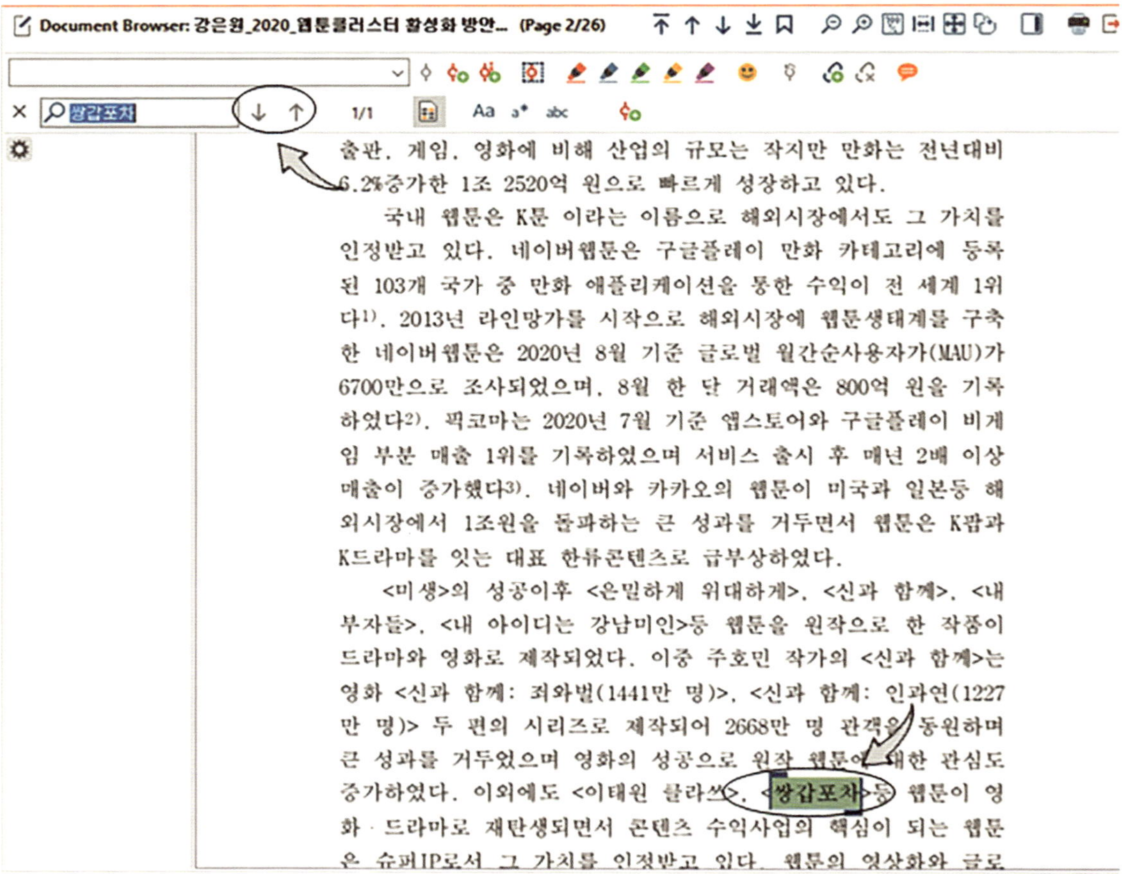

Document Memo에 제외 사유 기입하기

단어 찾기 방식으로 아티클을 훑어보니 이번 문헌고찰에 넣기에는 관련성이 적어 보이는 아티클이 몇 편 보입니다. 그래서 이들을 제외하겠습니다. 이럴 때는 '제외'라는 코드를 만들어서 붙일 수도 있는데요. 저는 그냥 편하게 Document memo에 제외 사유를 기록한 뒤 이들 문헌을 따로 분류하려고 합니다. 참고로 MAXQDA에는 다양한 메모 기능이 있습니다. Free memo(자유롭게 연구자의 생각을 기술하는 곳), Project memo(해당 프로젝트의 목적이나 연구 질문 등을 기록해 두는 곳), Document memo(개별 자료에 해당하는 다양한 내용을 자유롭게 기록해 두는 곳), Code memo(코드와 관련된 내용을 기록하는 곳) 등이 있습니다.

가령, 신동흔의 2020년 아티클에는 '쌍갑포차'라는 단어가 한 번 언급됩니다. 이 부분의 내용을 읽어보니 이번 문헌고찰에서 제외해도 무방해 보입니다.

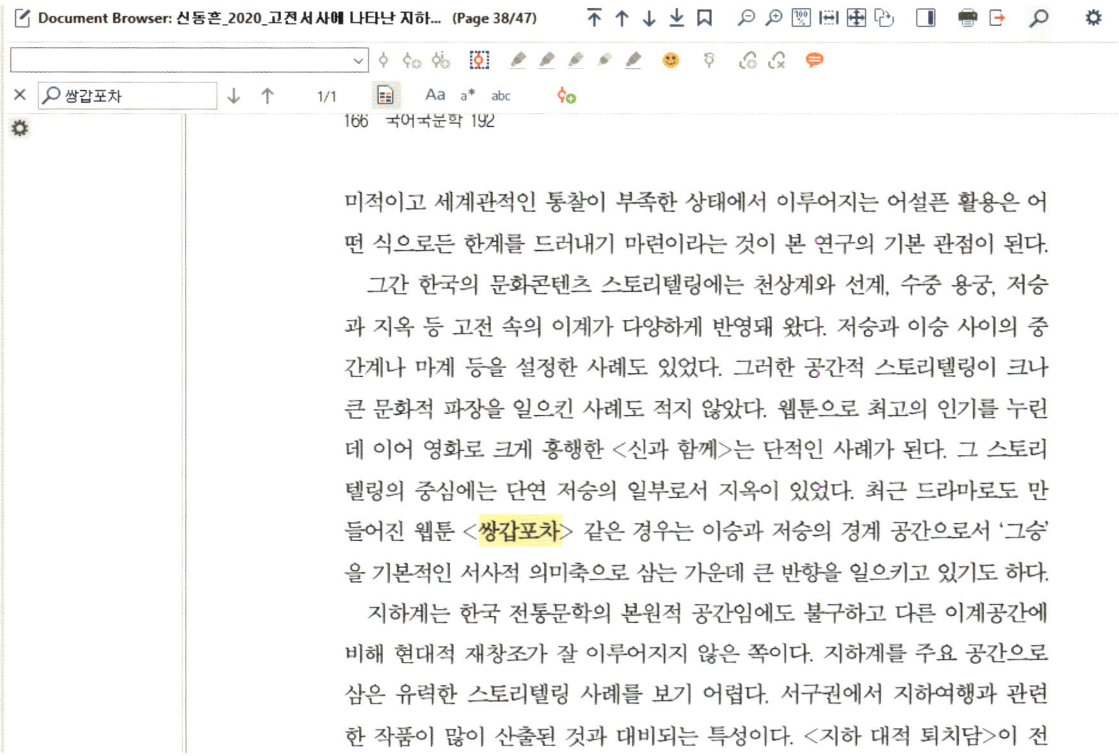

Document memo를 작성하기 위해서 아래와 같이 Documents에서 신동흔의 아티클을 오른 클릭하고 New Memo를 선택합니다.

그러자 새로운 메모장이 열렸습니다.

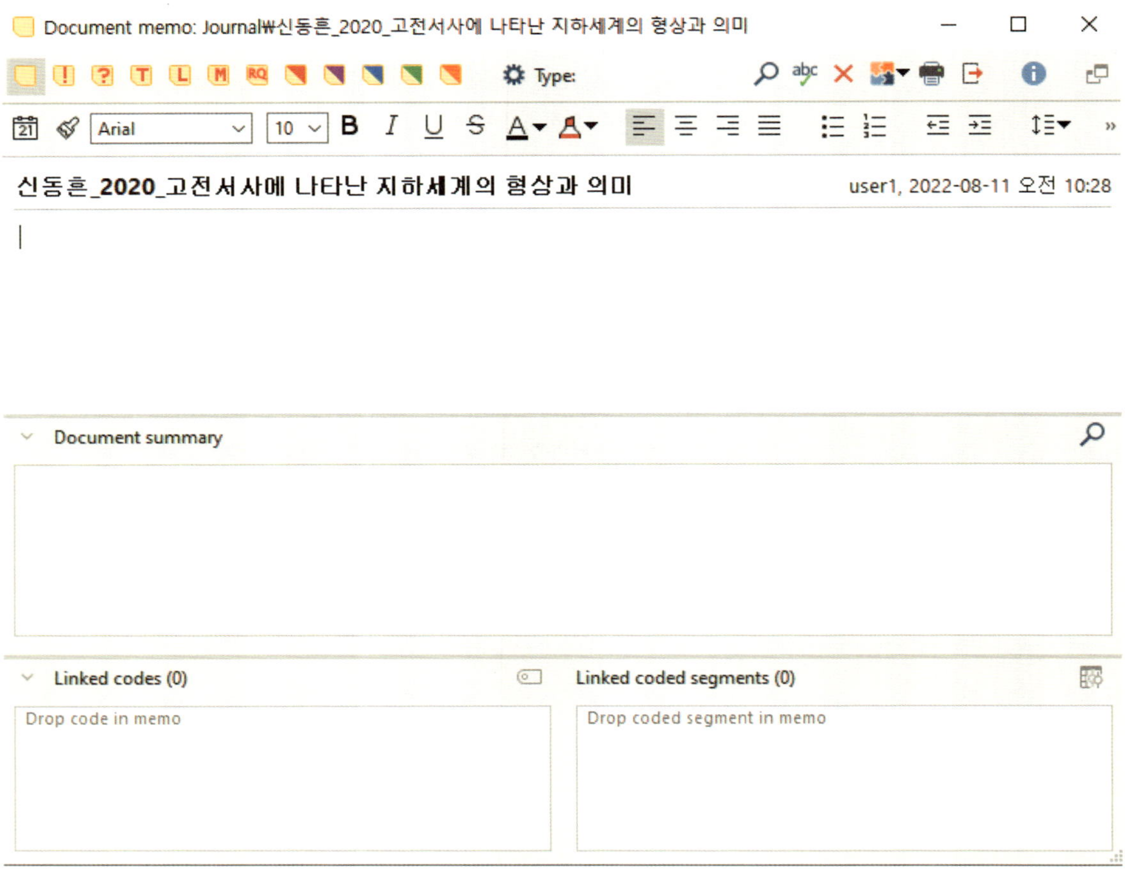

왼쪽 상단에 있는 달력모양 아이콘(①)을 클릭하면 현재 날짜가 메모에 입력됩니다(참고로, 메모를 작성할 때에는 늘 날짜를 입력해서 생각의 흐름을 기록으로 남기는 것이 좋습니다. 연구의 타당도를 높이는 전략의 하나이기도 합니다). 그런 다음 메모장에 해당 아티클을 문헌고찰에서 제외하는 이유를 기록합니다(②). 마지막으로 상단의 여러 아이콘 중에서 끌리는 색상의 아이콘(③)을 선택합니다. 선택하지 않아도 상관없지만, 제외시킬 아티클에 붙인 메모와 일반 메모를 구별하기 위해서 메모장에 표시를 해 두기 위한 방법입니다. 오렌지색이 아니어도 다른 색상이나 느낌표 등 연구자가 원하는 것을 자유롭게 선택하세요.

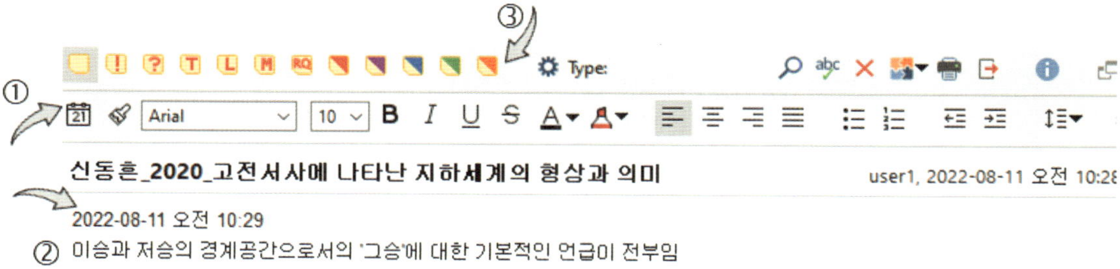

메모가 붙은 아티클에는 아래와 같이 왼쪽에 포스트잇 모양의 아이콘이 생성되었습니다. 그리고 메모 아이콘에 마우스 커서를 가져가면 연구자가 작성한 메모를 간단히 확인할 수 있게 작은 창이 뜹니다. 만약 메모 내용을 수정하고 싶다면 메모 아이콘을 더블 클릭하세요. 이러한 방식으로 나머지 아티클도 모두 검토합니다.

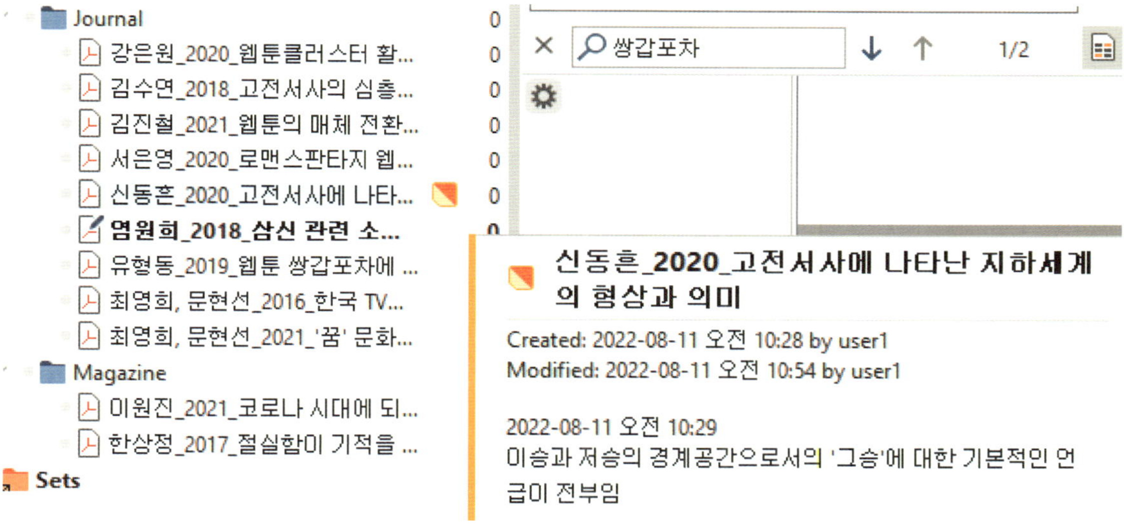

저는 일단 서은영 2020과 신동흔 2020의 아티클은 이번 문헌고찰에서 제외하고자 합니다. 김진철 2021과 염원희 2018에서도 '쌍갑포차'와 관련된 부분이 단 한 번 짧게 언급되어 있지만, 문헌고찰할 때 맥락을 설명하면서 필요할 수 있겠다는 생각이 들어서 일단 그대로 두었습니다.

Document Sets(또는 Document groups)에 Exclude(제외)라는 폴더를 만들고 메모가 붙은 두 개의 아티클을 이동하겠습니다(이 두 아티클을 MAXQDA에서 삭제해도 무방합니다만, 문헌고찰의 전 과정이 어떻게 진행되었는지를 기록으로 남기기 위해 일단 포함하였습니다).

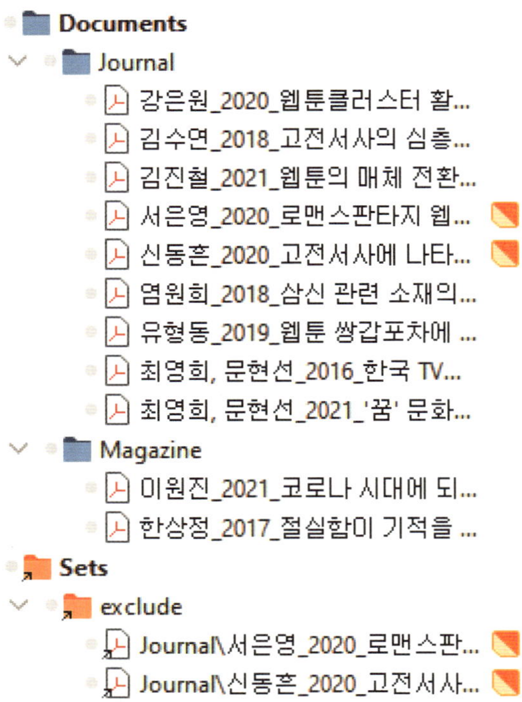

Chapter

02

코딩과 범주화

연구자의 말로 요약하며 읽기

이제, 자료도 준비가 되었으니 본격적으로 읽고 중요한 내용이 무엇인지 알아볼 차례입니다. 일반적으로 연구자들이 이 단계에서 바로 코딩을 시작하는 경향이 있는데요. 그전에 먼저 연구 질문을 다시 확인하면서 자료를 전체적으로 읽을 필요가 있습니다. 이 단계가 빠지면 숲을 보지 못한 채 나무들만 볼 우려가 있습니다. 이 장에서는 자료를 읽고 연구자의 말로 요약하는 중요한 기능을 설명하겠습니다. 이 작업은 이후 코딩의 준비작업이 됩니다.

Project Memo: 프로젝트 메모에 연구 질문 넣기

본격적으로 아티클을 읽기 전에 이번 문헌고찰의 질문을 다시 한번 검토하는 것이 좋겠습니다. 이때 프로젝트 메모를 활용할 수 있는데요. 먼저 Memo 메뉴를 열고 Project Memo를 클릭합니다.

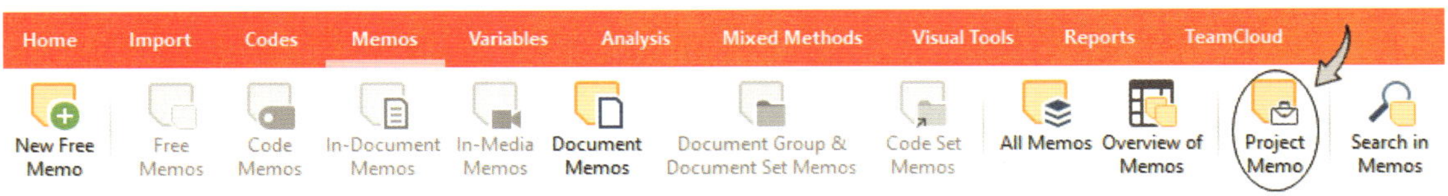

Project memo 창에 '문헌고찰 질문'이라는 제목을 달고, 내용 칸에 연구 질문을 복사해서 붙였습니다. 추가로 연구 질문(Research Question)이라는 의미의 RQ 아이콘을 클릭해서 메모 모양을 변경하였고, 형광펜 기능을 써서 중요한 부분에 색도 칠했습니다.

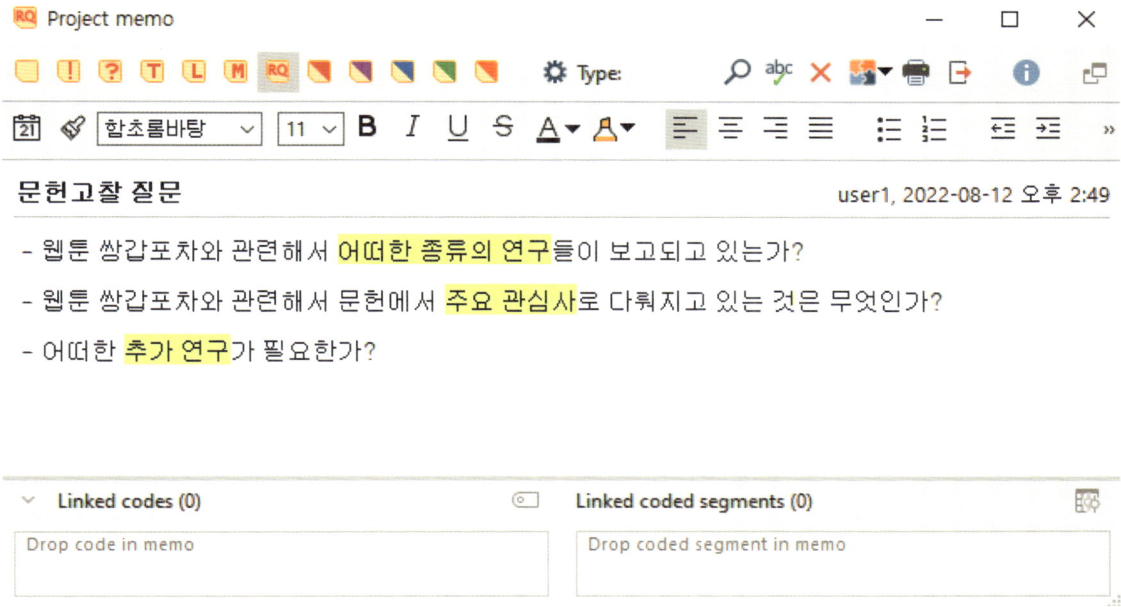

그랬더니 Documents 옆에 RQ라는 이름의 프로젝트 메모가 생성되었습니다. 마우스를 가져가니 메모 내용이 보이네요. 문헌고찰을 하는 사이사이에 이 메모를 보면서 연구 질문을 확인할 수 있습니다.

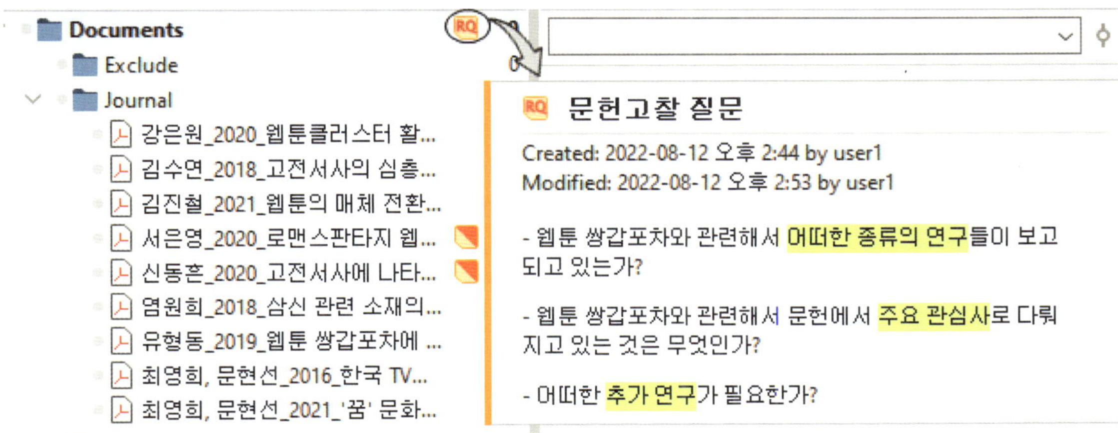

Paraphrase: 연구자의 말로 요약하기

Paraphrase라는 단어는 다른 말로 바꾼다는 의미를 갖는데요. 연구에서는 자료를 훑어보면서 복잡하거나 긴 내용을 연구자의 말로 요약해두는 것을 의미합니다. 본격적인 코딩 전에 유용하게 쓸 수 있는 기능입니다(또한 내러티브 분석처럼 연구자가 코딩 대신에 자료를 읽으면서 자유롭게 자신의 코멘트를 남기고 싶은 경우에도 유용합니다). 우선, Documents에서 검토할 아티클을 더블 클릭합니다. 그러면 Document Browser에 해당 아티클이 열리겠지요. 아래와 같은 모습입니다.

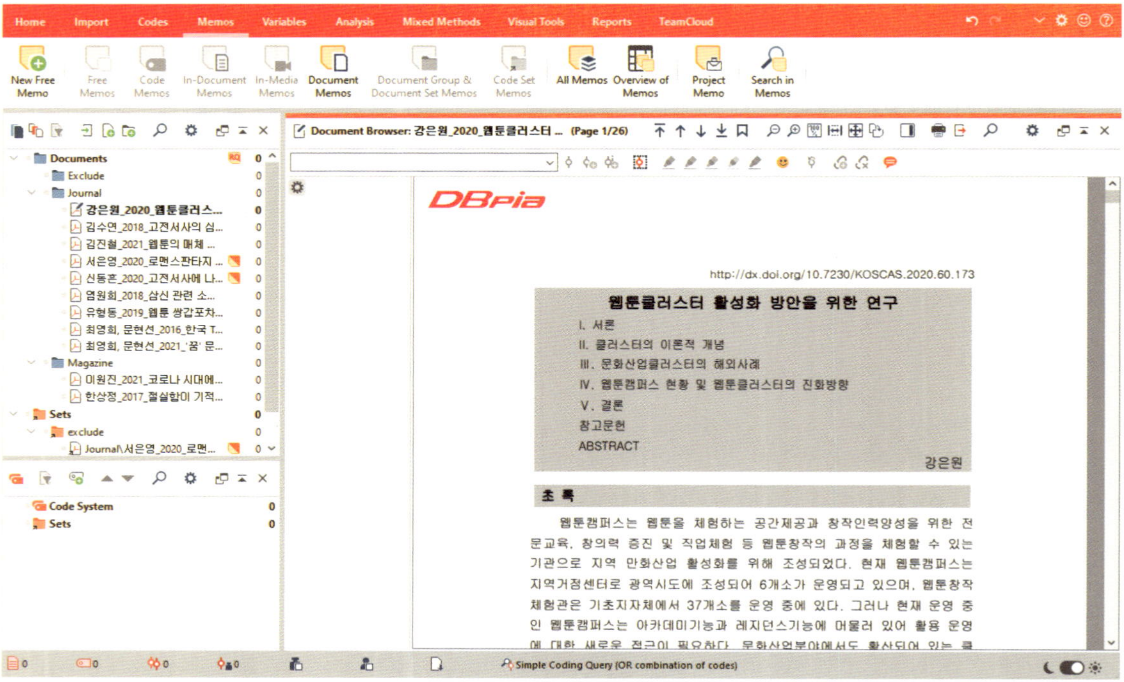

Analysis 메뉴에서 Paraphrase를 클릭하면 맨 위에 Paraphrase Document가 뜹니다. 이 버튼을 클릭합니다.

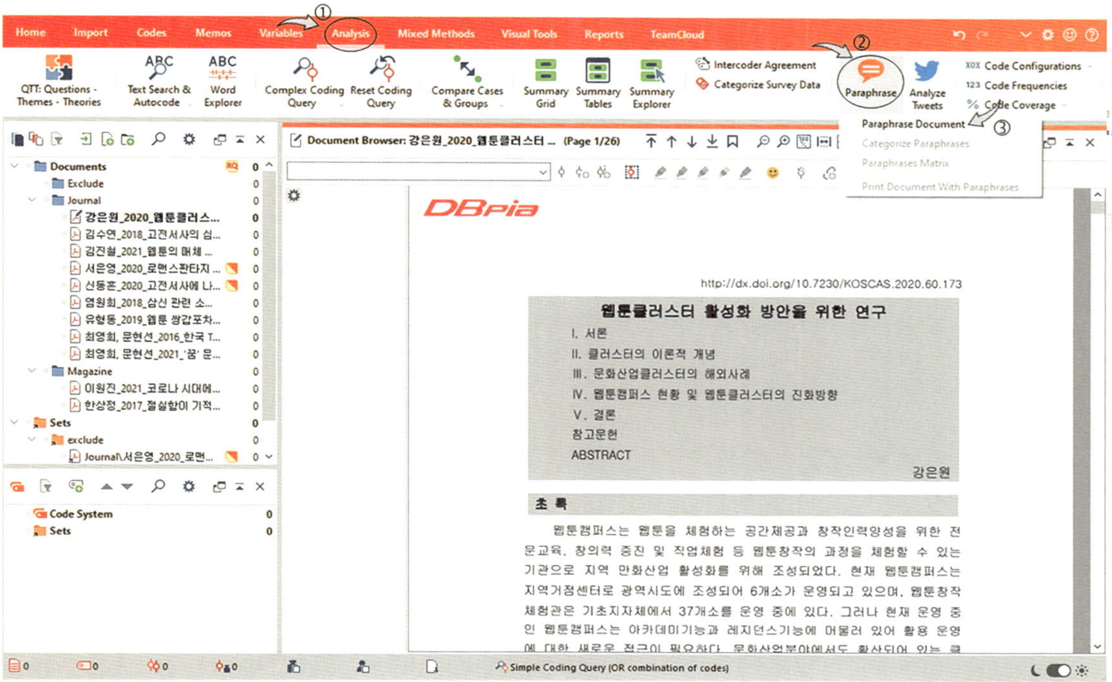

지금 한 과정을 간단히 할 수도 있습니다. Document Browser의 아티클 위에 있는 말풍선 모양의 아이콘을 클릭해도 됩니다.

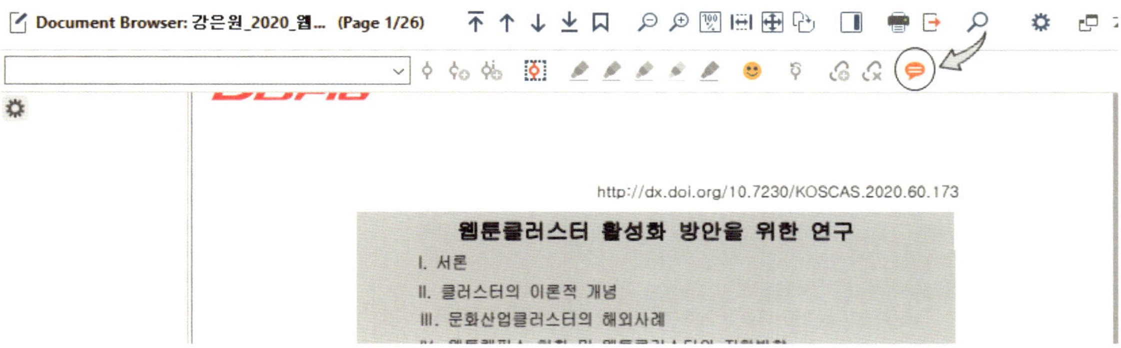

Paraphrase 기능을 활성화하면 다음의 그림처럼 오른쪽에 sidebar가 열립니다. 이 부분에 연구자의 요약 내용이 들어가게 되겠지요. 이제 준비가 되었습니다.

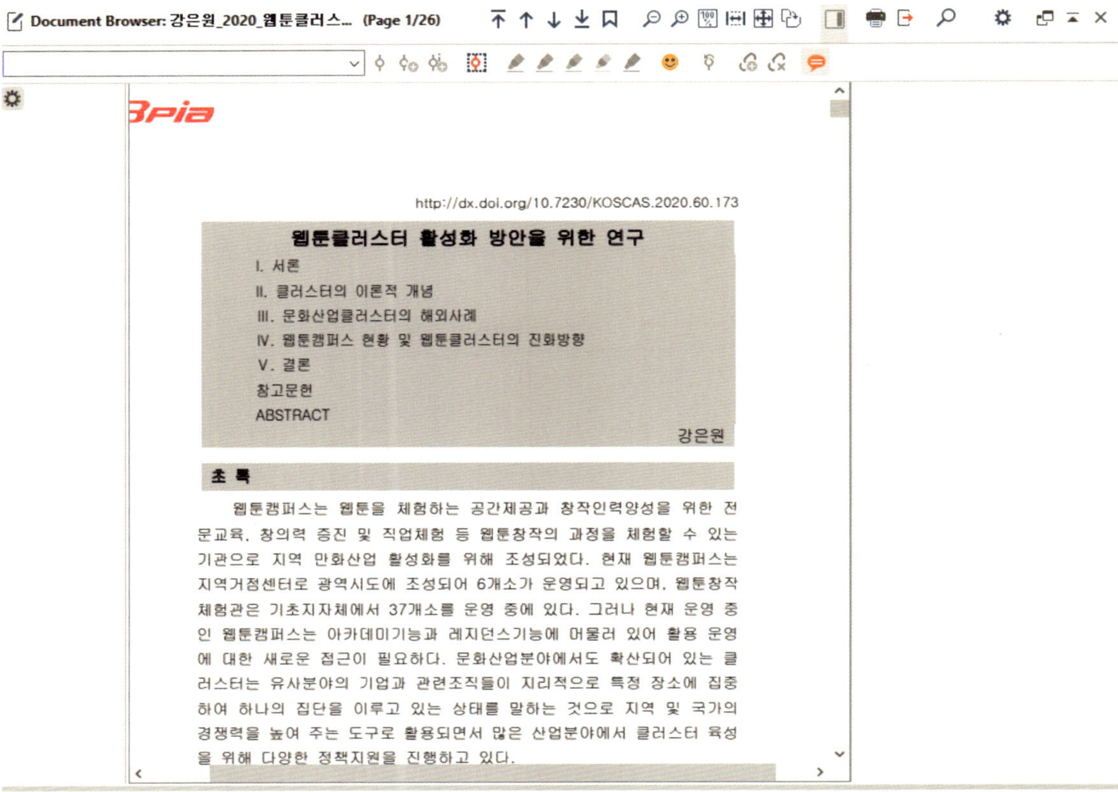

http://dx.doi.org/10.7230/KOSCAS.2020.60.173

웹툰클러스터 활성화 방안을 위한 연구

I. 서론
II. 클러스터의 이론적 개념
III. 문화산업클러스터의 해외사례
IV. 웹툰캠퍼스 현황 및 웹툰클러스터의 진화방향
V. 결론
참고문헌
ABSTRACT

강은원

초 록

웹툰캠퍼스는 웹툰을 체험하는 공간제공과 창작인력양성을 위한 전문교육, 창의력 증진 및 직업체험 등 웹툰창작의 과정을 체험할 수 있는 기관으로 지역 만화산업 활성화를 위해 조성되었다. 현재 웹툰캠퍼스는 지역거점센터로 광역시도에 조성되어 6개소가 운영되고 있으며, 웹툰창작체험관은 기초지자체에서 37개소를 운영 중에 있다. 그러나 현재 운영 중인 웹툰캠퍼스는 아카데미기능과 레지던스기능에 머물러 있어 활용 운영에 대한 새로운 접근이 필요하다. 문화산업분야에서도 확산되어 있는 클러스터는 유사분야의 기업과 관련조직들이 지리적으로 특정 장소에 집중하여 하나의 집단을 이루고 있는 상태를 말하는 것으로 지역 및 국가의 경쟁력을 높여 주는 도구로 활용되면서 많은 산업분야에서 클러스터 육성을 위해 다양한 정책지원을 진행하고 있다.

마우스로 아티클의 일부분을 아래와 같이 선택합니다.

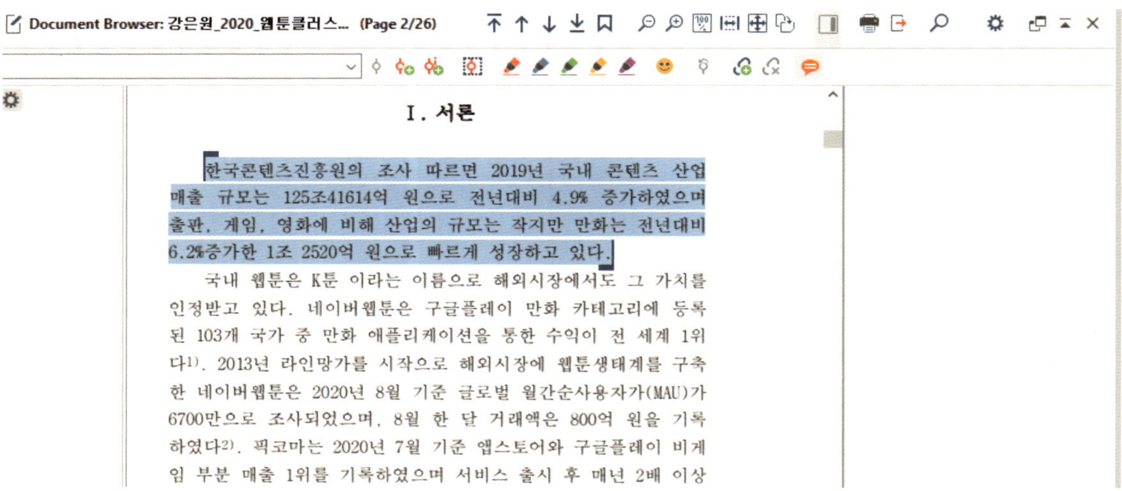

I. 서론

한국콘텐츠진흥원의 조사 따르면 2019년 국내 콘텐츠 산업 매출 규모는 125조41614억 원으로 전년대비 4.9% 증가하였으며 출판, 게임, 영화에 비해 산업의 규모는 작지만 만화는 전년대비 6.2%증가한 1조 2520억 원으로 빠르게 성장하고 있다.

국내 웹툰은 K툰 이라는 이름으로 해외시장에서도 그 가치를 인정받고 있다. 네이버웹툰은 구글플레이 만화 카테고리에 등록된 103개 국가 중 만화 애플리케이션을 통한 수익이 전 세계 1위다[1]. 2013년 라인망가를 시작으로 해외시장에 웹툰생태계를 구축한 네이버웹툰은 2020년 8월 기준 글로벌 월간순사용자가(MAU)가 6700만으로 조사되었으며, 8월 한 달 거래액은 800억 원을 기록하였다[2]. 픽코마는 2020년 7월 기준 앱스토어와 구글플레이 비게임 부분 매출 1위를 기록하였으며 서비스 출시 후 매년 2배 이상

그리고 마우스를 누른 손가락을 떼는 순간 자동으로 아래와 같이 작은 창이 생성됩니다.

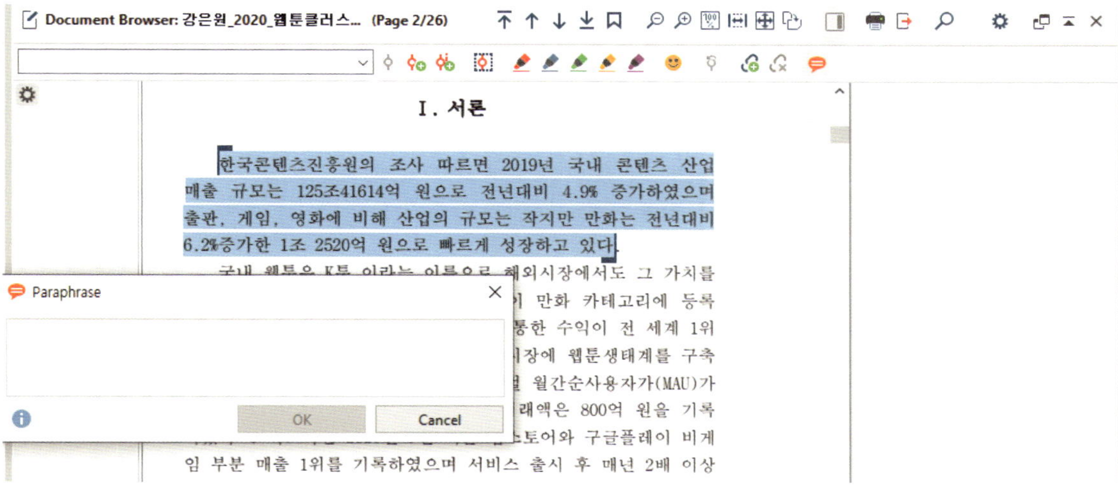

이 상자에 방금 선택한 부분의 내용을 자신의 말로 짧게 요약합니다.

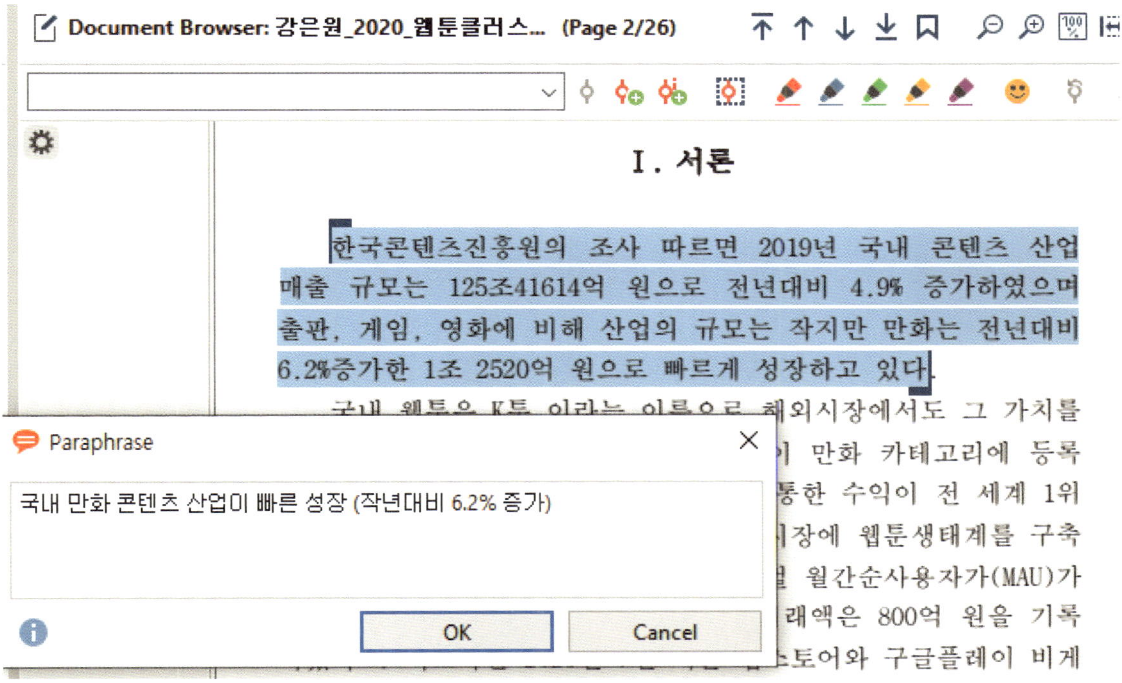

그런 다음 OK 버튼을 누르면 아래와 같이 오른편에 연구자의 요약이 뜹니다. Paraphrase 기능이 활성화되어 있는 한 마우스로 자료를 선택하면 바로 요약할 상자가 뜹니다. 이렇게 전체 자료를 읽으면서 길고 복잡한 내용을 연구자의 말로 짧게 정리해 둡니다.

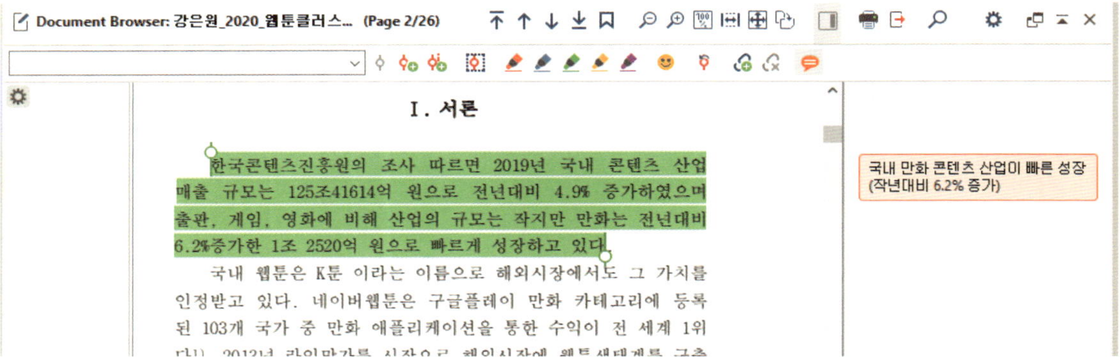

Paraphrase 내용이 뜨는 sidebar는 Document Browser의 상단에 있는 sidebar 아이콘을 활용해서 열었다 닫았다 할 수 있습니다.

Paraphrased Segments: 패러프레이징한 부분들을 리스트 형식으로 보기

이제 9개의 아티클을 읽고 연구자의 말로 요약을 마쳤습니다. 실습을 위한 프로젝트이기 때문에 아티클의 수가 적어서 패러프레이징된 부분도 많지는 않습니다. 총 92개의 요약 내용이 붙었네요. Code system의 맨 아래에 있는 Paraphrased Segments 옆을 보면 92라는 숫자가 붙었습니다.

여기서 Paraphrased Segments라는 항목을 더블 클릭하면 지금까지의 paraphrase 내용이 한눈에 보입니다. 지금은 아래와 같이 가나다 순으로 정렬되어 보이는데요. 만일 패러프레이징한 내용을 아티클별로 모아서 보기를 원한다면 'Document name' 열을 클릭해서 새로 정렬하면 됩니다. 그리고 특정 paraphrase 내용을 클릭하면 해당 요약이 붙은 원래의 자료가 상단에 보입니다. 이처럼 Paraphrased Segments 기능은 전체적인 요약 내용을 보는 데 활용할 수 있습니다. Paraphrase된 내용을 어떻게 활용할지 보다 구체적인 내용은 뒤에서 다시 설명하겠습니다.

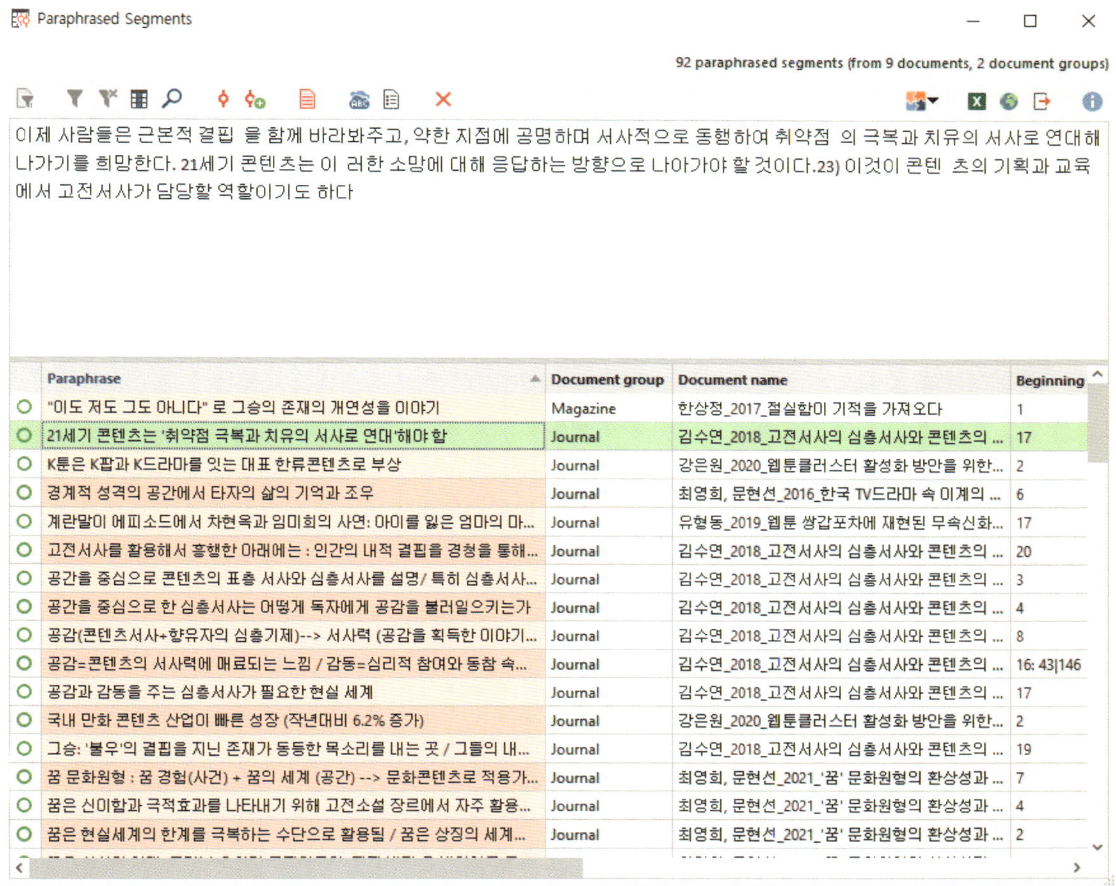

Highlight coding: 형광펜 기능 사용하기

Paraphrase를 하면서 제가 활용한 또 하나의 유용한 기능이 있습니다. 바로 형광펜 처리입니다. 자료를 읽다 보면 나중에 직접 인용을 하고 싶은 인상적인 내용이 나올 때가 있습니다. 미리 '인용'이라는 코드를 만들어 두었다가 이 부분에 붙여도 좋지만, 일단 빠르게 작업을 하기 위해서 형광펜 코드를 붙이면 편리합니다. 우리도 책을 읽다가 기억하고 싶은 문구가 있으면 형광펜으로 표시하지요. 동일한 기능이라고 보시면 됩니다. 그 부분을 선택한 뒤 Document Browser의 형광펜 중 원하는 색을 클릭하면 아래와 같이 표시가 됩니다. 동시에 왼쪽 하단 Code system을 보면 'YELLOW'라는 코드가 생성된 것을 알 수 있습니다(노란색 형광펜을 써서 그렇습니다). 'YELLOW'라는 이름은 나중에 다른 이름으로 변경할 수 있습니다.

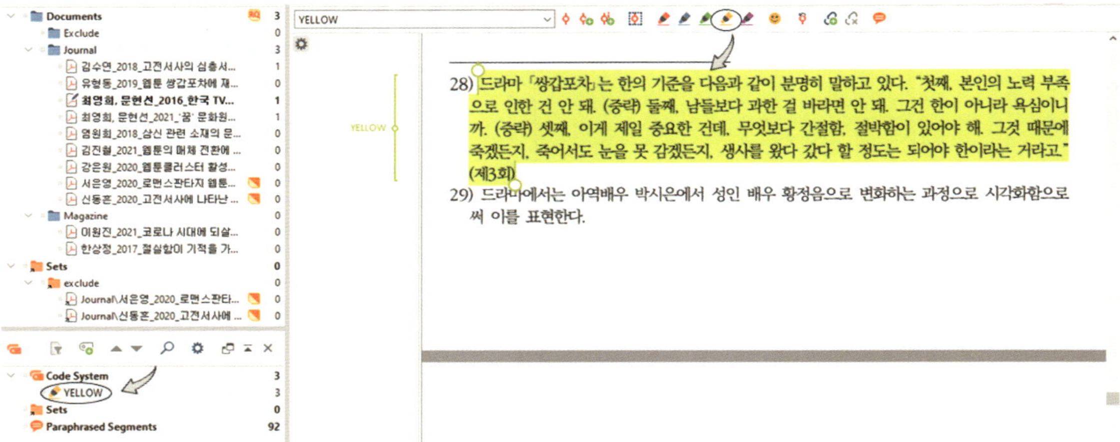

Paraphrases Matrix: 요약 내용의 비교 정리

이번에는 연구자의 말로 요약해 놓은 패러프레이즈 내용들을 아티클별로 비교하며 정리하는 방법을 설명하겠습니다. 먼저 상단의 Analysis 메뉴에서 Paraphrase를 선택합니다. Paraphrase의 하위 메뉴를 열면 몇 개의 옵션이 나오는데요. 이 중 세 번째인 Paraphrases Matrix를 클릭합니다.

아래와 같은 창이 열립니다. 지금은 아무런 자료(아티클)도 들어있지 않은 상태입니다.

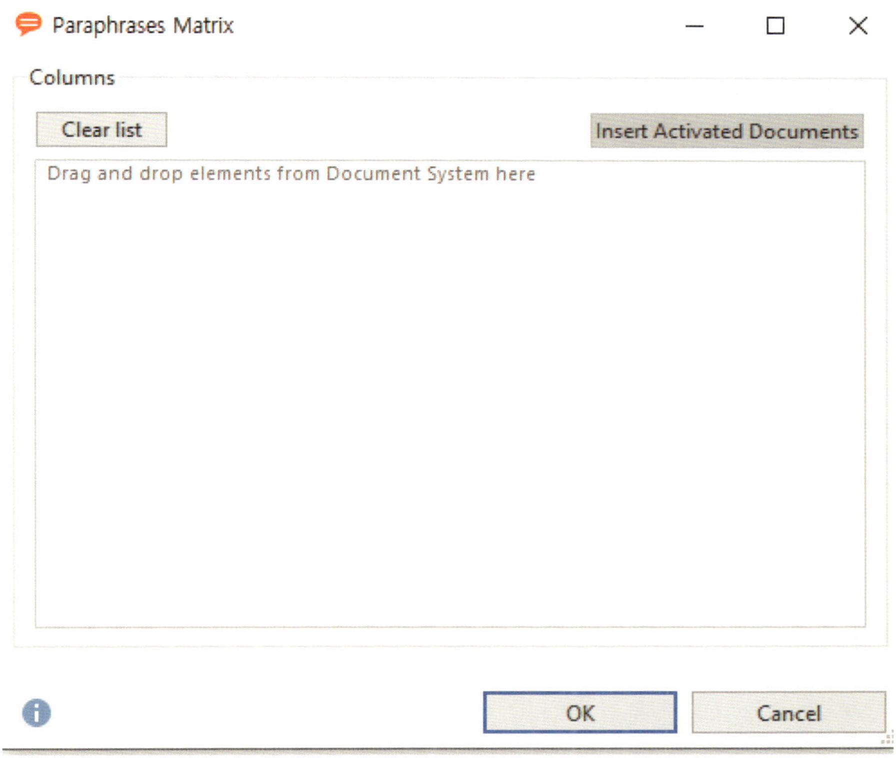

여기에 자료를 넣는 방법은 두 가지입니다. 먼저 보고자 하는 아티클을 직접 드래그해서 가져오는 방법입니다.

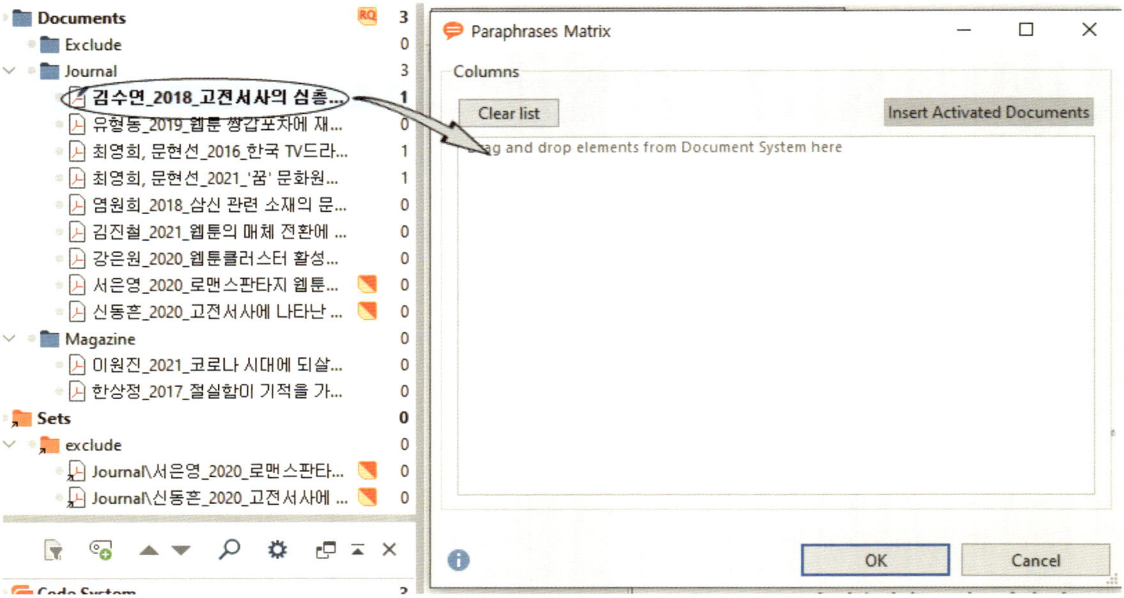

아래와 같이 상자 안에 아티클이 담겼습니다.

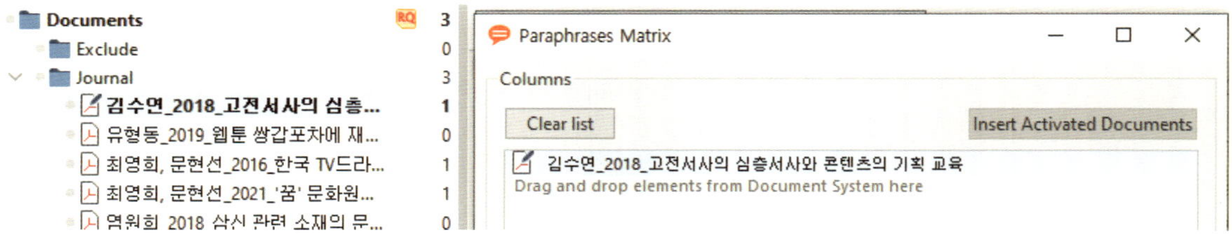

아티클을 하나씩 직접 드래그해오는 대신 Activate 기능을 활용해서 한꺼번에 입력할 수도 있습니다. 먼저 Documents에서 원하는 아티클 이름 앞의 작은 회색 동그라미를 클릭해서 빨간 화살표가 켜지게 합니다. 그러면 문서 이름도 빨간색으로 바뀌며 원하는 아티클이 Activate 됩니다.

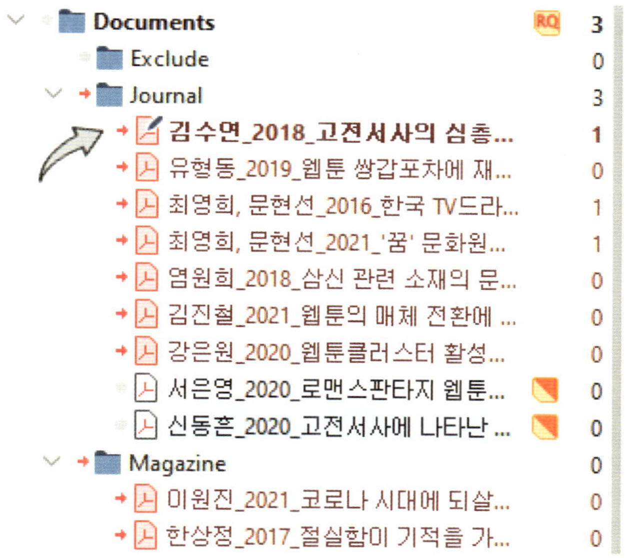

그런 다음 Paraphrases Matrix 창에서 Insert Activated Documents 버튼을 누릅니다.

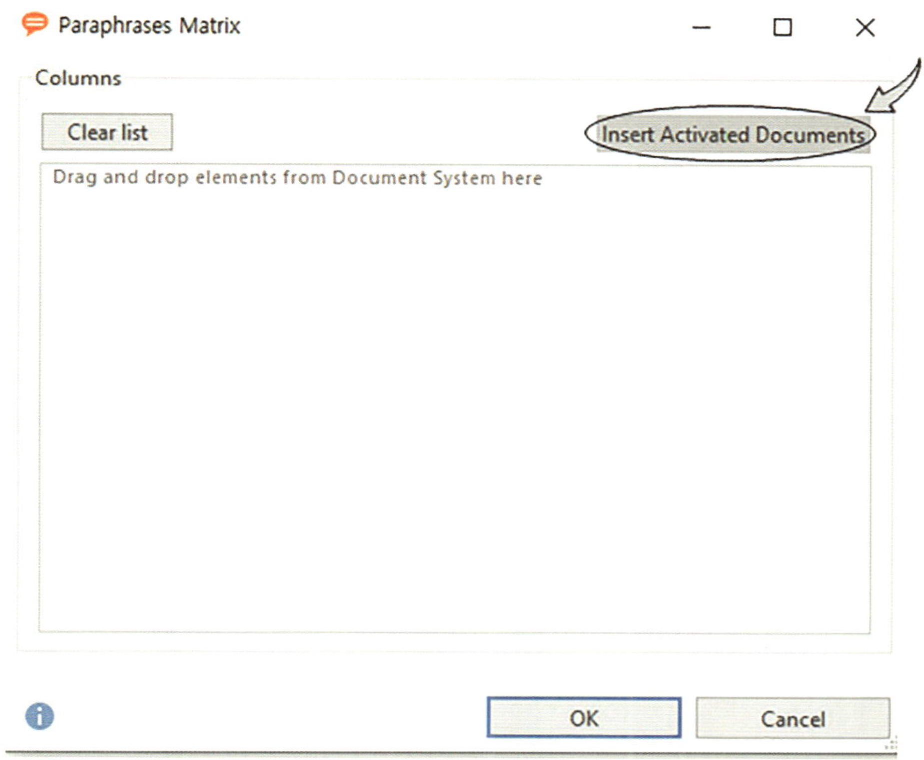

아래와 같이 한꺼번에 원하는 자료가 입력되었습니다. 직접 드래그해 오거나 활성화해서 입력하는 방식 중에서 본인에게 편한 방법을 활용하시기 바랍니다. 이제 상자의 아랫부분에 있는 OK 버튼을 누릅니다.

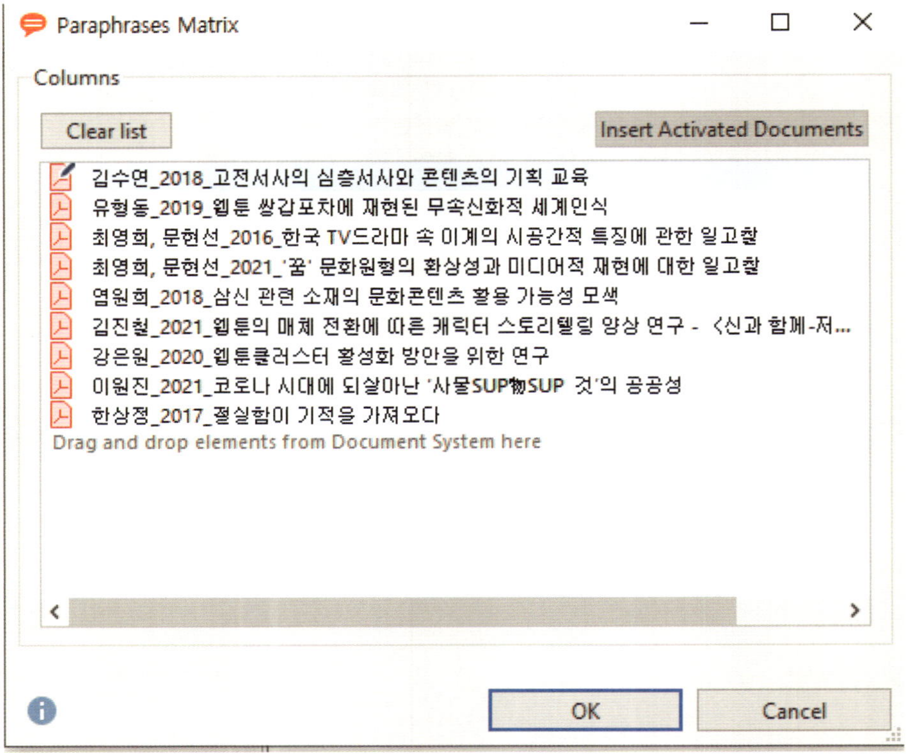

다음과 같은 화면이 열립니다. 상단에는 아티클 이름이 보입니다(①). 그 아래에는 연구자의 말로 요약한 내용이 나오고 그 밑에는 자료의 어느 위치에 이 요약문이 달렸는지를 파란색 글씨로 보여줍니다(②). 화면에 채 안보이는 나머지 자료는 아래의 회색 바를 이동해서 확인해 볼 수 있습니다(③).

만일 Paraphrase한 내용만을 깔끔하게 보고자 한다면 상단 왼쪽에 있는 Display origin 버튼을 눌러서 지우세요.

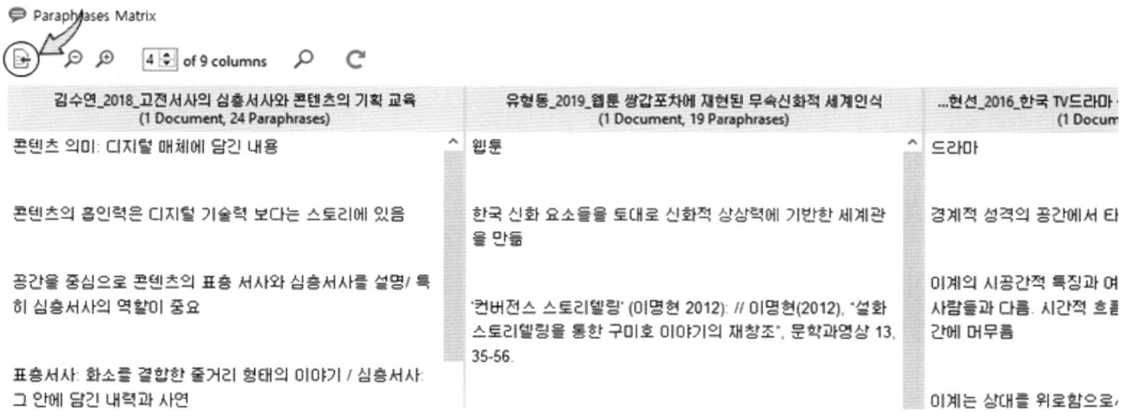

이번에는 다음과 같이 Paraphrases Matrix에서 하나의 아티클을 정하고 마우스로 그 아래의 요약 내용을 모두 선택한 뒤 Copy합니다.

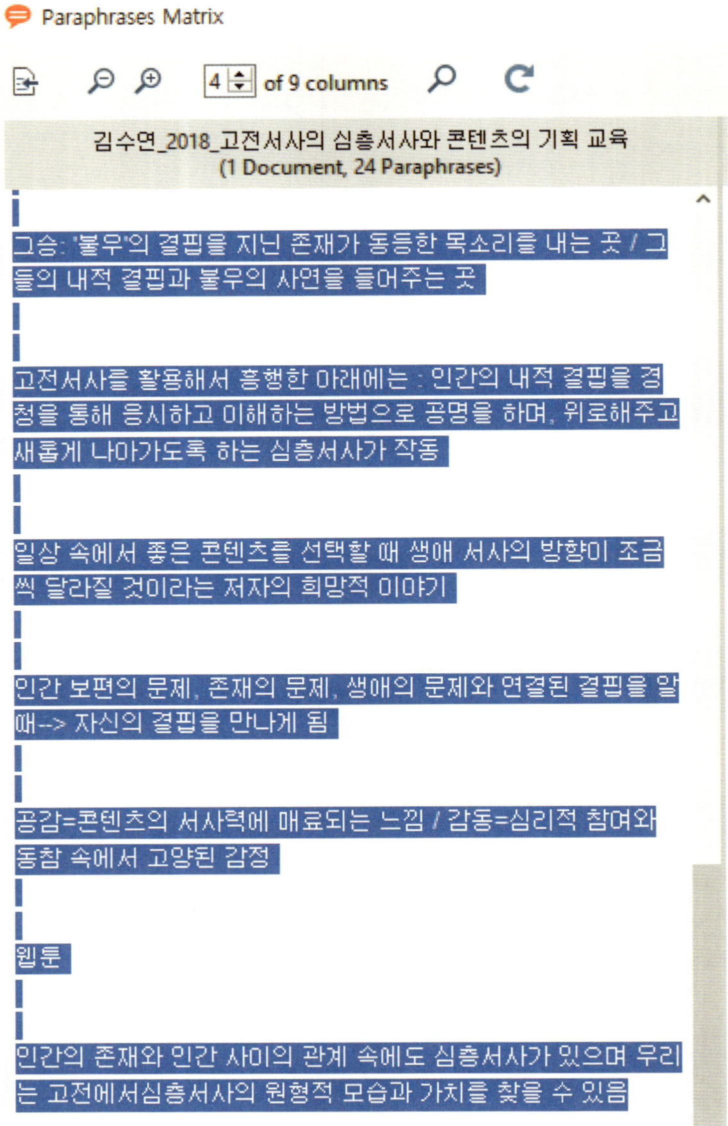

그다음, 해당 아티클의 Document Memo장을 엽니다. 두 가지 방법으로 메모장을 열 수 있습니다. 첫 번째 방법은 아티클 이름에 마우스를 놓고 오른 클릭을 한 뒤 Memo를 선택하는 방법입니다.

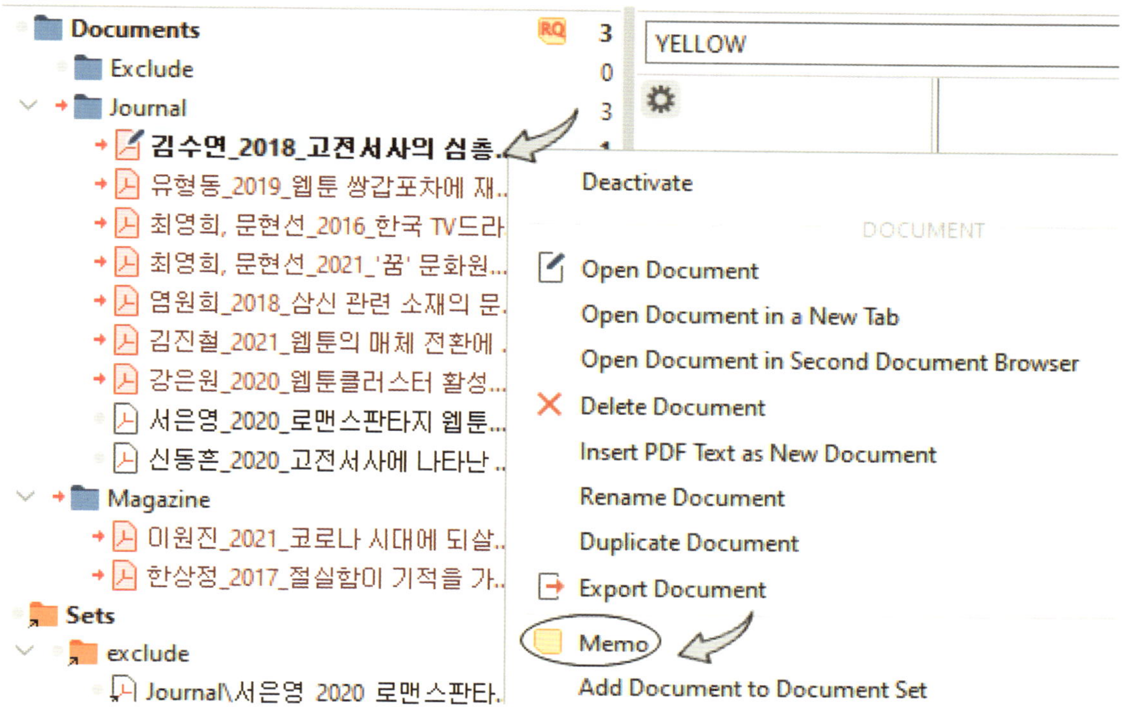

또 다른 방법은 Document 이름 옆의 빈 칸(메모장 아이콘이 붙는 곳)에 마우스를 놓고 오른 클릭하는 방법입니다. 편한 방식으로 Document Memo를 엽니다.

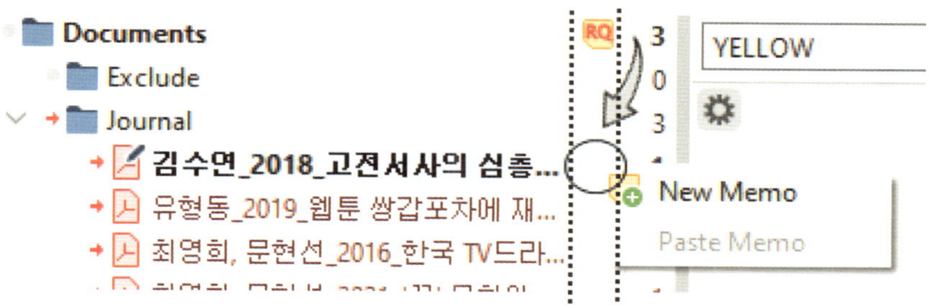

아래와 같이 새로운 메모장이 열렸습니다.

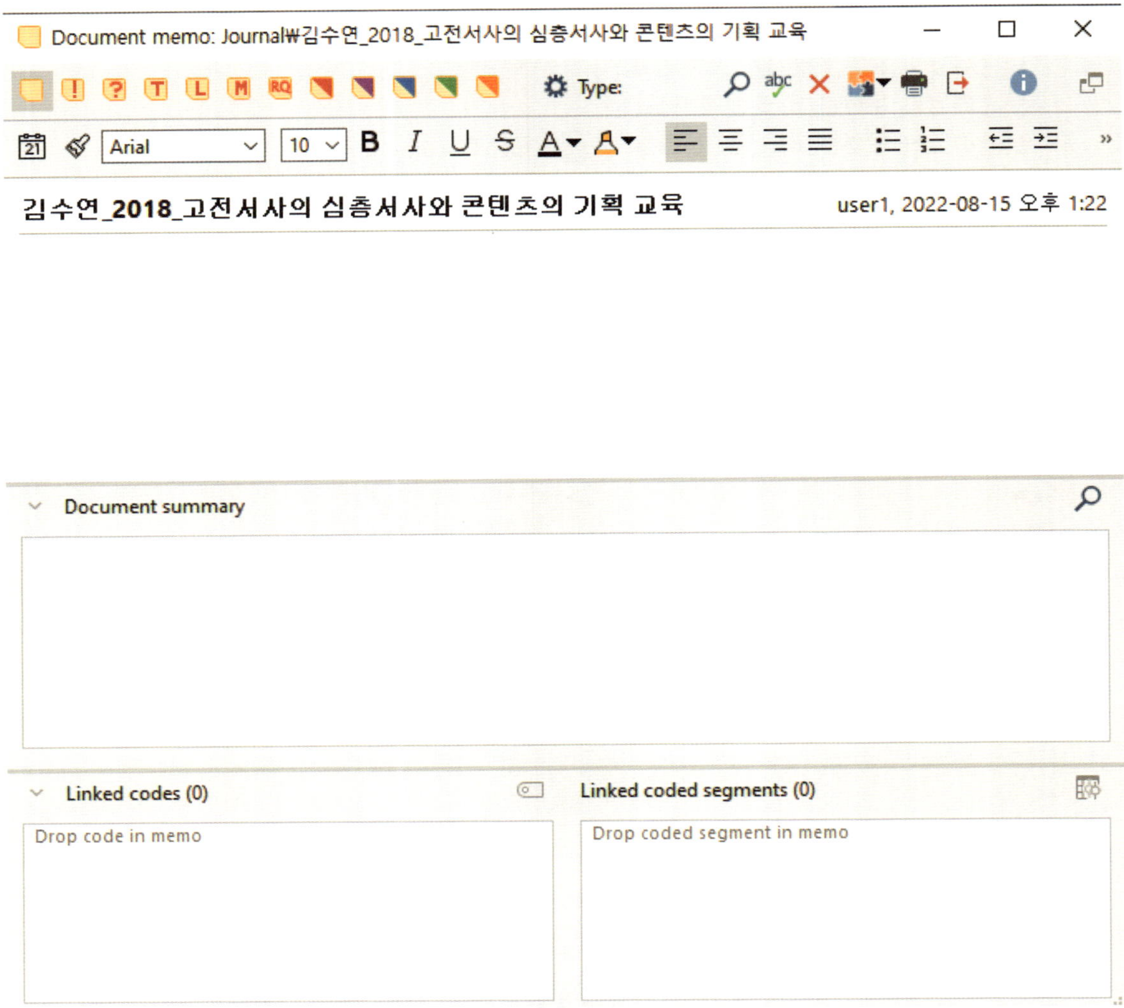

그런 다음 아까 Paraphrases Matrix에서 복사한 내용을 Document Summary에 붙여 넣습니다. 그러면 해당 아티클에 대한 전반적인 요약 글이 만들어지겠지요. 나중에 문헌고찰 글을 쓸 때 참고할 수 있습니다. 상단에는 이 연구에 대한 본인의 자유로운 의견을 적어 놓습니다.

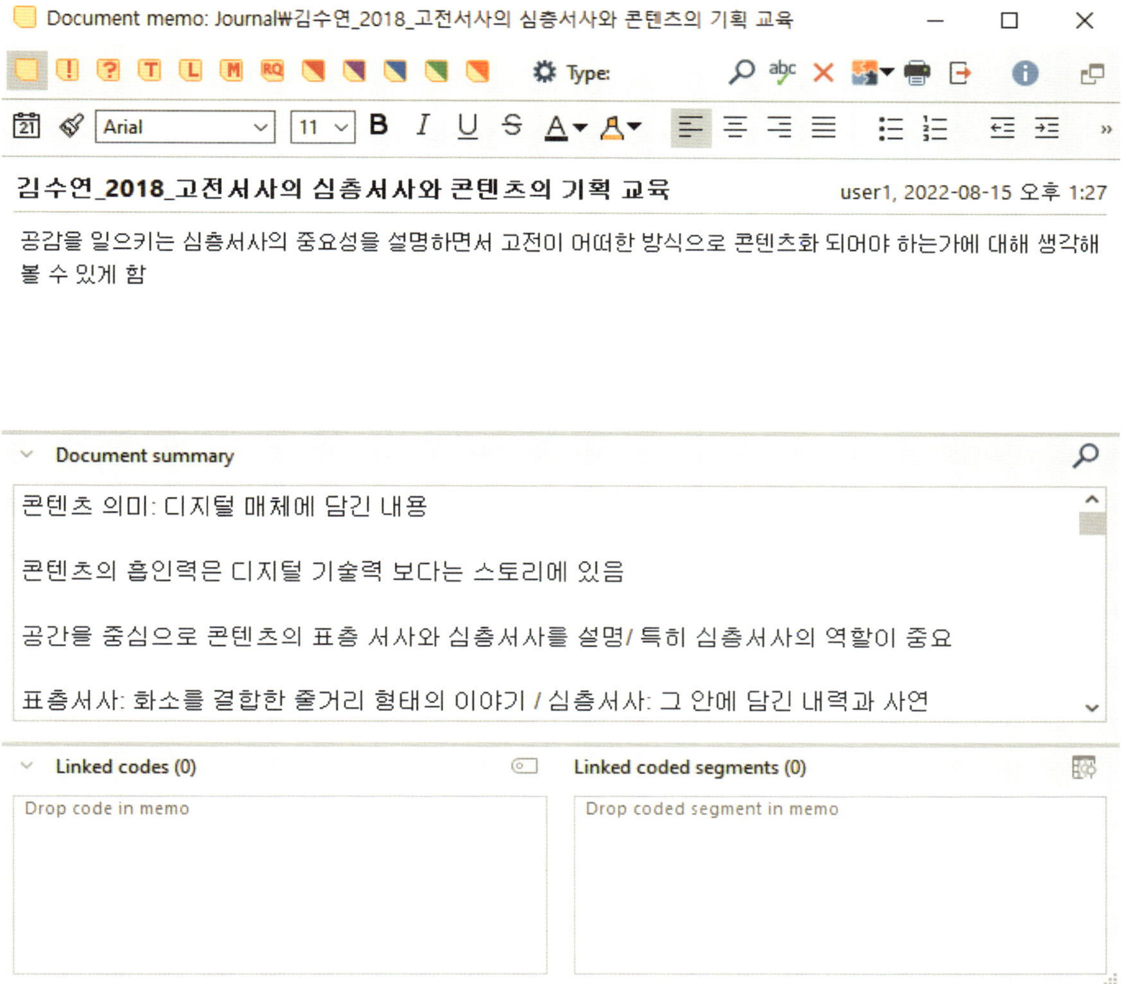

이렇게 Document Memo가 달린 자료에는 다음과 같이 왼쪽에 메모 아이콘이 붙습니다. 이와 동일한 방식으로 나머지 아티클의 내용도 요약해 둡니다.

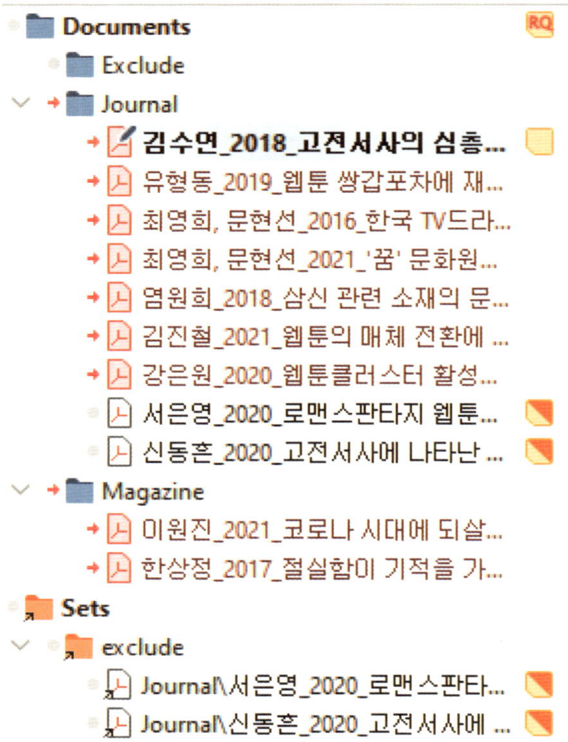
Documents
Exclude
Journal
김수연_2018_고전서사의 심층...
유형동_2019_웹툰 쌍갑포차에 재...
최영희, 문현선_2016_한국 TV드라...
최영희, 문현선_2021_'꿈' 문화원...
염원희_2018_삼신 관련 소재의 문...
김진철_2021_웹툰의 매체 전환에 ...
강은원_2020_웹툰클러스터 활성...
서은영_2020_로맨스판타지 웹툰...
신동흔_2020_고전서사에 나타난 ...
Magazine
이원진_2021_코로나 시대에 되살...
한상정_2017_절실함이 기적을 가...
Sets
exclude
Journal\서은영_2020_로맨스판타...
Journal\신동흔_2020_고전서사에 ...

코딩이란

문헌고찰에서는 개별 아티클을 읽으면서 연구자의 말로 요약하는 것이 매우 중요합니다. 바로 앞에서 설명한 Paraphrase 기능은 이 작업을 수월하게 하는 데 도움이 됩니다. 이렇게 요약한 내용을 바탕으로 문헌고찰 글쓰기를 할 수도 있겠지만, 보다 정교한 분석을 위해서는 추가적으로 코딩이 필요합니다. 이 장에서는 코드를 만들고 붙이는 과정을 설명합니다.

질적 자료의 코딩(Coding)

코딩(Coding)이란 일종의 이름표를 붙이는 작업입니다. 이 이름표를 코드(code)라고 말할 수 있습니다. 살다녜(Saldaña, 2013, p. 3)는 코드란 자료의 내용 일부분을 상징하는 단어나 짧은 문구이며, 잘 만들어진 코드는 핵심을 명확하게 요약해서 보여주기 때문에 코드만 봐도 자료가 전달하고자 하는 의미가 잘 연상된다고 설명합니다. 이 말이 언뜻 들으면 어렵게 느껴지겠지만, 사실 대부분의 사람들은 코딩하는 능력을 기본으로 가지고 있습니다. 가령 친한 친구가 해쓱해진 모습으로 "요즘 잠을 못 자. 하루 종일 전화기만 보고 있고. 드라마를 보면서 눈물이 줄줄 흐르는 줄도 몰라."라고 할 때 우리는 '이 친구가 이별의 아픔을 겪고 있구나'라고 생각하며 대화를 나누게 됩니다. 친구의 구체적인 이야기를 보다 추상화한 개념으로 요약해서 포착하는 것입니다. 만일, 속으로 '나는 이별할 애인도 없는데 얘는 배부른 소리 하는구나'하며 본인 위주의 생각만 하거나, '그래서 어떻게 하라는 거지? 지금 내가 무슨 말을 해주길 원하는 걸까?'라며 해결책만 궁리한다면 우리는 이 친구의 마음을 있는 그대로 이해하고 공감할 기회를 놓치게 됩니다. 코딩도 마찬가지입니다. 자료에서 전달하려는 이야기에 귀를 기울이며 최대한 자의적인 해석을 피한 채 왜곡 없이 들으려 노력하는 것이 중요합니다. 이것이 열린 마음으로 분석을 한다는 뜻입니다.

기술적(descriptive) 코드와 분석적(analytic) 또는 해석적(interpretive) 코드

코딩을 할 때에는 사전에 알고 있는 지식에 자료를 끼워 맞추는 대신 열린 마음으로 자료를 대하는 것이 중요하다고 했는데요. 자료를 읽으면서 '이 부분에서 참여자가 무엇을 전달하고자 하는 건지'를 포착한 뒤 의미의 변형 없이 축약된 표현으로 바꿔 말할 때 이것을 기술적 코드(descriptive codes)라고 합니다. 기자가 현장에서 '언제, 어디서, 누가, 무엇을, 어떻게'와 같이 벌어진 일을 정확하게 묘사하는 것과 유사합니다.

반면, 어느 정도 코딩이 진행되면서 자료에 대한 이해가 높아질수록 자신이 아는 이론적 지식을 활용해서, 또는 연구자가 행간을 읽고 해석해서 추상적인 개념으로 코드를 붙이는 것이 적절할 때가 있습니다. 암시된 내용을 심층적으로 포착하는 경우이겠지요. 가령 앞에서 예를 들었던 애인과 헤어졌던 친구를 생각해 보죠. 그 친구와 카페에서 만나서 '이별의 아픔' 말고도 여러 다른 이야기를 나눴습니다. 친구는 이별 후 슬퍼한 것만은 아닙니다. 의외로 '혼자 보내는 일상의 즐거움'을 발견했으며, '자신의 커리어에 우선순위'를 두니까 회사 업무도 술술 풀린다고 합니다. 예전에 사귀는 사람의 눈치를 보느라 할 말을 다 못한 점이 후회되어 사람들과 '진정성 있는 의사소통'을 하게 되니까 주변 사람과의 관계도 편해졌고요. '혼자 보내는 일상의 즐거움', '자신의 커리어에 우선순위', '진정성 있는 의사소통' 등을 모아보니 뭔가 하나로 정리되는 느낌이 드네요. 가령 '자기주도성 획득'이라고 해 보죠. 자기주도성은 친구가 직접 말로 하지는 않았지만, 여러분이 대학원 수업시간에 교육학이나 심리학, 또는 경영학에서 리더십 등을 배울 때 접한 개념입니다. 이와 같이 연구자가 아는 지식이나 이론에서 나온 개념을 활용한 코드를 분석적 또는 해석적 코드라고 할 수 있습니다. 연구 결과에 깊이가 있으려면 이처럼 기술적 코드를 넘어서 전공 지식을 활용한 분석적, 해석적 코드가 추가되어야 합니다.

그런데 분석적 또는 해석적 코드를 적절하게 붙이려면 일단 기술적 코드를 붙이며 자료를 제대로 이해하는 것이 선행되어야 합니다. 그래서 일반적으로 초기 코딩 단계에서는 기술적 코드가 더 많이 붙고, 분석적 또는 해석적 코드는 범주화와 테마도출 단계에서 많이 활용됩니다. 물론 분석을 시작하는 초기부터 연구자의 이론적 지식을 코드에 적용할 수도 있겠지만, 주의가 필요합니다. 자칫 연구자의 해석이 과도하게 개입될 수 있기 때문이지요. 반면, 분석이 어느 정도 진행되고 있음에도 계속 기술적인 코드만을 가지고 작업을 한다면 표면적인 내용의 정리에 머무르게 됩니다. 결과적으로 깊이 있는 탐색과 해석적 이해가 부족한 연구가 되어버리겠지요.

정리를 해보자면, 질적 연구자는 일반적으로 귀납적인 방식으로, 즉 수집한 자료의 의미를 제대로 포착하는 방식으로 코딩을 시작합니다. 그 예로 대표적인 것이 근거이론에서 나온 오픈 코딩입니다. 처음에는 자료를 있는 그대로 기술해야 하지만, 점점 이해가 깊어지면서 샤마즈(Charmaz, 2013)의 설명대로 참여자의 삶을 설명해주는 해석을 구성해 간다고 볼 수 있습니다.

연역적 코드

그렇다면 귀납이 아닌 연역적으로 코딩을 한다면 어떠한 차이가 있을까요? 만일 여러분이 미술치료선생님이라고 해 봅시다. 학교에서 또래관계에 어려움이 있는 한 초등학생을 상담하게 되었습니다. 먼저 아이의 마음을 이해하고자 16절지 백지를 주고 여기에 집을 그려보라고 부탁했습니다. 이후 이 그림을 분석할 때 우리는 미리 몇 가지 분석 틀을 가지고 평가를 합니다. 가령 (1) 그림의 위치 (도화지의 중앙, 정중앙, 상단, 하단, 가장자리..), (2) 필압 (강함, 보통, 약함), (3) 선의 종류와 방향성 (수평, 수직, 곡선, 딱딱한 선, 변화..), (4) 지우개 사용 (적절한 사용, 지나친 사용, 전혀 사용하지 않음..) 등이 분석 틀이 되어주고, 여기에 맞춰 아이의 그림을 살펴볼 수 있습니다. 이렇게 사전에 연구자의 이론적 지식이나 사전 경험 등을 바탕으로 미리 코드 틀을 갖춘 뒤 분석을 하는 것이 연역적 코딩입니다.

일반적으로는 연역적 코드와 귀납적 코드를 모두 활용하는 절충식 분석이 많습니다. 연역적 코드에서 시작하더라도 자료에서 나오는 새로운 내용을 추가하며 코드 틀을 확장하고 수정할 필요가 있기 때문입니다. 기대 밖의 일이나 연구자가 미처 생각하지 못했던 것, 또는 연구자의 사전 가정과 불일치하는 부분 등을 포착하는 코드가 귀납적으로 추가되게 됩니다. 우리는 지금 문헌고찰을 하고 있기 때문에 일반적인 인터뷰나 관찰 등의 자료분석보다는 적은 수의 코드를 붙일 것 같습니다. 그래도 문헌고찰 코딩 과정을 이해한다면 나중에 직접 수집한 질적 자료를 분석하는 데에도 활용할 수 있습니다. 그러면 먼저 요약해 놓은 패러프레이즈에서 코딩으로 이행하는 방법부터 설명하겠습니다.

패러프레이즈에서 코딩으로 이행하기

코딩과 범주화

이제 본격적으로 코드를 붙이려고 합니다. 이 장에서는 패러프레이즈, 즉 문헌을 읽으며 연구자의 말로 요약해 놓은 내용에서부터 초기 코드를 만드는 방법을 소개합니다.

곧장 본문을 읽으면서 코드를 붙이면 안 되냐고요? 됩니다. 그렇지만 학술지 문헌처럼 길고, 또 여러 내용이 섞여 있는 복잡한 텍스트 자료를 코딩할 경우에는 요약한 부분부터 시작하는 것이 편합니다. 다소 낯설게 느껴지겠지만 참을성 있게 봐주세요. 의외로 분석할 때 도움이 되는 방법이랍니다.

Categorize Paraphrases: 패러프레이즈에서 코딩으로 이행

Analysis 메뉴에서 Paraphrase를 선택하고 그 하위 메뉴 중 Categorize Paraphrases를 클릭합니다.

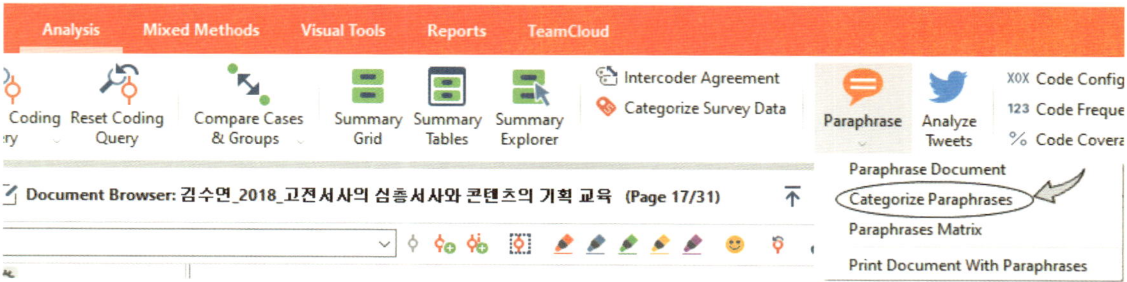

아래와 같은 표가 뜹니다(패러프레이즈한 내용이 많다면 표가 뜨기까지 어느 정도 시간이 소요됩니다). 가장 왼쪽 열에는 Code System이 있고 여기에 YELLOW라는 형광펜 코드가 하나 보입니다. 이외에 다른 코드는 추가되지 않은 상태입니다. 오른편에는 지금까지 요약한 Paraphrase 전체가 표의 형태로 보입니다. 이 표를 보면서 전체적인 내용을 다시 한번 확인해 봅니다.

몇몇 요약 내용을 읽다 보니 '콘텐츠 산업의 성장'이란 부분이 눈에 띕니다. 그럼 이 코드를 만들어서 한번 붙여보겠습니다. 마우스를 원하는 패러프레이즈 내용(또는 그러한 요약이 붙은 원래의 자료 (Paraphrased segment))에 놓고 오른 클릭합니다. 그러면 새로 코드를 만들어서 붙인다는 의미의 Create and Assign New Code라는 버튼이 나옵니다. 이것을 클릭합니다.

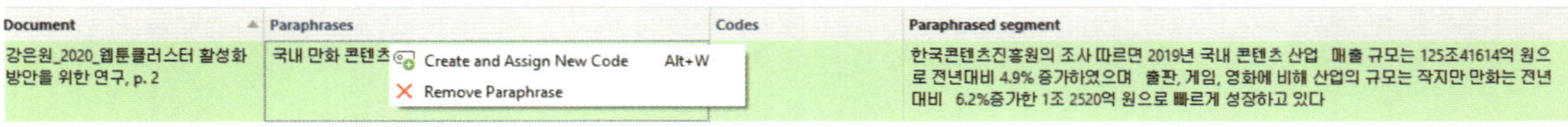

그러자 새로 코드를 만드는 창이 생성되었습니다. 맨 위의 Code에는 자신이 붙이고 싶은 코드명을 넣습니다. 저는 '콘텐츠 산업의 성장'이라고 이름을 붙이겠습니다. 그 아래의 Color는 기본적으로 파란색이 지정되어 있는데, 본인이 원하는 색으로 바꿔도 됩니다(저는 보통 나중에 범주화할 때 색을 한꺼번에 바꿉니다. 뒤에서 다시 설명하겠습니다). 맨 아래의 Code memo에는 이 코드에 대한 설명을 간단히 넣습니다(코드를 붙일 때마다 Code memo에 설명을 추가해 놓으면, 여러 명의 연구자가 함께 코딩을 하거나 코드 북을 만들 때, 그리고 일관되고 엄격하게 코딩 작업을 했음을 기록으로 남겨 타당도를 높일 때 도움이 됩니다). 코드명과 설명을 추가했다면 OK를 누릅니다.

Code System에 새 코드가 만들어 졌습니다. 그리고 Paraphrases 옆 Codes 항목에도 해당 코드가 붙었습니다.

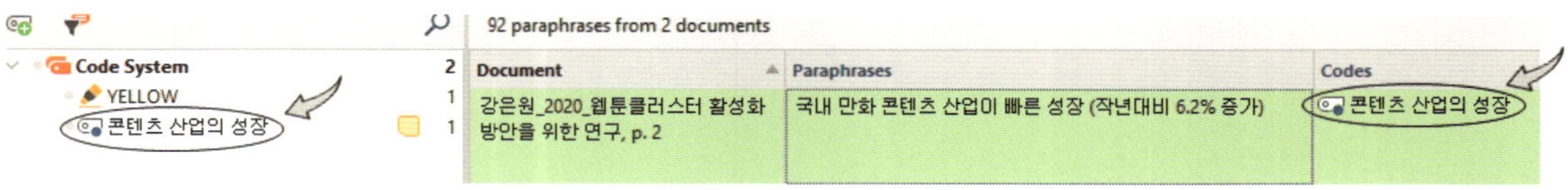

이렇게 만들어진 코드가 실제 아티클에 어떻게 표시되는지를 확인해 볼까요? 다음과 같이 왼쪽 하단의 Code System에 '콘텐츠 산업의 성장'이라는 코드가 추가되었고, Document Browser에는 자료 왼편에 코드가 붙어있습니다. 자료의 오른쪽으로는 paraphrasing한 요약 내용이 나와 있는 것을 볼 수 있습니다.

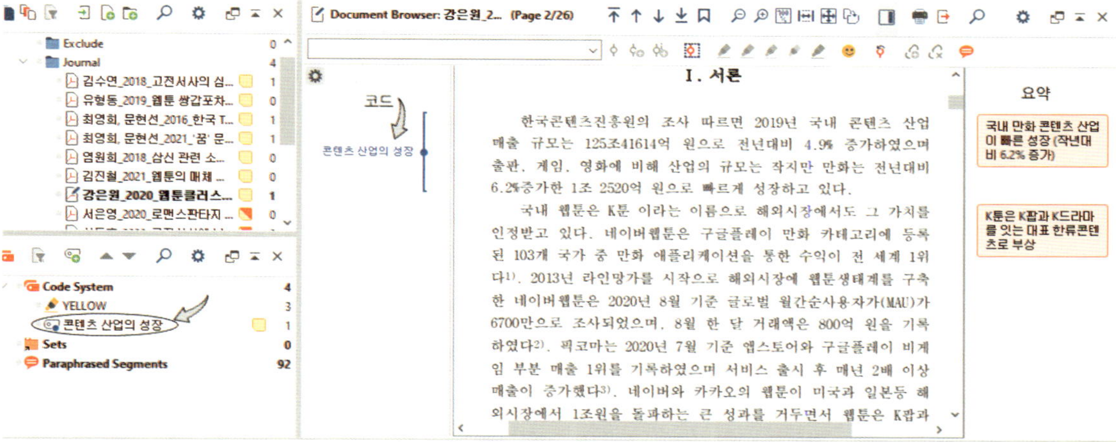

그러면 다시 Categorize Paraphrases로 돌아가서 코딩 작업을 조금 더 해보도록 하겠습니다. 두 번째 행을 보니 'K툰은 K팝과 K드라마를 잇는 대표 한류콘텐츠로 부상'이라는 요약 내용이 보입니다. 이 부분 역시 이전과 동일한 '콘텐츠 산업의 성장' 코드를 붙여도 무방해 보입니다. 그렇다면 이번에는 새로 코드를 만들어 붙일 필요가 없겠지요. 이미 해당 코드가 존재하기 때문입니다.

코드를 붙이려면 요약한 내용을 마우스로 드래그해서 원하는 코드에 가져다 놓으면 됩니다. 이렇게요.

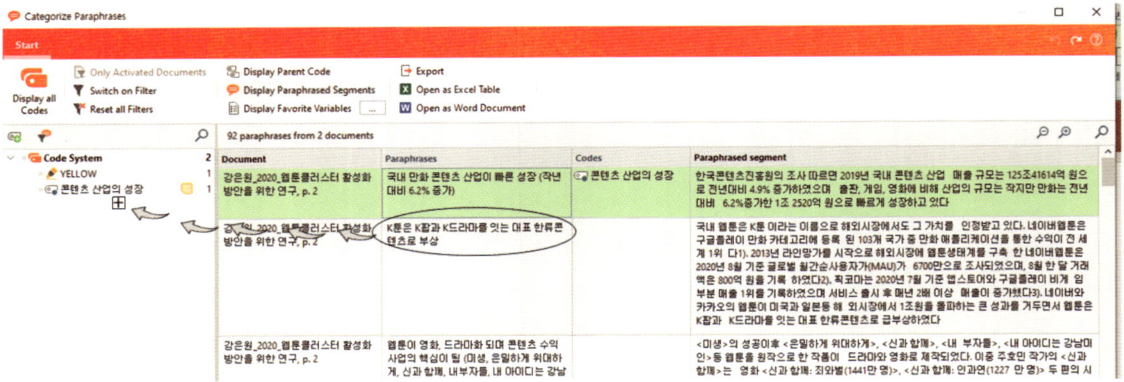

아래와 같이 동일한 코드가 붙었습니다.

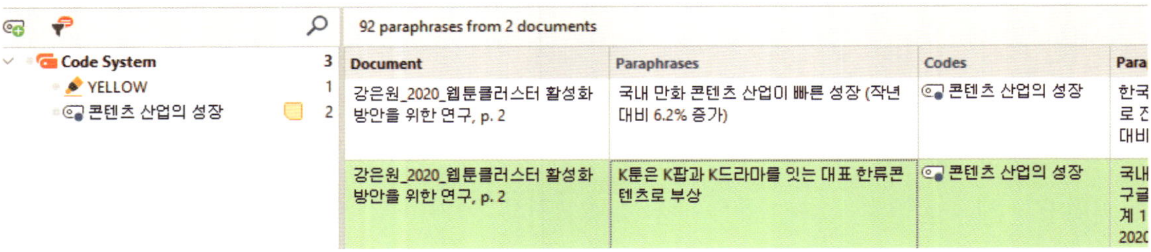

이러한 방식으로 코딩을 시작하면 됩니다. 이때 주의할 부분이 있습니다. 모든 요약 내용에 반드시 코드를 붙일 필요도, 코드가 완벽할 필요도 없습니다. 지금 하는 작업은 잠정적인 코딩이고 나중에 다시 자료를 찬찬히 살펴보면서 코드명을 수정하거나, 동일한 자료의 일부분에 다른 코드를 추가하거나 할 거예요. 지금 하는 작업은 큰 브러시로 밑그림을 그리는 것과 유사하다고 보면 됩니다. 화가들이 그림 그리는 모습을 본 적이 있나요? 처음에는 큰 붓으로 쓱쓱 윤곽을 그립니다. 그 위에 조금 진한 색을 입혀가며 상당히 여러 번 붓질을 하면서 점점 더 진하고 확실한 음영을 만들지요. 코딩도 이와 비슷합니다. 지속적으로 비교하면서 코드를 수정하고 합치고 분리하거나 지우기를 반복합니다.

그러면, 왜 패러프레이즈한 내용에서부터 코딩을 시작할까요? (물론 꼭 그렇게 할 필요는 없습니다만) 제가 경험해 본 결과, 긴 본문을 짧게 요약한 내용들을 보면서 굵직굵직하게 눈에 들어오는 부분에 대한 코드를 만드는 것에서 코딩을 시작하면 자료를 전체적으로 이해하는 데에 도움이 되기 때문입니다. 그 외에도 연구자들이 제시하는 코딩 방법은 다양합니다. 여러분도 분석을 여러 번 하다 보면 자신에게 잘 맞는 방식이 생기게 됩니다.

Set Filter: 원하는 단어가 들어있는 요약 내용 모아보기

추가적으로, Categorize Paraphrases 표에서 특정 단어가 붙은 요약 내용만 검색해서 비교할 수도 있습니다. 가령, 콘텐츠 산업과 관련된 paraphrases가 더 있는지 살펴보고 싶다면 어떻게 할까요? 아래로 스크롤을 내려가며 하나하나 살펴볼 수도 있겠지만 요약한 내용이 많을 경우에는 필터 기능을 써서 빠르게 찾아내는 편이 효율적일 것 같습니다. 상단 행에서 Paraphrases 칸에 마우스를 놓고 오른 클릭을 한 뒤 Set Filter를 선택합니다.

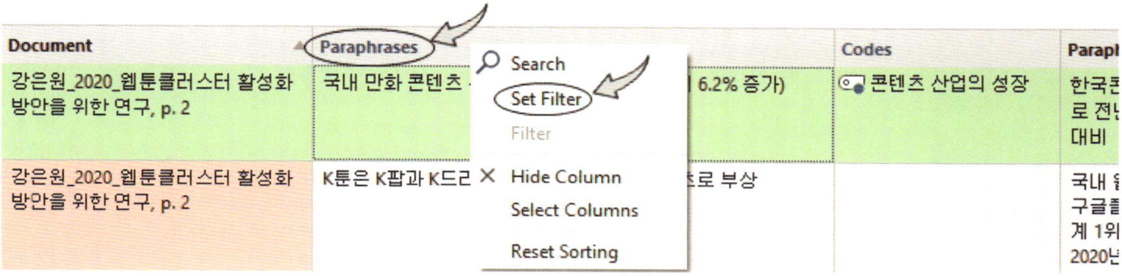

필터를 만들 수 있는 창이 만들어졌습니다. 맨 위의 칸에 '콘텐츠' 라는 단어를 넣은 뒤 OK 버튼을 누릅니다.

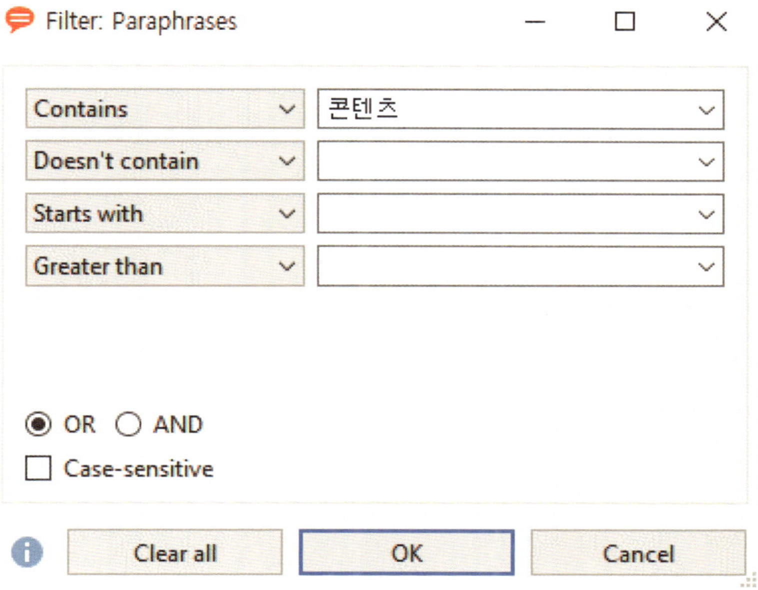

콘텐츠라는 단어가 들어간 요약 내용이 뜹니다. 이렇게 모아보면 문헌에서 콘텐츠와 관련하여 어떠한 논의들이 나왔는지 한눈에 확인할 수 있습니다. 필터 기능을 유연하게 활용해 보세요.

Document	Paraphrases	Codes	Paraphra
강은원_2020_웹툰클러스터 활성화 방안을 위한 연구, p. 2	국내 만화 콘텐츠 산업이 빠른 성장 (작년대비 6.2% 증가)	콘텐츠 산업의 성장	한국콘ⓣ 로 전년 대비 6.
강은원_2020_웹툰클러스터 활성화 방안을 위한 연구, p. 2	웹툰이 영화, 드라마화 되며 콘텐츠 수익사업의 핵심이 됨 (미생, 은밀하게 위대하게, 신과 함께, 내부자들, 내 아이디는 강남미인, 이태원 클라스, 쌍갑포차)		<미생> 인>등 함께>는 리즈로 툰에 대 라마로 고 있다
김수연_2018_고전서사의 심층서사와 콘텐츠의 기획 교육, p. 2	콘텐츠 의미: 디지털 매체에 담긴 내용		일반적 담긴 내 이라도 한 매체 벗어난
김수연_2018_고전서사의 심층서사와 콘텐츠의 기획 교육, p. 4	전달매체를 선정하고 그것에 맞는 이야기를 구성하는 '선매체-후서사'방식으로 콘텐츠 기획에 참여하다보니, 캐릭터의 스타성에만 의존한 양적 성장/ 고전문학 고유의 가치가 드러나지 못함		그동안 하고 그 치를 드 물게 되 많은 경 캐릭터 소의 비 PDF Wa remove 문학의
최영희, 문현선_2021_'꿈' 문화원형의 환상성과 미디어적 재현에 대한 일고찰, p. 3	문환원형 -----> 파급력 있는 문화콘텐츠 / 이 과정에서 중요한 것이 미디어적 재현		이 글에 다른 플 한 문호 둔다. 텍스트 츠의 핵

문헌을 하나씩 읽으면서 코딩하기

패러프레이즈에서 시작하는 코딩 방법은 잘 따라오셨나요? 왼쪽 토끼의 표정으로 계신 분은 없는지 모르겠네요. 책의 내용을 눈으로만 익히지 말고 소프트웨어에 직접 자료를 넣고 실습해보는 것이 최선입니다. 지금부터는 문헌을 하나씩 제대로 읽으면서 본격적으로 코딩을 진행해보겠습니다.

Document Browser에서 코딩하기

지금까지 Categorize Paraphrases에서 대략적인 코딩을 진행했습니다. 저의 경우 Code System에 다음과 같은 코드들이 만들어졌어요.

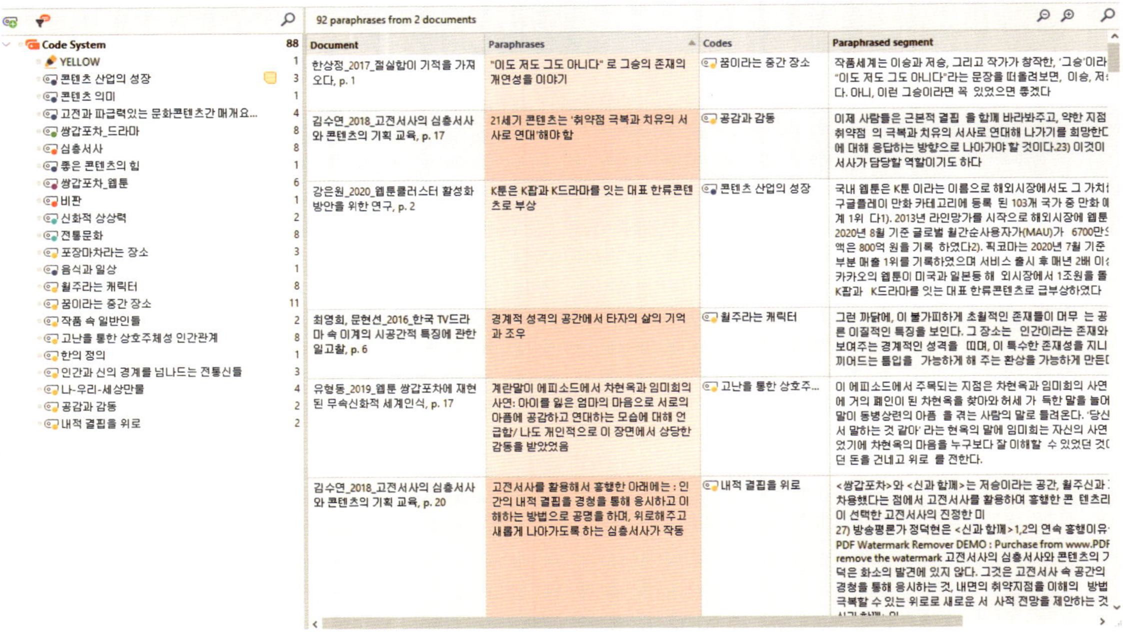

이제부터는 이 창을 닫고 개별 아티클을 하나씩 자세히 읽어가며 코딩 작업을 제대로 해보겠습니다. 메인 화면을 보면 다음과 같이 왼쪽 하단에 추가된 코드들이 보입니다. 지금부터는 원하는 아티클부터 (또는 순서대로) 하나씩 다시 읽어가면서 추가적인 코딩을 해보겠습니다. 예를 들어 유형동의 2019년 아티클에서 시작한다고 해 보죠. 자료를 읽으니 첫 부분에 웹툰 쌍갑포차에 대한 기본 설명이 잘 되어 있습니다. 이 부분에 새로 코드를 붙여보지요. 먼저 원하는 부분을 마우스로 선택합니다.

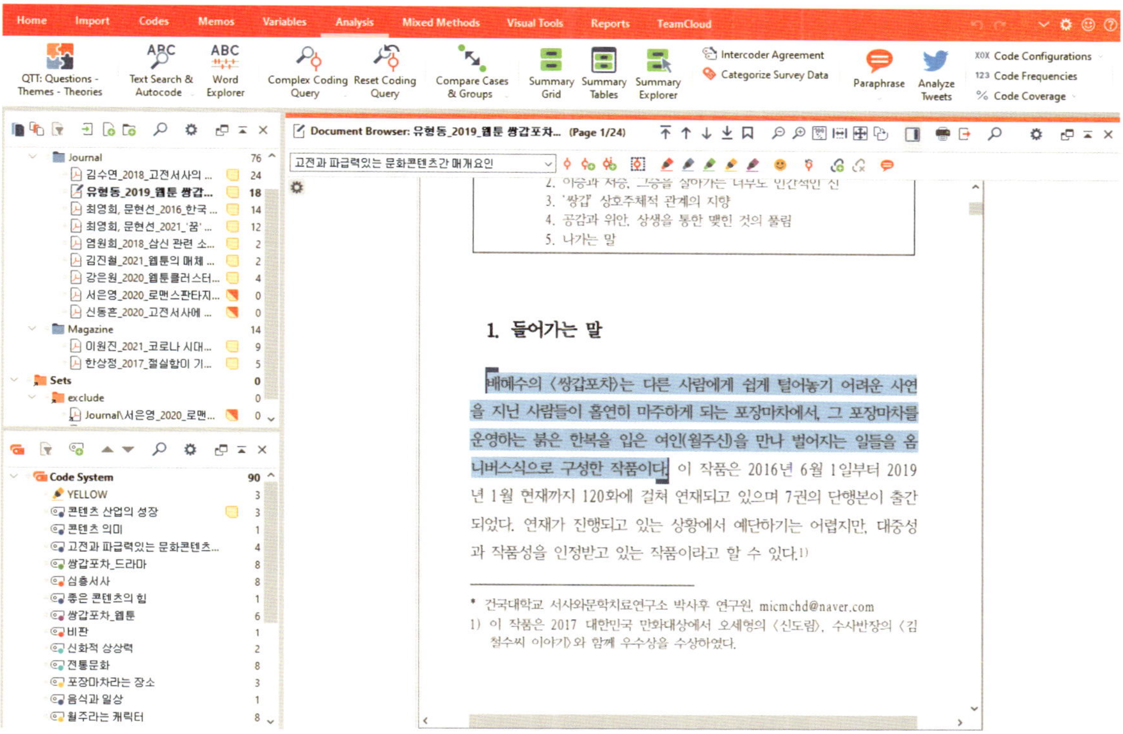

여기에 새로운 코드를 붙이는 방법 중 첫 번째는 상단의 아이콘 중 Code with a new code를 클릭하는 방법입니다.

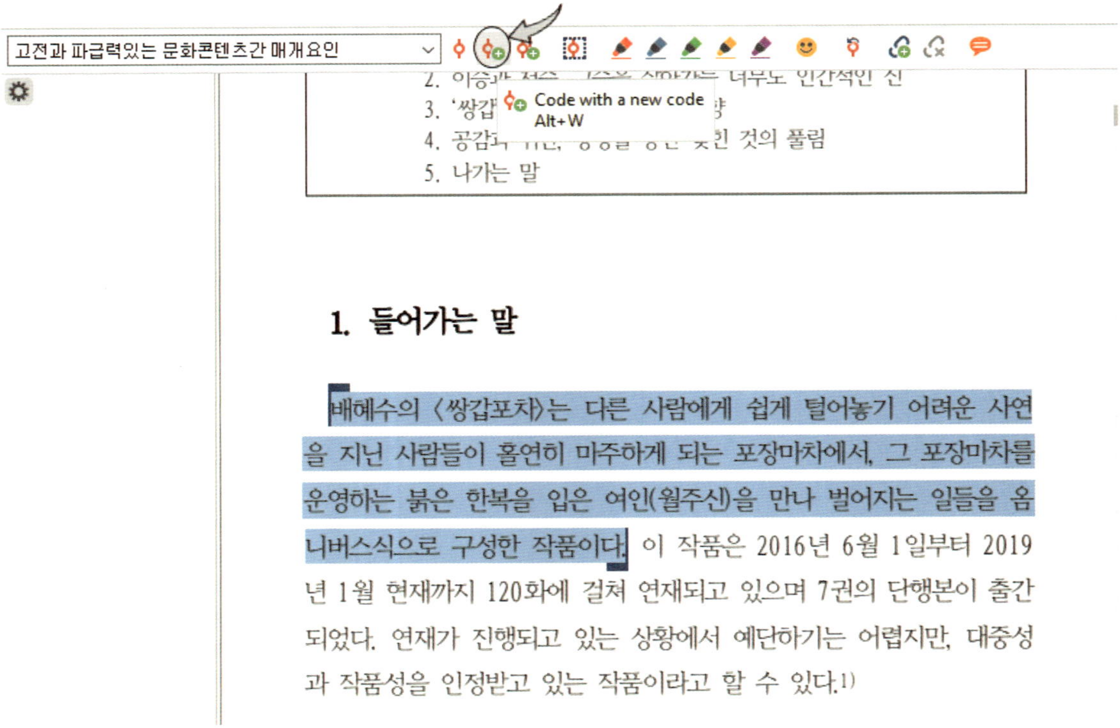

그러면 다음과 같이 새로 코드를 만드는 창이 뜨고 여기에 코드명과 설명을 적어 넣을 수 있습니다.

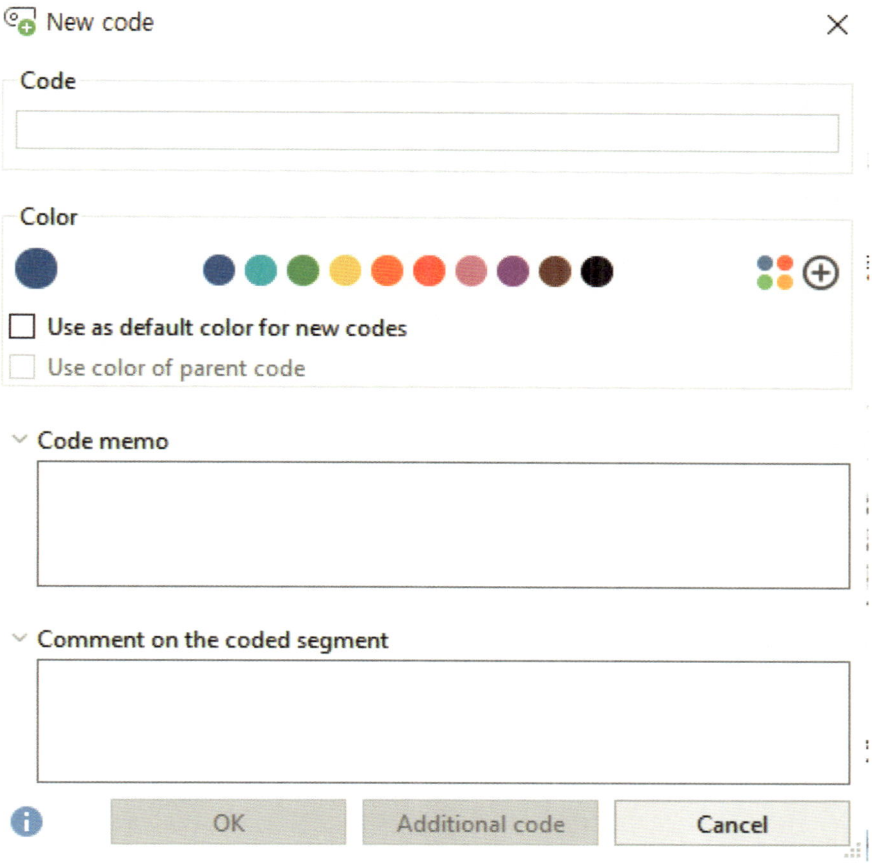

또는, 아티클에서 코드를 붙이고자 하는 부분을 마우스로 선택한 뒤 오른 클릭을 하고 여기서 With new code를 선택해도 동일합니다.

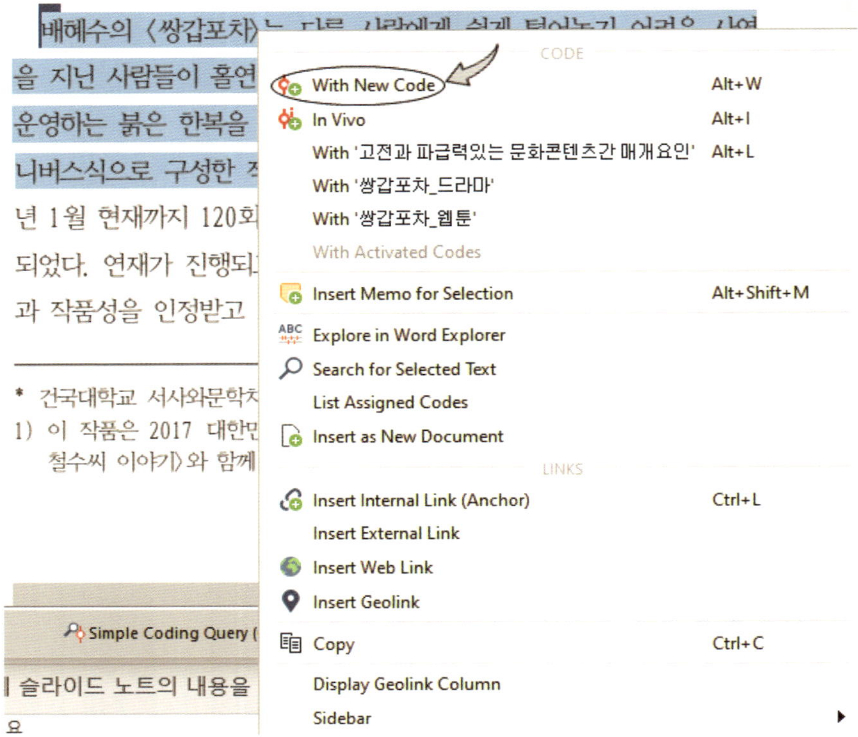

저는 이 부분을 '쌍갑포차의 줄거리'라고 이름 붙여 놓겠습니다. 해당 부분에 대한 코멘트를 적는 칸에는 저의 생각을 간략히 입력해 둡니다. 그런 다음 OK 버튼을 누릅니다.

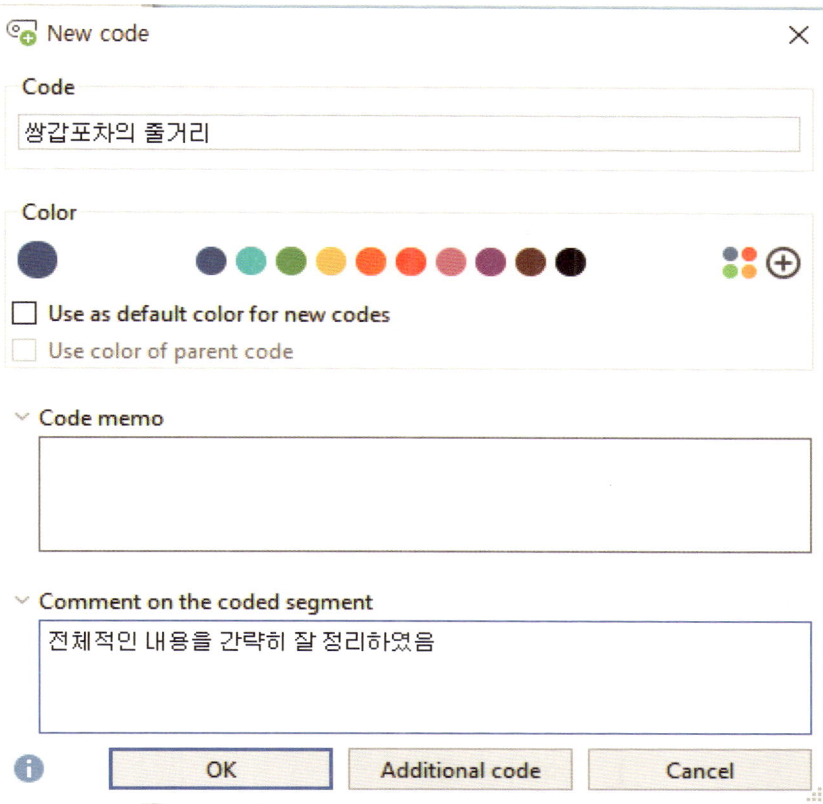

선택된 자료 왼편에 코드가 붙었습니다. Code System에도 해당 코드가 추가되었네요.

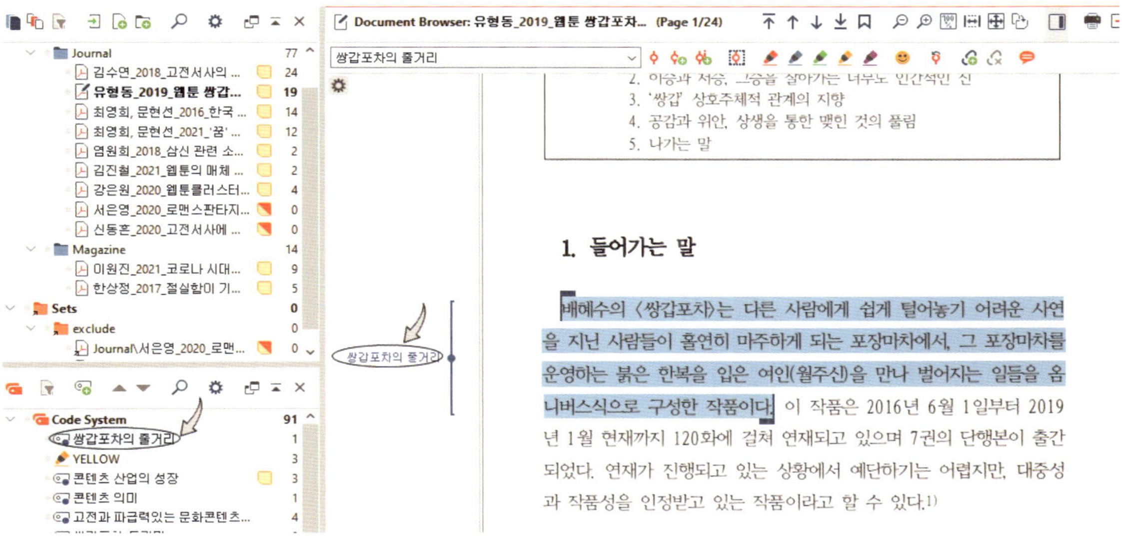

Code in Vivo: 인비보 코드 붙이기

때로는 연구자가 코드명을 구성하는 대신 자료 속 표현을 그대로 코드로 만드는 것이 좋을 때가 있습니다. 특히 생생함이 살아있는 코드가 만들어지지요. 예를 들어 보겠습니다. 아래에 보면 '대중성과 작품성을 인정받고 있는 작품'이라는 표현이 있는데요. 이 내용을 그대로 코드로 바꿔 보겠습니다. 이번에는 상단 아이콘에서 Code in Vivo를 누릅니다. 물론 오른 클릭을 해서 In vivo를 눌러도 상관없습니다.

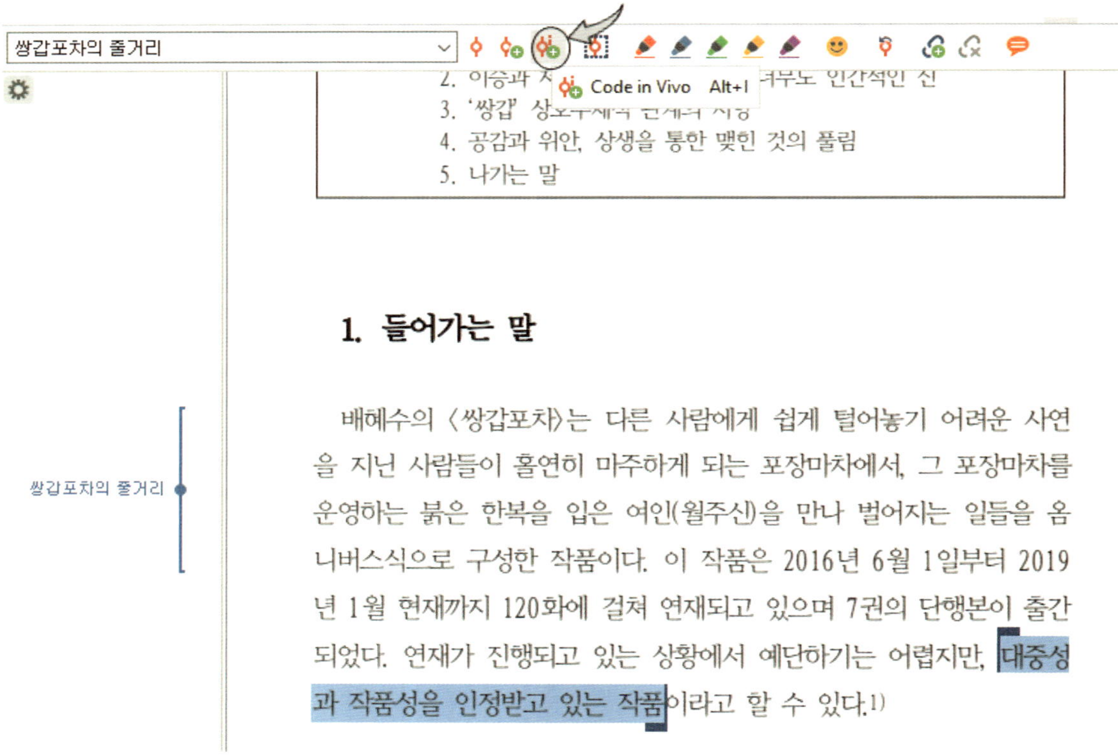

그러자 '대중성과 작품성을 인정받고 있는 작품'이라는 In Vivo 코드가 다음과 같이 생성되었습니다.

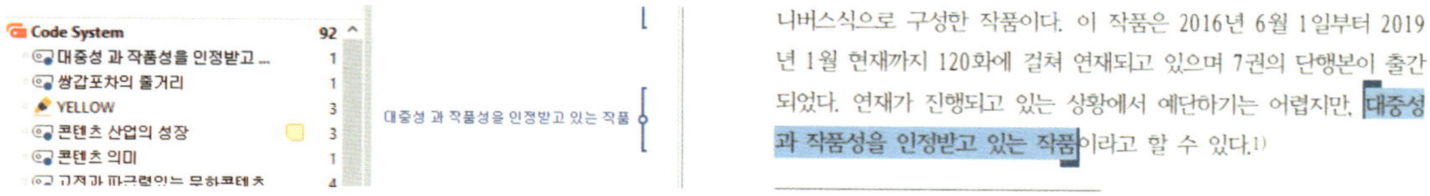

코드명을 수정하거나 삭제하기

새로운 코드와 인비보 코드를 붙이는 기능만 알아도 코딩 작업은 쉽게 할 수 있습니다. 만약 코드 이름을 수정하고 싶거나, 해당 코드를 지우고 싶다면 이렇게 해 보세요. Code System에서 원하는 코드를 선택한 뒤 마우스를 오른 클릭합니다. 그러면 아래와 같이 창이 뜨면서 다양한 작업을 할 수 있는 옵션이 나옵니다. Delete Code는 말 그대로 해당 코드를 삭제하는 것이고, Rename Code는 코드 이름을 수정하는 기능입니다. 여기서 코드 색상도 수정할 수 있습니다.

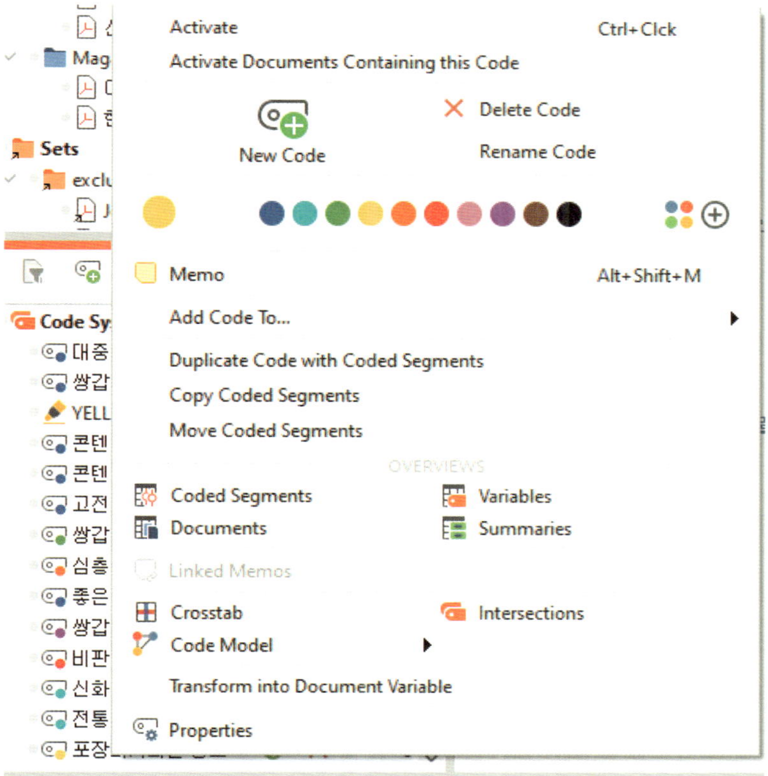

Code System에서 해당 코드 위에 가볍게 마우스를 가져간 뒤 X 표시를 눌러도 코드를 삭제할 수 있습니다.

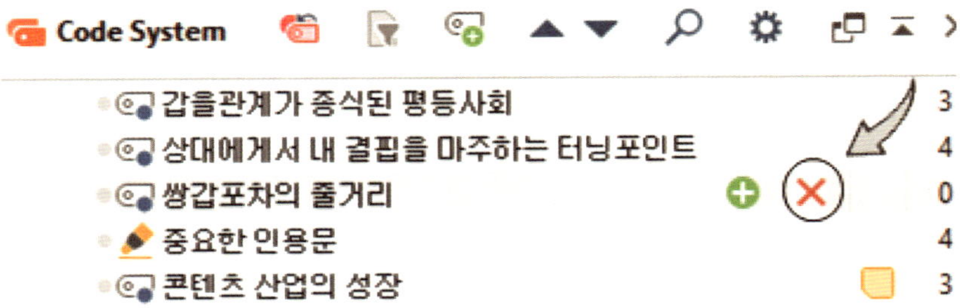

정말로 삭제할지 확인하는 창이 뜨면 OK를 누릅니다.

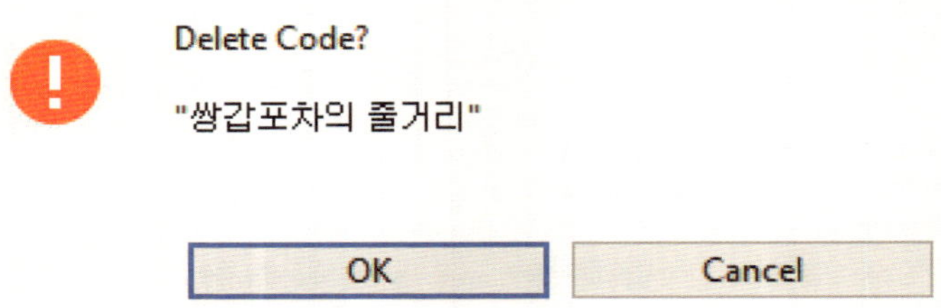

Merge: 코드 합치기

코딩을 할 때에는 유사한 코드가 만들어질 수 있습니다. 그러면 두 코드를 하나로 합친 뒤 이 둘을 아우르는 적절한 코드 이름을 붙입니다. 물론 기존 코드 중 메인을 하나 정해서 그 코드명을 그대로 사용할 수도 있습니다. 예를 들어, 저는 다음의 두 코드를 하나로 합치고자 하는데요. '꿈이라는 중간 장소'라는 코드를 그대로 둔 채 '현실을 벗어나기 위한 공간적 장치'라는 코드를 여기에 합치고자 합니다.

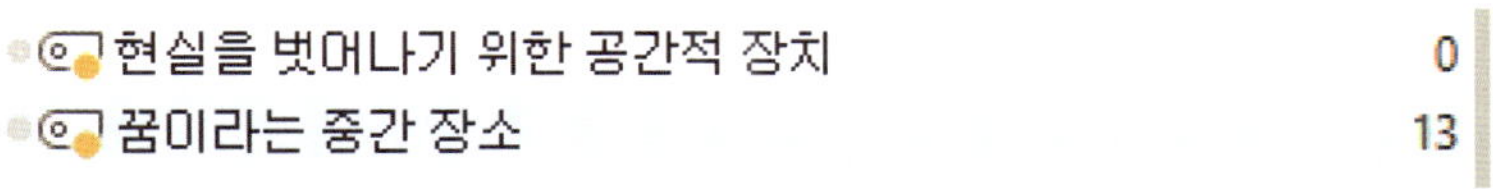

'현실을 벗어나기 위한 공간적 장치'라는 코드를 드래그해서 '꿈이라는 중간 장소' 코드 위로 가져오면 Merge라는 글씨가 흐리게 보입니다. 여기로 옮깁니다.

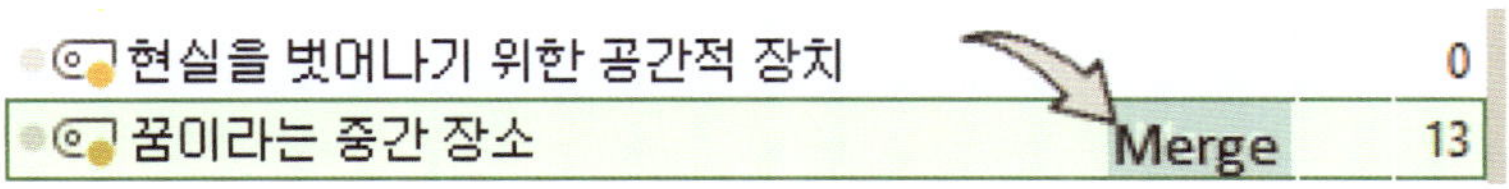

그러자 '꿈이라는 중간 장소'라는 코드만 남았네요. 그 옆에는 (+) 표시가 있는데, 이것은 합쳐진 코드라는 의미입니다. 여기서 코드 이름을 바꾸고 싶다면 Rename 기능을 사용하세요. 저는 일단 이 코드 이름을 그대로 사용하겠습니다.

코딩 추가 내용

여기서 잠깐! 코드가 쉽게 만들어진다고 무한정 코드를 계속 생성하지는 말아야 합니다. 그러면 나중에 수십 개에서 많게는 백 개 이상의 코드를 늘어놓고 어찌할 바를 모르게 됩니다.
핵심은, 코드를 붙일 때 이미 만들어진 코드 중에서 관련된 것은 없는지 계속 비교하면서 유사한 내용이라면 같은 코드를 붙이는 것입니다. 그 과정에서 보다 많은 내용을 아우르는 방식으로 코드 이름을 계속 수정할 수 있겠지요. 그렇기 때문에 질적 연구에서는 지속적 비교방법(Constant comparative method)(Glaser and Strauss, 1967)이 매우 중요합니다.
그 외에도 코딩과 관련된 내용 몇 가지를 아래에서 설명하겠습니다.

코드 코멘트 붙이기

자료에 코드를 붙이면서 code comment를 넣어두면, 나중에 동일한 코드가 붙은 내용들을 모아서 비교할 때 상당히 편리합니다(그 내용은 나중에 다시 설명하겠습니다). 코드 코멘트를 넣는 방법은 다음과 같습니다. 먼저 자료를 읽고 적당한 부분을 선택해서 코드를 붙입니다.

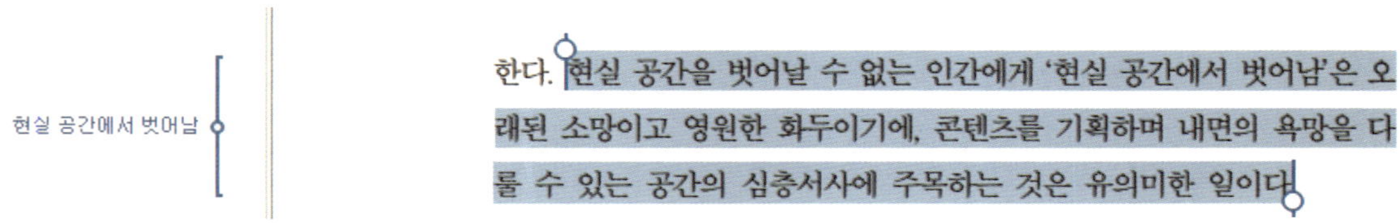

그런 다음 왼편에 붙은 코드를 더블 클릭하세요. 그러면 comment를 넣을 수 있는 창이 뜹니다.

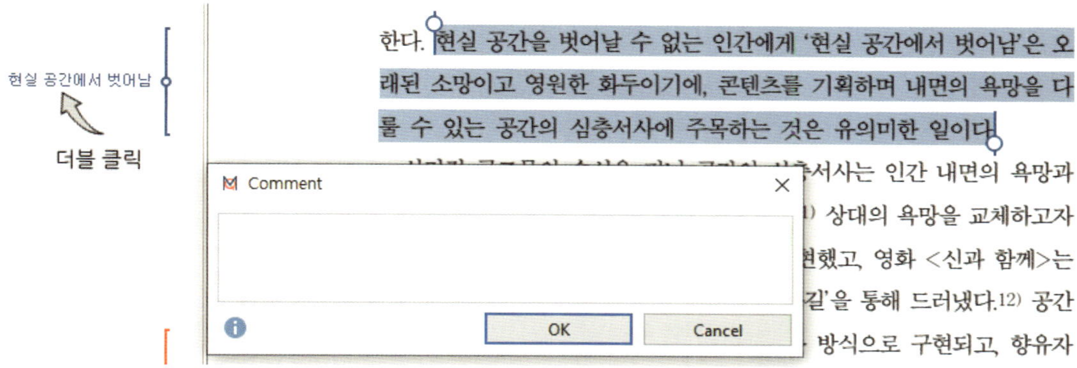

생겨난 코멘트 란에 아래와 같이 연구자의 요약을 적으면 됩니다.

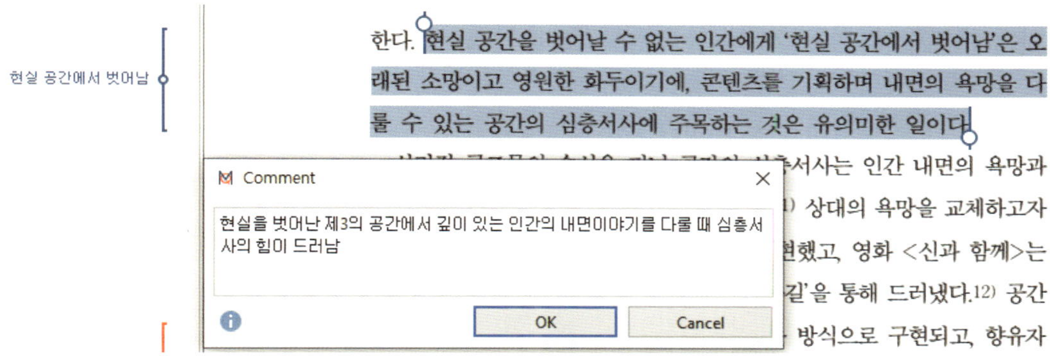

유사한 내용이 나올 때마다 코드를 붙이는가?

Code System에는 지금 작업 중인 코드들의 리스트가 보입니다. 여기서 오른쪽 칸을 보면 숫자가 있는데요. 이 숫자는 해당 코드가 몇 개의 자료에 붙었는지를 말해줍니다. 이 숫자가 크면 그만큼 자료의 여러 부분에 이 코드가 붙었고, 그만큼 해당 내용이 여러 번 언급되었음을 의미하는데요. 가령 '꿈이라는 중간 장소'는 코드로 11번 사용되었습니다.

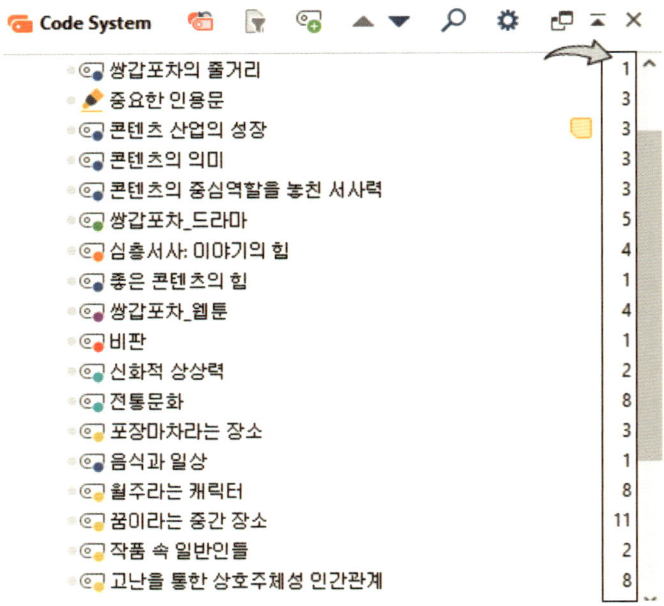

그러면, 자료를 읽으면서 유사한 내용이 나올 때마다 코드를 붙여야 할까요? 만일 여러분이 전통적(양적) 내용분석을 하고 있고, 자료 안에서 특정 단어나 표현이 몇 번 언급되는가를 파악하고자 한다면 그 내용이 매번 나올 때마다 코드를 붙여야 할 것입니다. 예를 들어, 주인공 '월주라는 캐릭터'에 대한 설명이 몇 번 언급되는지를 보고자 한다면 월주가 언급될 때마다 코드를 붙이겠지요. 여러 명의 연구자가 분석을 함께 한다면 모두가 최대한 동일한 부분에 같은 코드를 붙이는지도 중요합니다.

나아가, 포커스 집단 인터뷰 전사자료를 분석할 때 특정 주제에 대해 몇 명의 참여자가 유사한 입장을 이야기했는지 등을 살펴볼 때에도 매번 코드를 부여해서 빈도수를 수치로 확인할 수 있습니다.

반면, 해석을 중요시하는 테마 분석이나 현상학적 분석, 또는 내러티브 분석 등을 한다면 한 명의 인터뷰 안에서여러 번 반복되는 부분마다 동일한 코드를 꼭 붙일 이유는 없습니다. 가장 적절한 부분에 코드를 붙이면 되겠지요. 빈도수가 중요한 것이 아니라 의미의 포착이 중요하기 때문입니다.

Coded Segments: 같은 코드가 붙은 내용끼리 지속적으로 비교하기

코드를 붙이면서 '지금 이 부분에 이 코드가 적절한가?', '앞에서는 어떤 부분에 이 코드를 붙였었지?'하는 생각이 들 때가 많을 거예요. 코딩을 막상 해보면 생각만큼 단순하지 않다는 걸 알게 됩니다. 숙련된 연구자에게도 그렇습니다. 이때 중간에 한 번씩 동일한 코드가 붙은 자료들을 비교해 보는 게 도움이 됩니다. Coded segments는 이때 사용할 수 있는 기능인데요, 그 방법은 다음과 같습니다. Code System에서 검토하고 싶은 코드를 찾아 더블 클릭합니다. 저는 '포장마차라는 장소' 코드를 예로 보겠습니다.

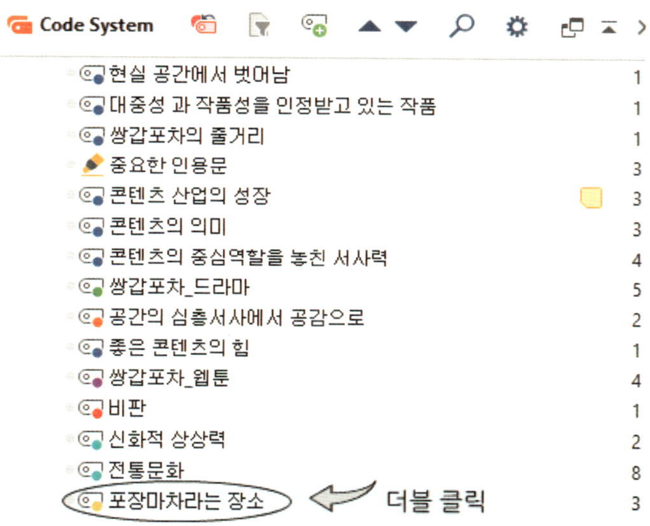

다음과 같이 별도의 창이 뜨면서 해당 코드가 붙은 부분이 나열됩니다. 왼쪽 아래 Comment 칸은 연구자가 코드를 붙일 때 추가한 코멘트입니다. 앞서 코멘트를 어떻게 추가하는지 설명드렸었지요. 코멘트를 넣어 두면 이렇게 동일한 코드가 붙은 자료들의 내용을 비교할 때 유용합니다. 오른쪽 Document name 열에는 해당 부분이 어느 문서에서 나온 것인지가 보입니다.

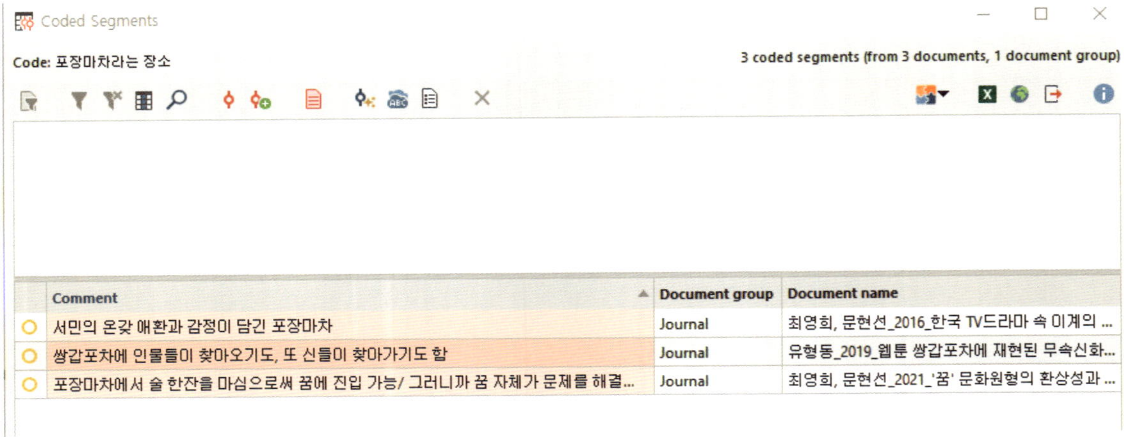

여기서 특정 코멘트를 마우스로 클릭하면 상단에 이 코드가 붙은 원자료가 보입니다. 각각의 내용을 비교하면서 이 코드가 제대로 붙었는지, 잘 맞지 않는 내용이 포함된 것은 아닌지 확인할 수 있습니다. 이와 같이 지속적으로 비교하면서 기본적인 코딩 작업을 진행합니다.

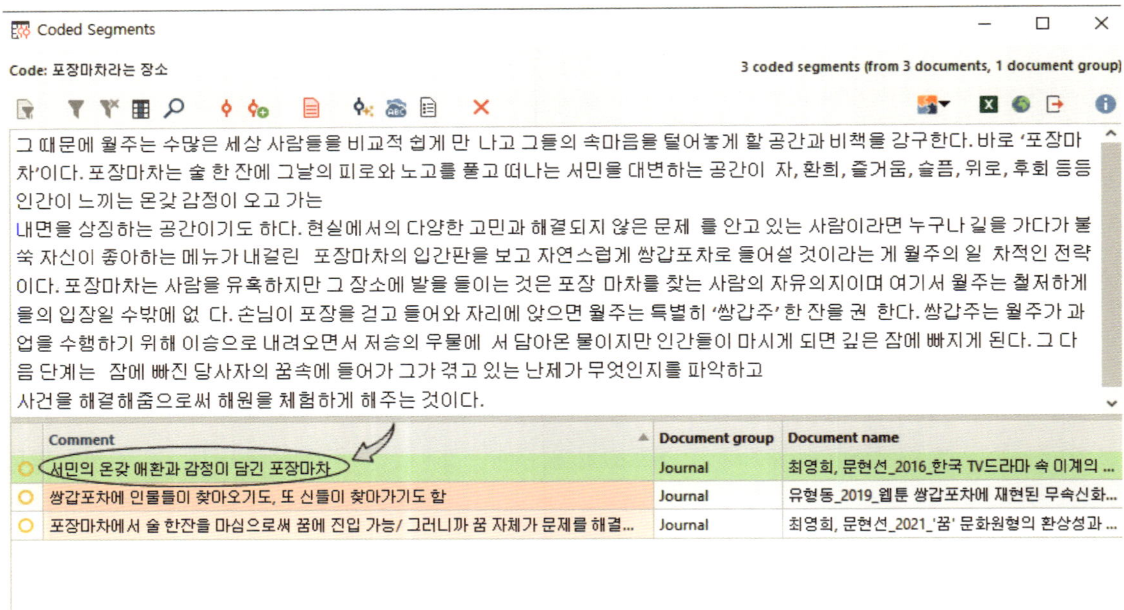

Coded segments 기능은 코딩하면서 제가 자주 사용하는 기능입니다. 자료와 코드를 지속적으로 비교하는 데에 매우 도움이 되지요.

메모 쓰기

코딩과 범주화

질적 자료를 파악해 가는 과정에서 매우 중요한 작업이 하나 있습니다. 바로 메모를 쓰는 것인데요. 연구자는 늘 노트를 한 권 가지고 다니면서 머릿속에 스쳐가는 생각들을 기록으로 남겨야 합니다. 여기서 때로 중요한 분석적 통찰을 발견할 수도 있고, 나아가 연구자가 자료 수집부터 해석까지 연구의 전 과정에서 어떠한 판단을 내렸고 왜 그렇게 했는지를 기록으로 남겨서 분석의 엄격성을 보여줄 수도 있기 때문입니다. 문헌고찰 역시 질적 자료의 분석이기 때문에 메모를 쓰는 것은 중요합니다. 나아가 메모를 길게 써 놓으면 나중에 연구 보고서를 작성할 때에도 도움이 되지요.

Memos: 메모장에 기록 남기기

아티클을 읽으며 요약하다 보니 저의 느낌을 따로 메모장에 남겨 놓으면 좋겠다는 생각이 듭니다. 그럼 메모를 작성해 보겠습니다. 홈 메뉴의 Memos로 들어가서 New Free Memo를 클릭합니다. 그러면 다음과 같은 모양의 빈 메모장이 열립니다.

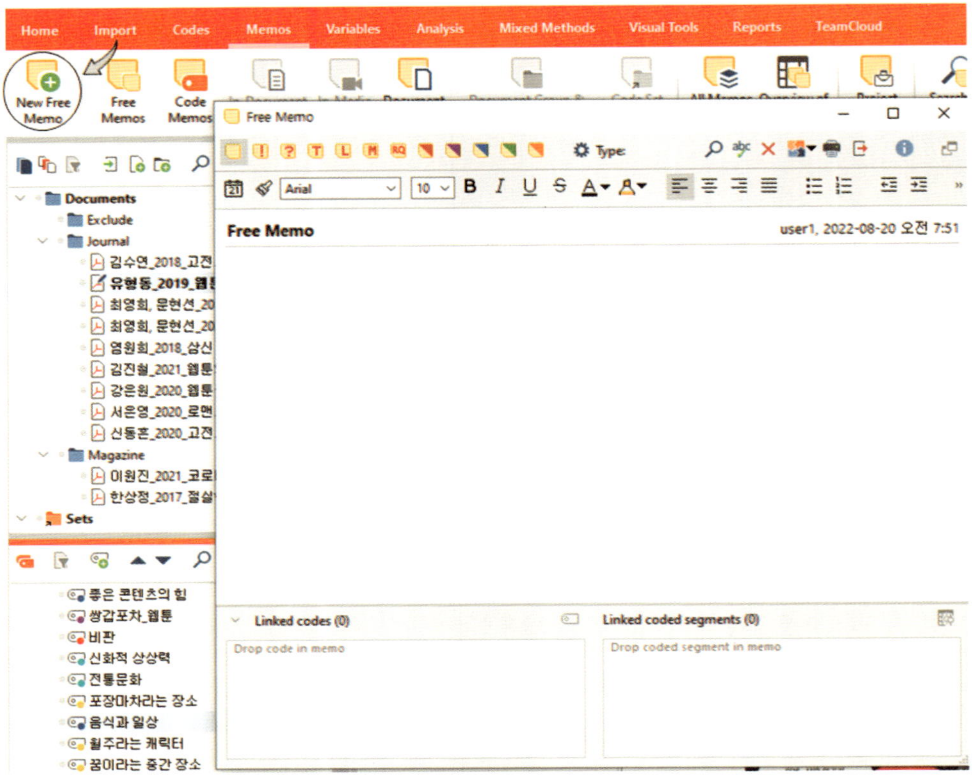

먼저 상단에 Free Memo라는 가제목을 지우고 본인이 원하는 메모의 제목을 적습니다. 그런 다음 아래의 빈 칸에 자유롭게 자신의 생각을 기술합니다. 이때, 이 메모가 언제 작성된 것인지 날짜와 시간을 기록해 두면, 나중에 메모를 수정하고, 추가해도 시간의 흐름에 따른 생각의 변화를 확인할 수 있겠지요. 왼쪽 상단에 있는 달력 모양의 아이콘을 클릭하면 자동으로 현재 날짜와 시간이 본문에 기입됩니다. 그런 다음, 자신의 생각을 자유롭게 적습니다. 메모를 어떻게 써야 하는지 걱정할 필요가 없는 것이, 메모란 연구자가 누구에게도 보여줄 걱정을 하지 않은 채 편안하게 자신의 생각과 통찰, 궁금증 등을 적고 자신과 대화를 나누는 활동이기 때문입니다(Charmaz, 2013). 그 말을 달리 표현하면, 메모를 쓰지 않는 연구자는 자신이 잘 알고 있다고 믿겠지만 실상 머릿속에는 제대로 정리되지 않은 채 뒤죽박죽 생각들이 섞여 있을 확률이 높겠지요.

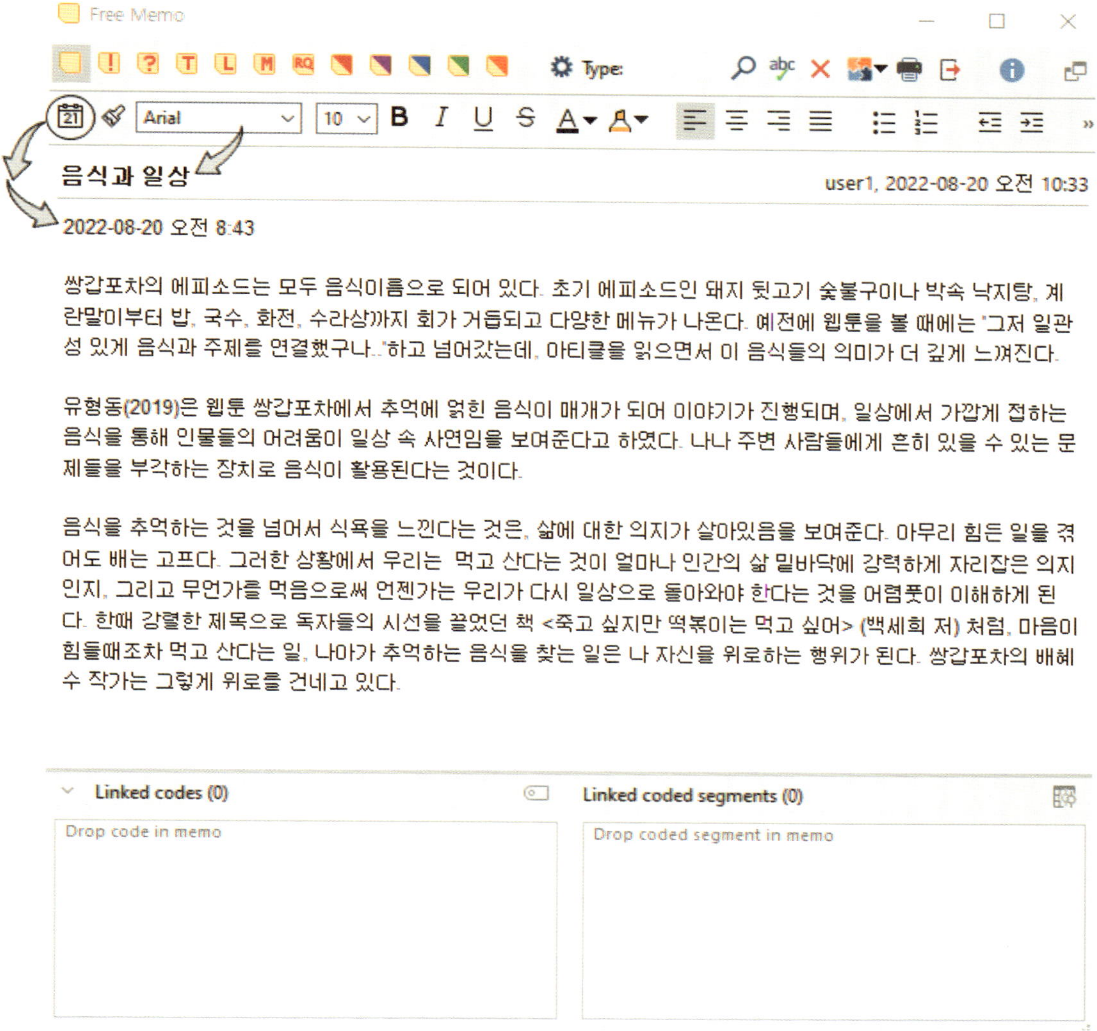

메모장 아래에 보면 Linked codes와 Linked coded segments라는 별도의 칸이 있습니다. 여기에는 본문의 내용과 관련된 코드, 그 코드가 붙은 자료의 인용문을 드래그해서 넣어둘 수 있습니다. 나중에 메모를 볼 때 함께 확인하면 기억이 잘 떠오를 뿐만 아니라 연구 보고서를 작성할 때 참고하며 인용할 수 있습니다. 먼저 Code System에서 원하는 코드를 찾아서 Linked codes 칸에 드래그합니다.

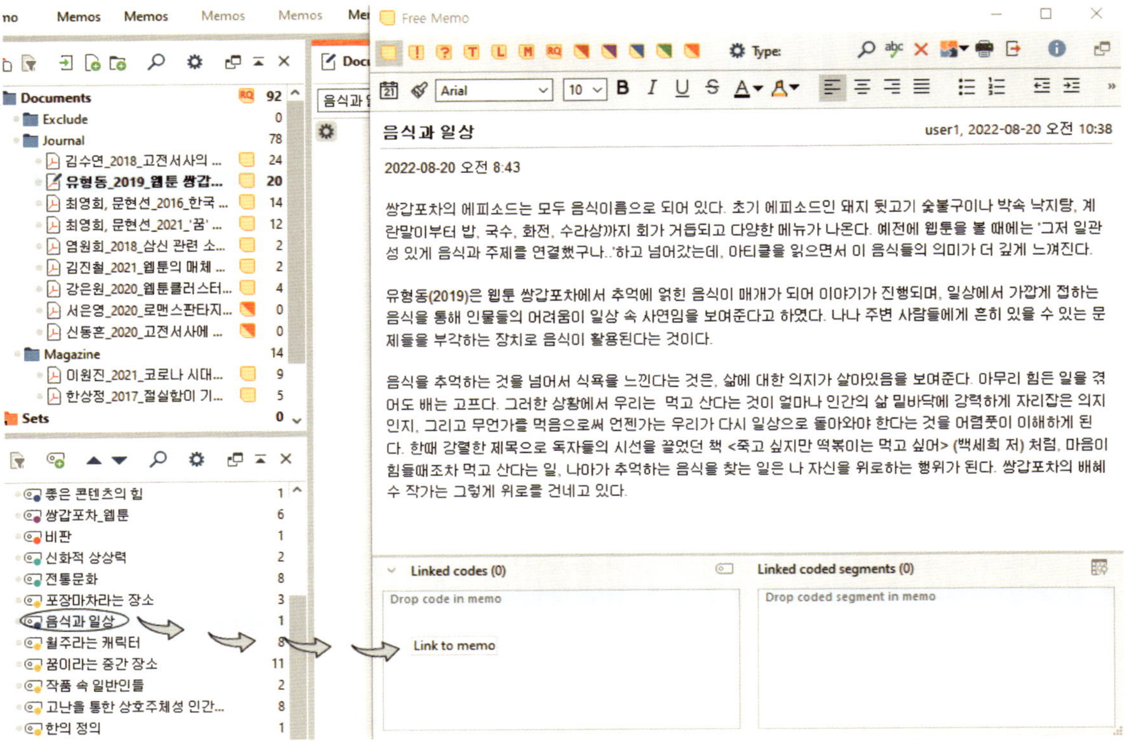

아래와 같이 코드가 추가되었습니다.

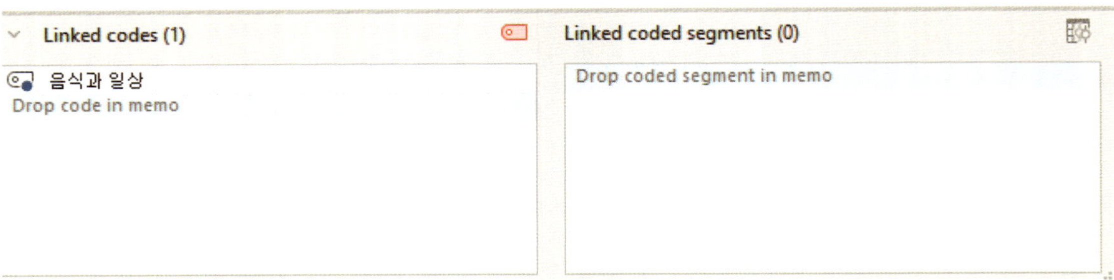

이번에는 Document Browser에서 원하는 코드를 클릭해서 Linked coded segments 칸에 드래그합니다.

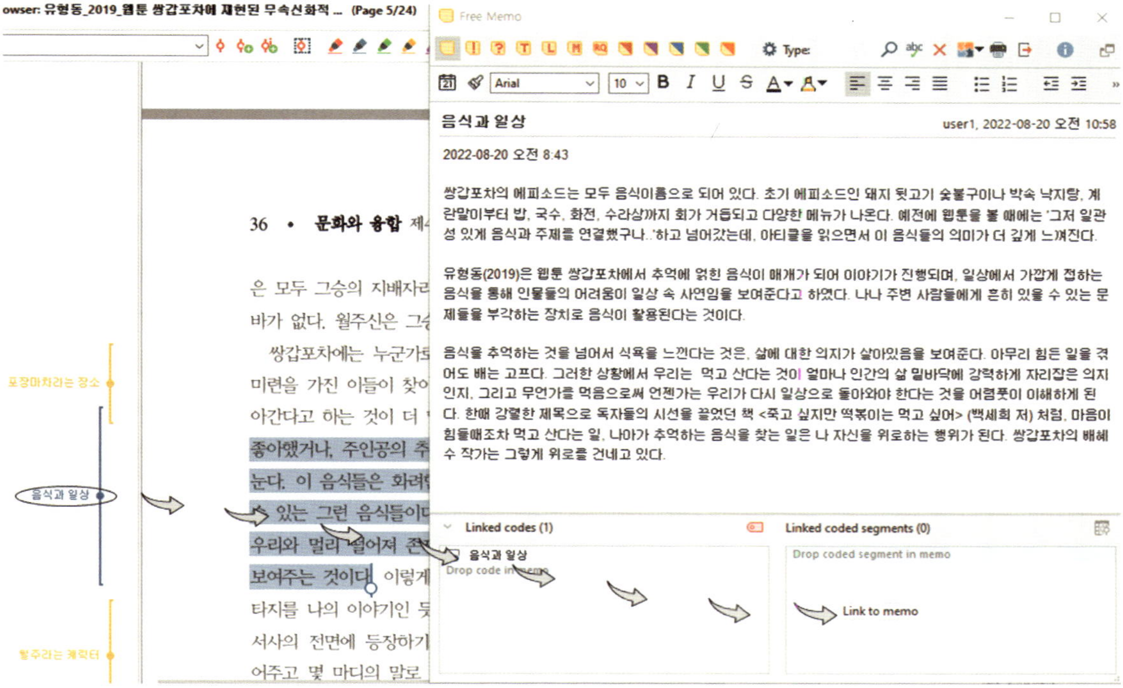

이렇게 하면 본문에서 해당 코드가 붙은 곳이 어디인지를 표시해 줍니다. 여기를 더블 클릭하면 Document Browser에서 해당 부분이 검색됩니다. 이와 같이 메모를 쓰고 관련된 코드를 넣으면서 자신의 생각을 정리해 보세요.

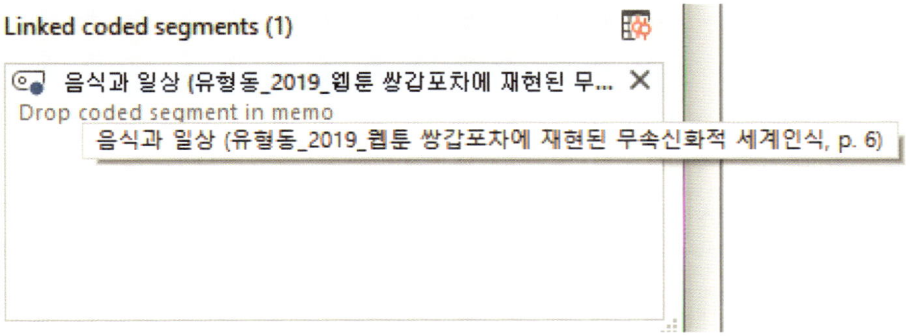

All Memos: 모든 메모를 한곳에서 확인하기

MAXQDA에서 제공하는 메모장은 다양합니다. 자유롭게 자신의 생각을 적는 Free Memo뿐만 아니라 코드를 만들면서 입력한 Code Memos, 자료(여기서는 개별 아티클)와 관련된 내용을 적는 Document Memos, 해당 프로젝트의 기본 정보를 입력하는 Project Memo 등이 있습니다. 상단의 Memos 메뉴에서 All Memos를 선택하면 지금까지 자신이 작성한 메모를 모두 모아서 검토할 수 있습니다.

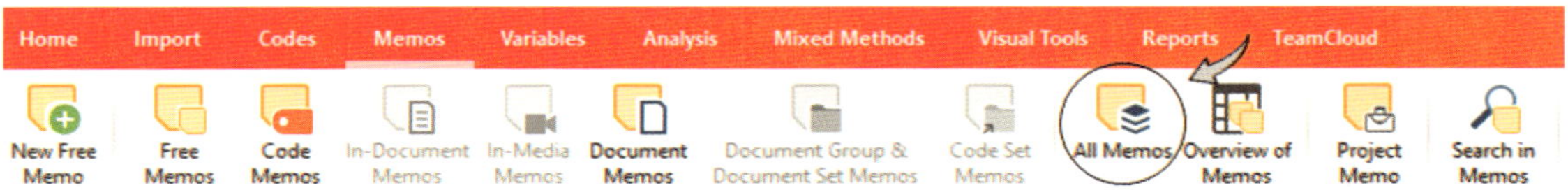

저는 아직 초기 단계라 많은 메모는 없습니다. 연구가 진행될수록 메모는 늘어나고 내용도 보다 심층적으로 정리되겠지요.

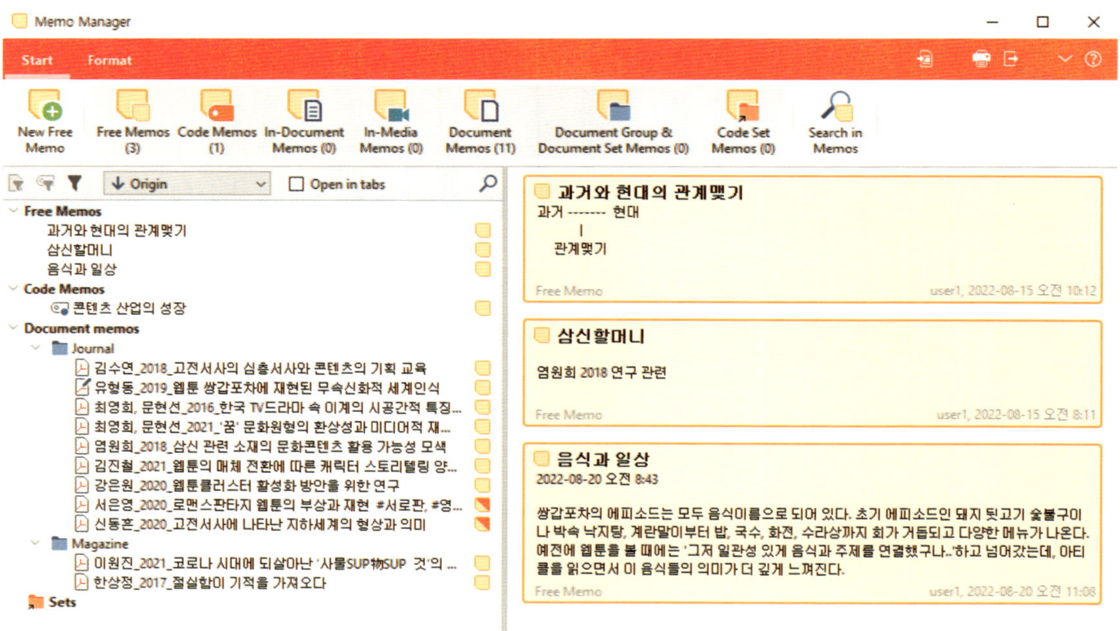

코드가 붙은 내용 검토하고 범주화하기

자, 이제 어느 정도 초기 코딩이 마무리되었습니다. 지금부터는 이 코드들을 검토하고, 필요하다면 추가적인 코드를 부여하고, 아니면 그 다음 범주화 단계로 이동합니다. 먼저 코드를 전체적으로 검토해 보겠습니다.

Smart Coding Tool: 코드, 인용문, 코멘트를 한 번에 확인하기

지금까지 열심히 코딩을 했는데요. 이 코드들, 그리고 코드가 붙은 자료의 부분들, 나아가 연구자가 정리한 코멘트를 모두 한 군데에서 보면 편리하겠지요. 스마트 코딩은 이런 상황에서 유용한 기능입니다. 상단 Codes 메뉴에서 Smart Coding Tool 기능을 선택합니다.

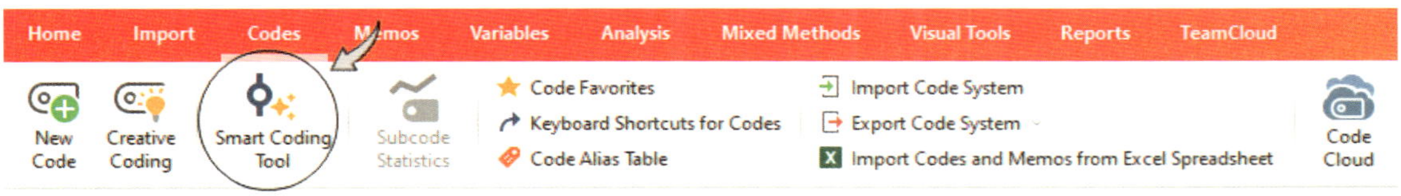

다음과 같은 표가 만들어졌습니다. 가장 왼편에는 Code System이 있고 제가 작업한 코드 리스트가 보입니다. 아직은 위계적으로 정리되지 않은 상태입니다. 코드들은 코딩 과정에서 여러 번 수정이 거듭되었고, 앞으로도 조금씩 수정될 수 있습니다. 여기서 '공감을 바탕으로 한 연대의식'이란 코드를 클릭해 보겠습니다. 그러면 오른쪽에 해당 코드가 붙은 자료(Documents)와 선택된 인용문(Coded Segments)이 보입니다. 그 옆에 있는 코드(Codes)는 이 인용문에 붙은 또 다른 코드를 보여줍니다(질적 자료를 분석하며 테마를 도출하는 경우에는 같은 인용문에 여러 개의 코드가 붙을 수 있는데요. 하나의 자료를 다양한 관점에서 해석할 수 있기 때문입니다). 코드 옆에는 연구자가 적은 코멘트가 보입니다.

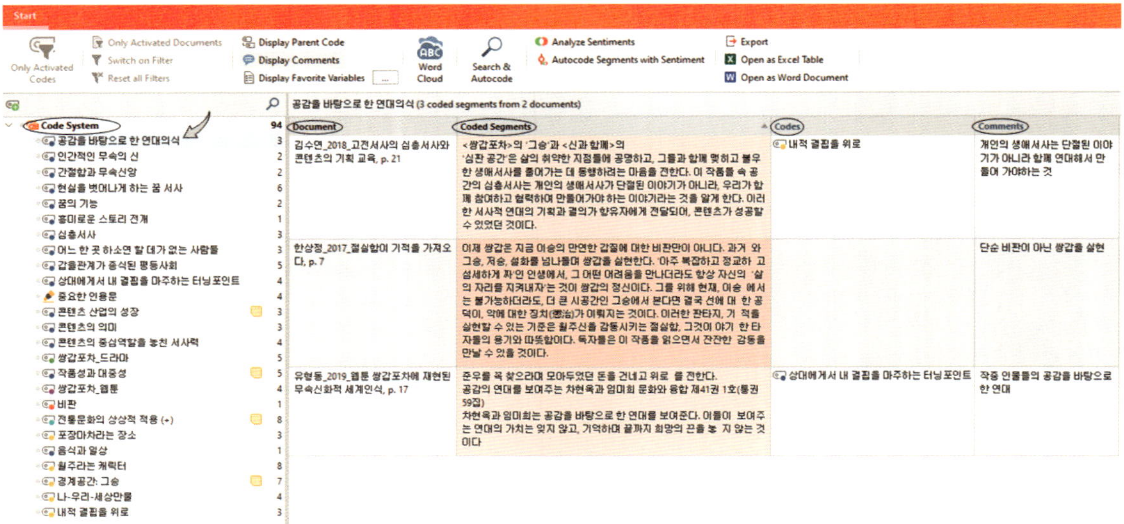

Smart Coding Tool 안에서도 코드를 붙일 수 있습니다. 예를 들어, 맨 윗줄에 있는 김수연 2018의 인용문을 보죠. 현재 이 인용문에는 '공감을 바탕으로 한 연대의식' 과 '내적 결핍을 위로'라는 두 개의 코드가 붙어있습니다. 여기에 만일 하나의 코드를 더 추가한다고 해봅시다. 저는 Code System의 맨 아래에서 두 번째에 있는 '나-우리-세상만물'이란 코드를 추가하려고 합니다. 그러면 먼저 김수연 2018 행에 마우스를 놓고 왼쪽 버튼을 누른 채 원하는 코드로 드래그합니다.

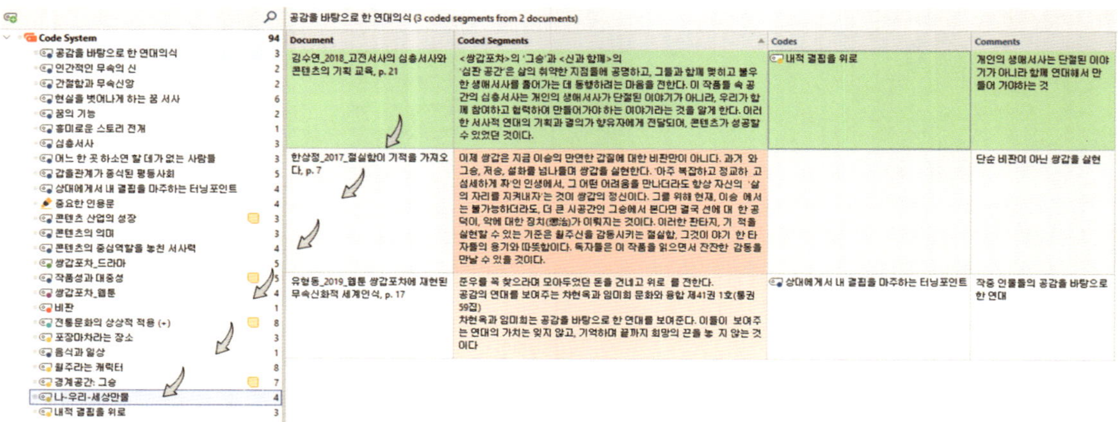

아래와 같이 코드가 추가되었습니다. 이러한 방식으로 스마트 코딩 기능을 활용해서 다시 한번 코드를 전체적으로 점검해 보세요.

Document	Coded Segments	Codes	Comments
김수연_2018_고전서사의 심층서사와 콘텐츠의 기획 교육, p. 21	<쌍갑포차>의 '그승'과 <신과 함께>의 '심판 공간'은 삶의 취약한 지점들에 공명하고, 그들과 함께 맺히고 불우한 생애서사를 풀어가는 데 동행하려는 마음을 전한다. 이 작품들 속 공간의 심층서사는 개인의 생애서사가 단절된 이야기가 아니라, 우리가 함께 참여하고 협력하여 만들어가야 하는 이야기라는 것을 알게 한다. 이러한 서사적 연대의 기획과 결의가 향유자에게 전달되어, 콘텐츠가 성공할 수 있었던 것이다.	나-우리-세상만물 내적 결핍을 위로	개인의 생애서사는 단절된 이야기가 아니라 함께 연대해서 만들어 가야하는 것
한상정_2017_절실함이 기적을 가져오다, p. 7	이제 쌍갑은 지금 이승의 만연한 갑질에 대한 비판만이 아니다. 과거 와 그승, 저승, 설화를 넘나들며 쌍갑을 실현한다. '아주 복잡하고 정교하 고 섬세하게 짜'인 인생에서, 그 어떤 어려움을 만나더라도 항상 자신의 '삶의 자리를 지켜내자'는 것이 쌍갑의 정신이다. 그를 위해 현재, 이승 에서는 불가능하더라도, 더 큰 시공간인 그승에서 본다면 결국 선에 대 한 공덕이, 악에 대한 징치(懲治)가 이뤄지는 것이다. 이러한 판타지, 기 적을 실현할 수 있는 기준은 월주신을 감동시키는 절실함, 그것이 야기 한 타자들의 용기와 따뜻함이다. 독자들은 이 작품을 읽으면서 잔잔한 감동을 만날 수 있을 것이다.		단순 비판이 아닌 쌍갑을 실현
유형동_2019_웹툰 쌍갑포차에 재현된 무속신화적 세계인식, p. 17	준우를 꼭 찾으라며 모아두었던 돈을 건네고 위로 를 전한다. 공감의 연대를 보여주는 차현옥과 임미회 문화와 융합 제41권 1호(통권 59집) 차현옥과 임미회는 공감을 바탕으로 한 연대를 보여준다. 이들이 보여주는 연대의 가치는 잊지 않고, 기억하며 끝까지 희망의 끈을 놓 지 않는 것이다	상대에게서 내 결핍을 마주하는 터닝포인트	작중 인물들의 공감을 바탕으로 한 연대

Creative Coding: 코드 위계 만들기

지금까지는 코드들이 리스트의 형태로 나열되어 있습니다. 상위 범주나 하위 범주가 없는 상태라고 할 수 있는데요. 실제로는 초기 코딩을 하면서도 상위 범주와 하위 범주를 쉽게 만들 수 있지만, 저는 일단 그 작업을 뒤로 미뤄 놓은 상태이지요. 범주화를 하면서 위계를 일찍 만들거나 나중에 만드는 방식 모두 나름의 장단점이 있습니다. 우선, 위계를 만든다는 것은 이러한 모습을 의미합니다. 다음의 그림을 보면 '콘텐츠 산업'이라는 상위 범주가 있고, 그 아래에 콘텐츠 산업과 관련된 세 개의 하위 범주가 있지요. 이렇게 정리하는 것을 위계적으로 범주화한다고 말합니다.

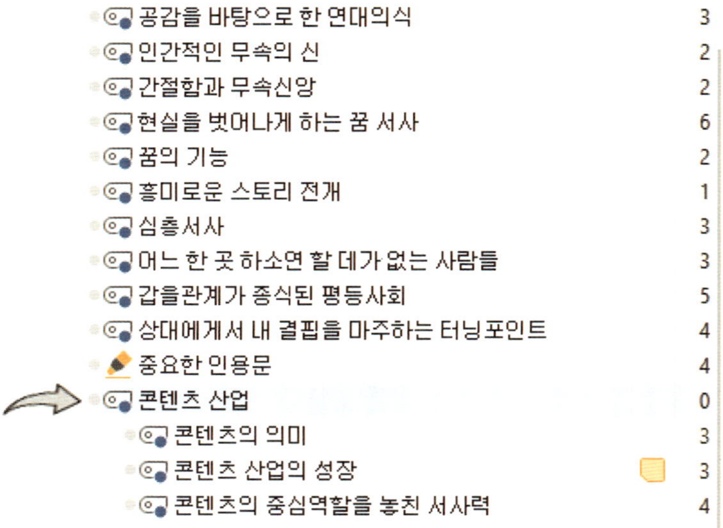

MAXQDA와 같은 질적 자료분석 소프트웨어에서는 이 작업이 상당히 수월합니다. 가령 아래와 같이 하위 범주가 될 내용을 상위 범주 쪽으로 드래그해서 이동하면 됩니다(Merge라는 단어가 있는 부분에 넣으면 코드가 합쳐지니까 주의하세요).

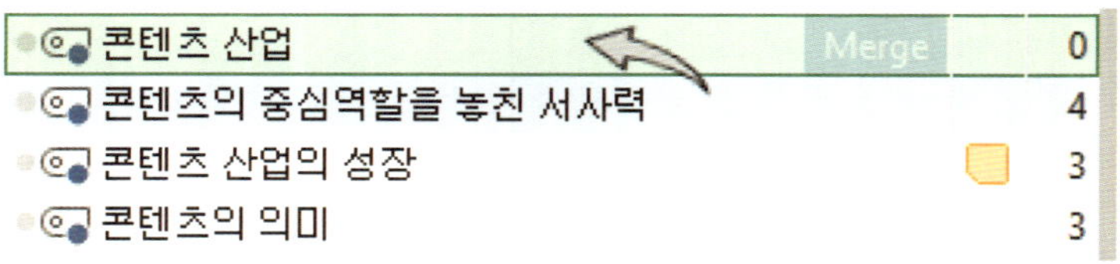

드래그만으로 이렇게 쉽게 하위 범주가 만들어집니다.

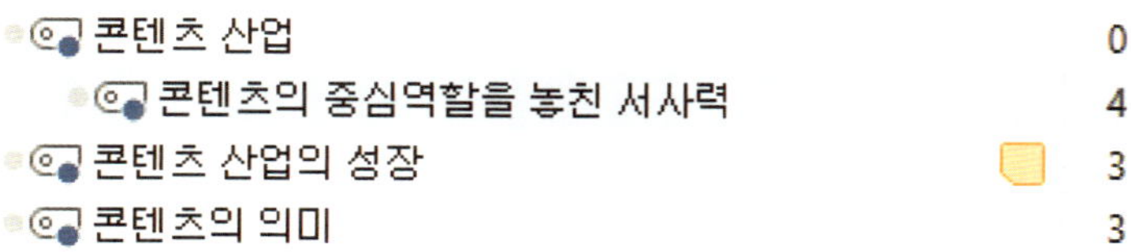

하위 범주를 만드는 다른 방법도 있습니다. 특정 코드에 마우스를 가져가면 연두색 작은 동그라미 안에 + 가 쓰인 버튼이 뜹니다. 이 버튼을 누르면 코드를 생성하는 창이 뜨는데 여기서 코드를 만들면 지금 선택한 코드의 하위 코드가 만들어집니다.

이처럼 코딩을 하면서 이른 단계부터 위계를 만드는 경우에는 자료가 한눈에 정리되는 느낌을 줍니다. 그래서 처음 코딩을 하는 질적 연구자들은 초기부터 범주화에 치중하는 경향이 있는데요, 저는 이것을 주의하라고 말씀드리고 싶습니다. 범주화를 하기 시작하면 자료를 전체적으로 이해하기보다는 범주에 맞는 자료를 끼워 맞추는 식으로 분석이 진행되기 쉽습니다. 자료를 심층적으로 이해하는 데 별로 바람직하지 않지요. 그래서 저는 일단 위계로 만들고 싶은 생각을 꾹 참고 코딩을 진행합니다. 그런 다음 어느 정도 코드 리스트가 생긴 뒤에 위계적으로 만드는 작업을 하는 편입니다(물론 연구자마다 차이가 있겠죠). 이때 도움이 되는 기능이 바로 Codes 메뉴에 있는 Creative Coding입니다.

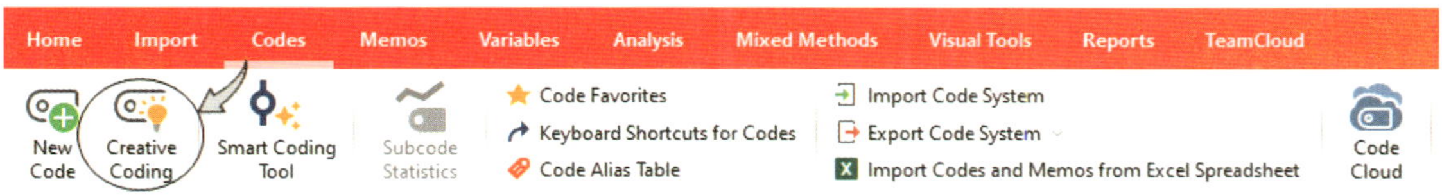

Creative Coding을 선택하면 아래와 같은 창이 뜹니다.

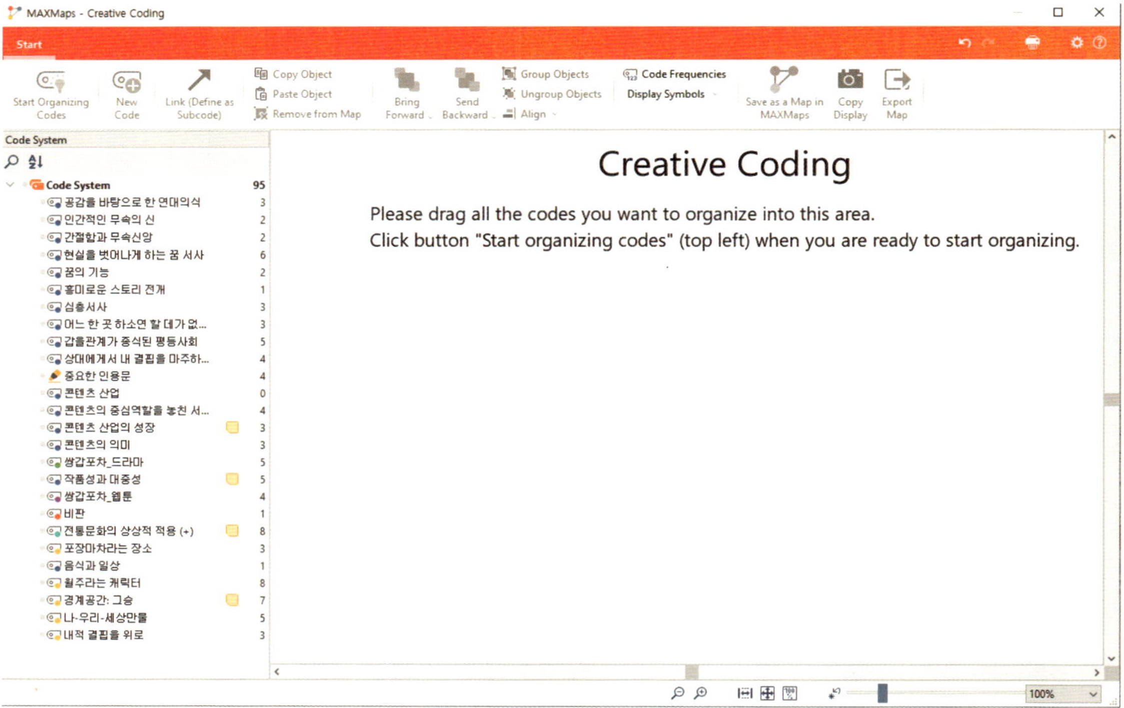

왼쪽의 코드 시스템에서 원하는 코드를 클릭해서 오른쪽 빈 칸에 넣습니다. 저는 모든 코드를 선택하겠습니다(맨 위의 코드를 선택한 뒤 Shift 버튼을 누른 채 맨 아래의 코드를 누르면 전체 코드가 선택됩니다.). 다음과 같이 선택된 모든 코드를 드래그해서 빈 창으로 가져옵니다.

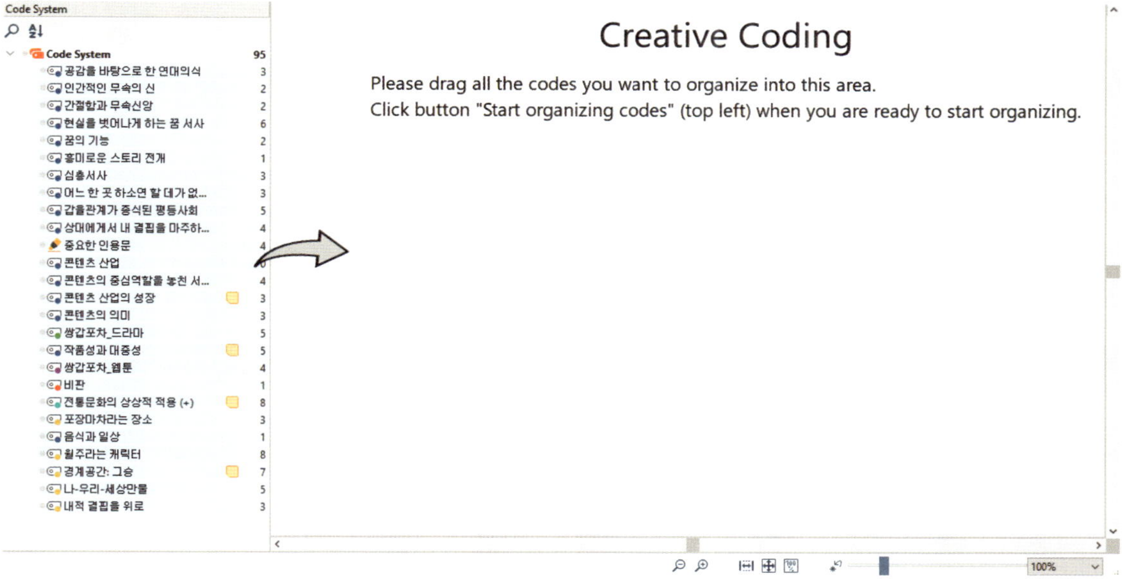

코드들이 모두 들어왔으면 왼쪽 위에 있는 Start Organizing Codes버튼을 누릅니다.

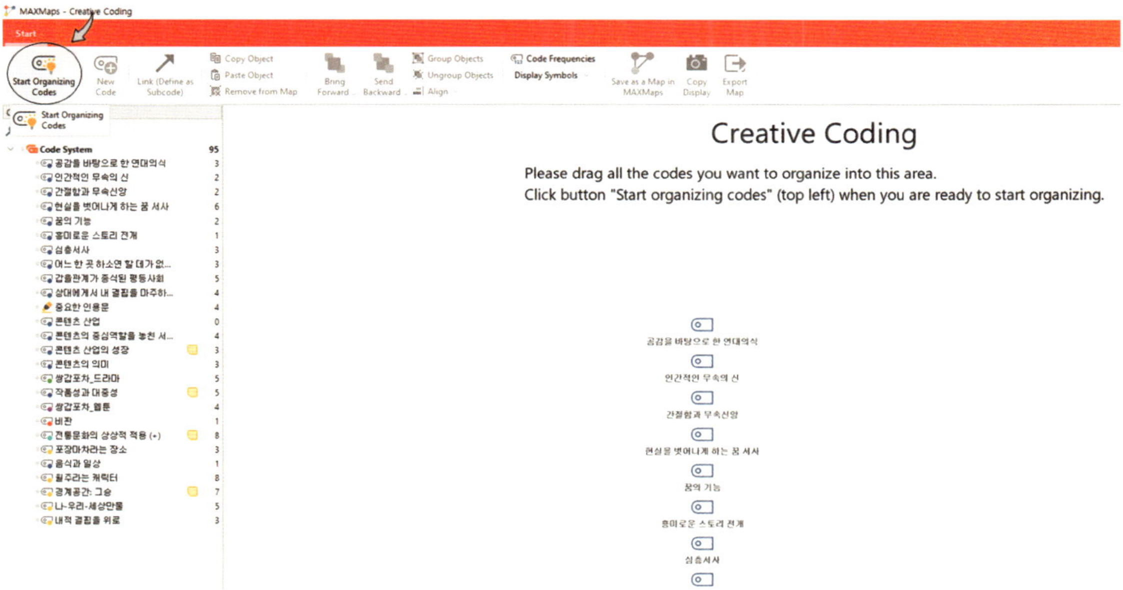

화면이 조금 바뀌었지요. 왼쪽 위에 무지개 같은 색도 뜹니다. 이제 본격적으로 코드를 이리저리 이동하면서 범주화 작업을 해보겠습니다.

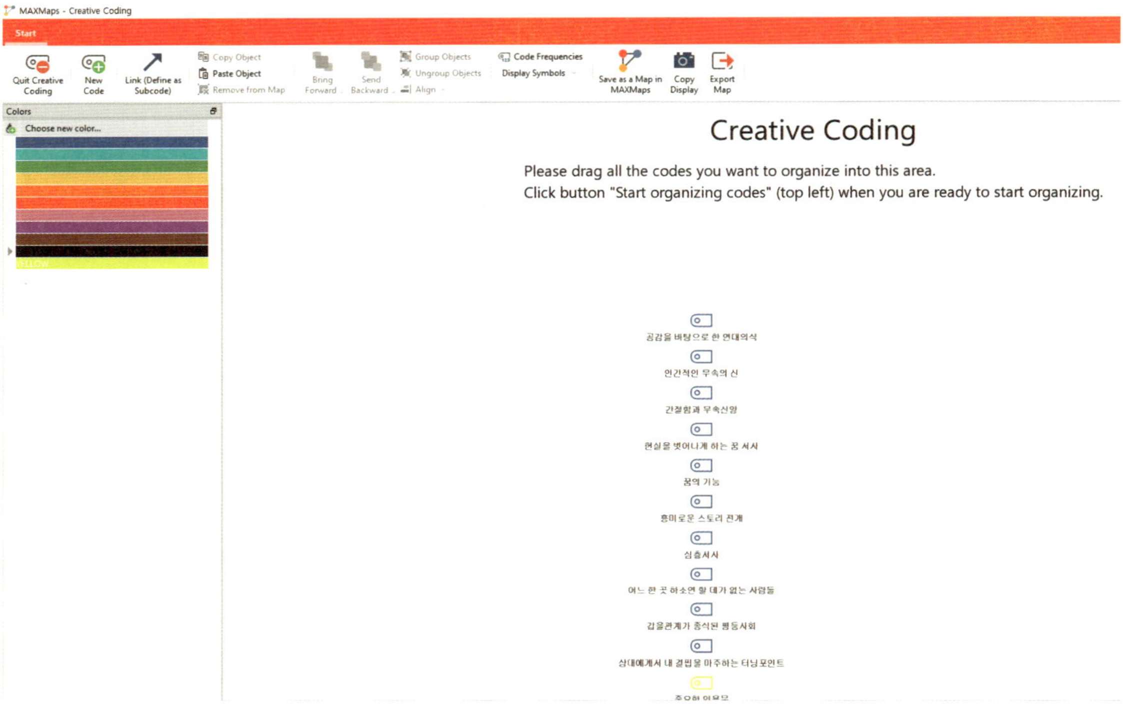

한 화면 안에 코드가 다 보이지 않을 때에는 아래에 있는 Fit to Window 버튼을 활용하세요.

여기에 있는 코드들은 마우스로 드래그하면 쉽게 움직입니다.

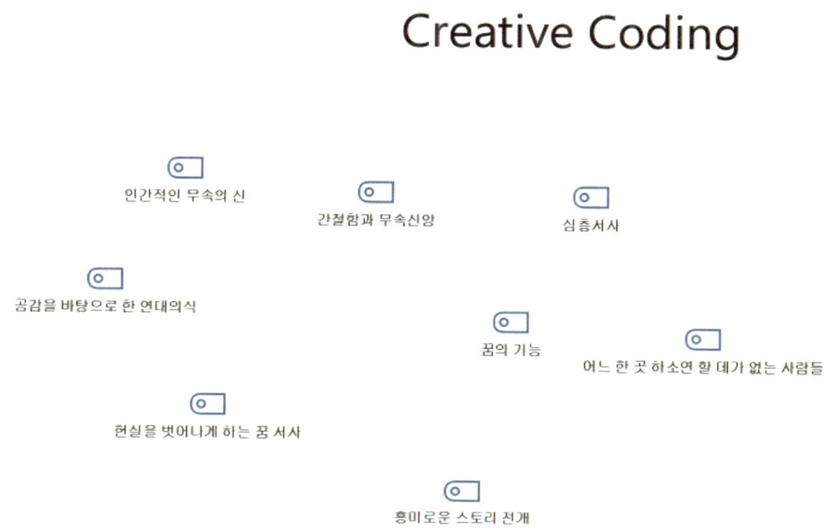

코드들을 이동하며 유사한 내용끼리 살피다 보면 상위 범주와 하위 범주로 묶일만한 것이 눈에 보일 때가 있습니다. 아래의 예를 보면 '콘텐츠 산업'을 상위 범주로 하고 나머지를 이 아래로 묶을 수 있겠네요.

만일 적절한 상위 범주가 없다면 상단의 New Code에서 새로 코드를 만들 수도 있습니다.

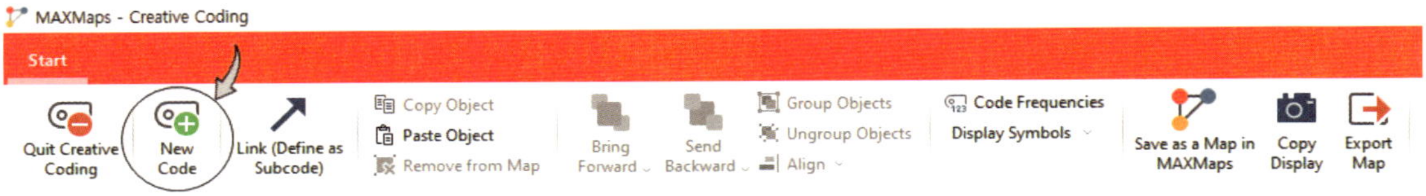

그러면 이제, 콘텐츠 산업과 그 하위 범주가 될만한 다른 코드들을 연결해 보겠습니다. 상단에서 Link(Define as Subcode) 기능을 선택합니다.

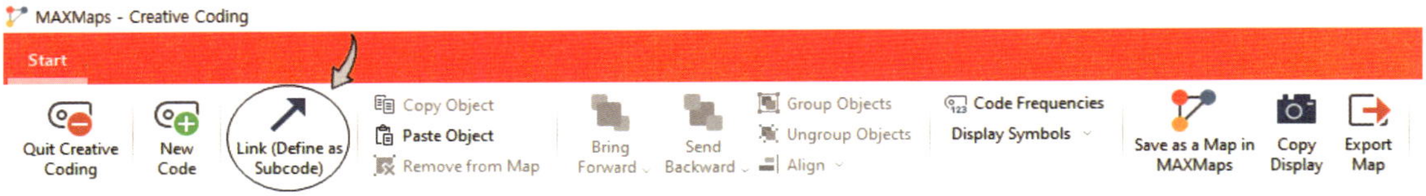

그런 다음 상위 범주가 될 코드로부터 하위 범주에 들어갈 코드를 연결하면 아래와 같이 화살표가 만들어집니다. 동일한 방법으로 나머지 코드도 연결하겠습니다.

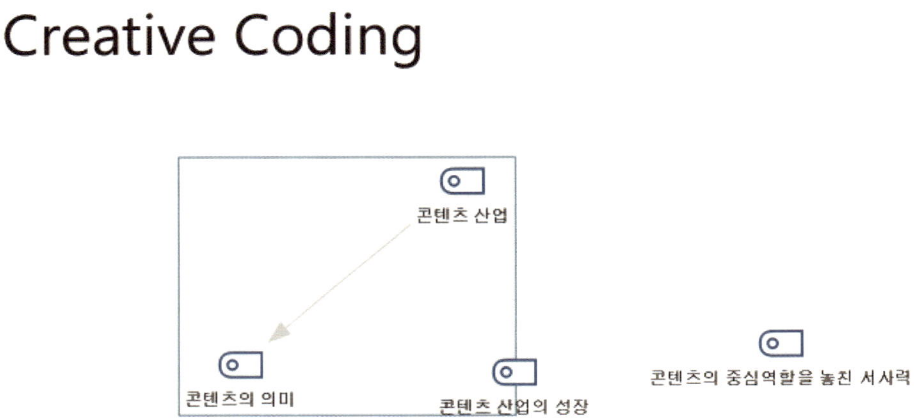

아래와 같이 모두 연결되었습니다. 이와 유사한 방식으로 나머지 코드들도 상위 범주와 하위 범주를 연결해 보세요. 이 과정에서 코드가 추가되기도 하고, 코드 이름이 변경되기도 합니다. 만일 코드끼리 이동하다가 하나의 코드 위로 다른 코드를 겹쳐 놓으면 두 코드를 합치겠냐는 의미의 'Merge?'가 뜹니다. 이처럼 코드가 지속적으로 수정되는 것은 자연스러운 과정이며, 코드명과 범주명은 잠정적인 것입니다.

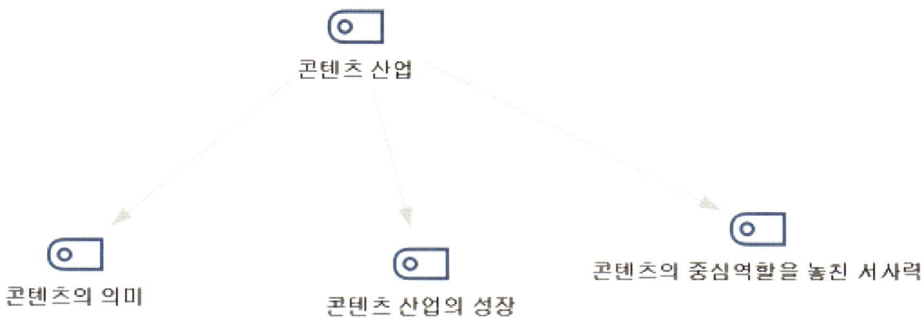

혹시 해당 코드의 내용이 잘 생각나지 않을 경우에는 그 코드를 더블 클릭합니다. 그러면 아래와 같이 Coded Segments 창이 뜨기 때문에 여기서 구체적인 내용을 점검할 수 있습니다.

Creative Coding 기능을 사용하면서 시각적으로 코드 간 유사점을 확인하다 보면 의외로 코드가 많이 수정됩니다. 도표나 그림, 지도 같은 시각적 도구의 힘을 느낄 수가 있지요. 자, 이제 여러 번 수정을 거치며 아래와 같이 어느 정도 화살표 연결 작업이 마무리되었습니다(참고로, 오른쪽 아래에 있는 '비판'과 '중요한 인용문'이라는 두 개의 코드는 범주에 들어가지 않아서 그대로 두었습니다).

이 단계에서 상위 범주와 하위 범주의 색도 맞춰보겠습니다. 상위 범주 하나를 골라서 클릭한 뒤 왼편의 Choose new color에서 마음에 드는 색을 고릅니다. 색깔을 클릭하면 다음과 같은 창이 뜨면서 하위 범주도 동일한 색으로 바꿀 것인지 묻습니다. Yes를 누르면 모두 동일한 색으로 바뀝니다.

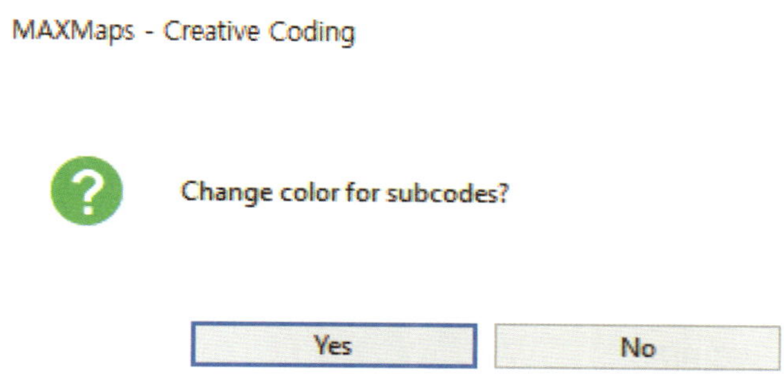

이제 각 범주들을 구분하기 좋게 원하는 색으로 다양하게 변경해 보세요. 다 마무리되었다면 상단의 Quit Creative Coding을 클릭합니다.

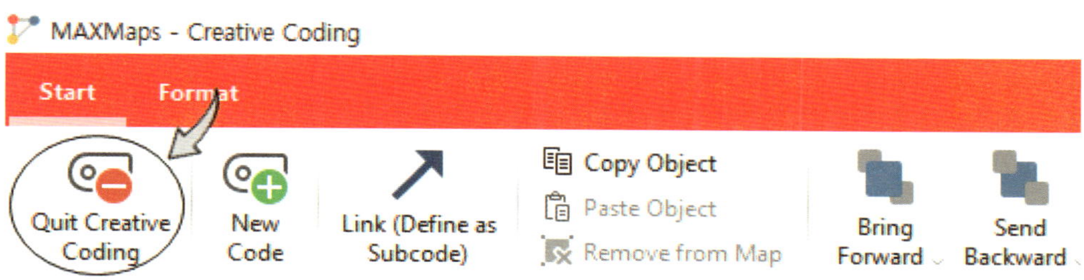

그러면 다시 창이 뜨면서 지금 수정한 내용을 Code System에 반영할지 묻습니다. Yes를 클릭합니다.

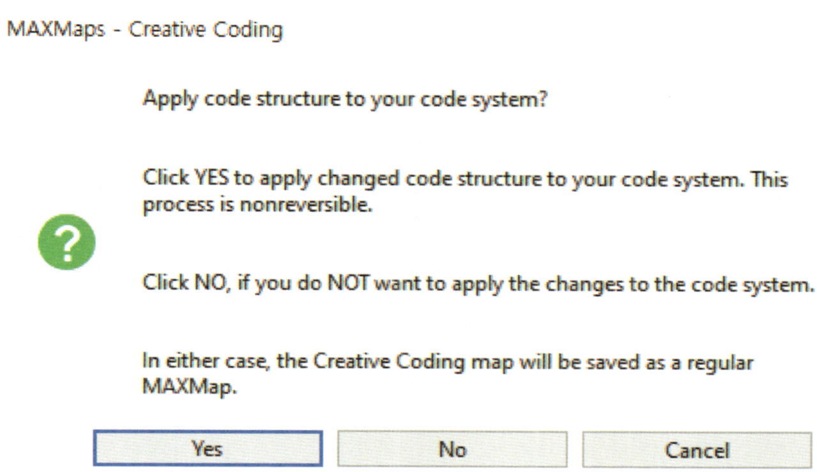

아래와 같이 Code System이 상위 범주와 하위 범주로 재배열되었습니다. 범주에 속하지 않는 코드도 있고요. 또한 같은 범주에 속하는 내용들은 모두 동일한 색상이기 때문에 한눈에도 구별이 잘 됩니다.

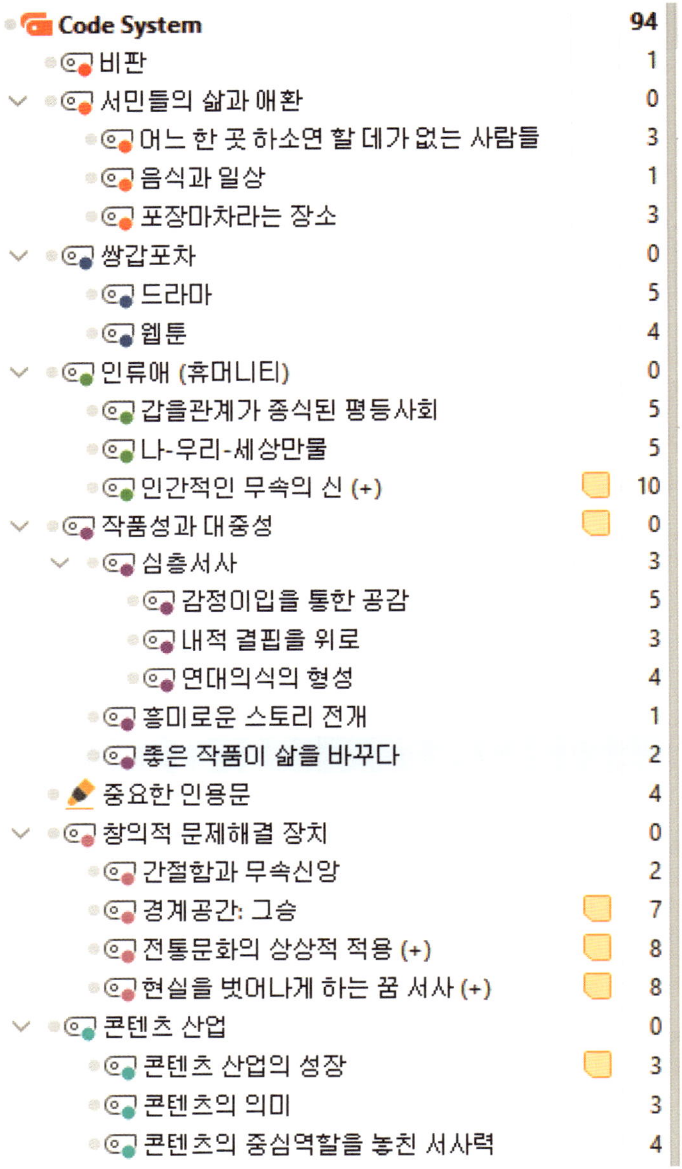

Chapter 03

심층 탐색과 테마 구성

자료를 다각도로 살펴보기

심층 탐색과 테마 구성

앞서 우리는 질적 자료를 코딩하고 범주화했습니다. 이제는 적극적으로 자료에서 드러나는 중요한 패턴들이 무엇일지 살펴보면서 연구 질문에 답이 될만한 테마를 구성해 가야 합니다. 지금까지 드러난 작업의 결과물을 다각도로 비교하고 탐색할 필요가 있다는 뜻입니다. 그렇지 않으면, 단순히 코딩과 범주화한 내용만을 가지고 평이하게 결과를 기술하게 될 우려가 있어요. 그것이 무슨 말인지 잘 이해가 가지 않는다고요? 여기에 대해서 조금 더 이야기를 해 보겠습니다.

자료를 다각도로 살펴보기

흔히 우리가 질적 연구의 결과를 기술할 때 '~~개의 테마가 도출되었다'라고 말하는데요, 엄밀히 말하면 테마는 저절로 도출되는 것이 아닙니다. 연구자가 갖은 노력을 기울여서 중요한 통찰이 무엇인지 찾아가며 나름대로 구성한 것이지요. 연구자가 가장 중요한 분석 도구인 질적 연구에서는 똑같은 자료를 놓고도 연구자마다 다른 테마를 제시할 가능성이 상당히 높습니다. 어떠한 측면을 중요하게 보고 있는지, 연구자의 전공 지식이나 가치, 문화, 개인적 경험 등이 어떠한지가 모두 결과에 영향을 미칩니다. 이것은 질적 연구의 한계나 문제가 아니라 양적 연구와의 차이점이지요. 질적 자료분석에서는 연구자가 이러한 특징을 얼마나 잘 인지하면서 엄격하고 성찰적으로 연구를 진행하는가가 중요합니다.

나아가서, 단순히 코딩과 범주화를 끝낸 뒤에 마치 테마도출이 끝난 듯, 각각의 범주를 테마처럼 취급하는 것은 잘못입니다. 범주화는 아직 끝이 아니에요. 이 범주들을 어떻게 조합해서 연구 질문에 답을 할지, 그리고 연구자가 미처 살펴보지 못한 패턴이나 자료 간 관련성은 무엇일지를 고민하는 시간이 반드시 필요합니다. 이 작업이야말로 질적 분석의 핵심입니다. 나아가 자신의 연구에서 새롭게 밝힌 부분은 무엇인지, 연구 결과가 기존의 이론적 지식과 어떻게 관련되는지를 제시해야 합니다(Kelle, 2014). 열린 마음으로 자료를 새롭게 보면서도 기존 지식과의 관련성을 늘 염두에 두는 것이지요. 분석을 하면서 계속해서 여러 이론을 살펴보고 문헌자료를 꾸준히 읽고 정리하면 기존 지식과의 관련성을 찾는 데 도움이 됩니다. 자료를 새롭게 보려면, 분석 중인 자료를 다각도로 비교하고 검토할 필요가 있습니다. 이때 질적 자료분석 소프트웨어가 상당히 유용합니다. 단순히 코딩과 범주화 작업에만 소프트웨어를 사용한다면 최신형 스마트폰으로 전화통화와 문자만 주고받는 격입니다. 3장에서는 MAXQDA의 몇 가지 추가 기능을 활용해서 자료를 심층적으로 살펴보는 방법을 설명하겠습니다.

잊지 마세요!

(1) 앞으로 소개하는 MAXQDA의 다양한 기능들은 연구자가 자신의 필요에 따라 취사선택해서 활용하세요. 하나의 연구에 모든 기능을 다 사용할 이유는 전혀 없어요.

(2) 이 책에서는 문헌고찰을 중심으로 MAXQDA 활용법을 보고 있습니다만 이 내용들은 인터뷰나 관찰, 이미지, 동영상 자료를 분석할 때에도 비슷하게 활용될 수 있습니다. 만약 제가 '개별 아티클들을 비교하려면~~~'이라고 했다면 이는 '개별 참여자들의 인터뷰 내용을 비교하려면~~~', 또는 '포커스 집단 참여자들의 이야기를 비교한다면~~~'이나, '여러 포커스 집단의 결과를 비교한다면~~~'과 같은 식으로 응용이 가능합니다.

(3) MAXQDA뿐만 아니라 다양한 질적 자료분석 소프트웨어에서 제공하는 기능과 이를 활용한 결과들은 모두 Word나 Excel 등으로 보내서 저장할 수 있습니다. 원하면 논문에 실을 수도 있어요. 단, 이 자체로 완성된 연구 결과라고 보는 것은 무리가 있습니다. 연구자가 자료를 다양하게 파악하고 통찰을 얻기 위해 소프트웨어에 장착된 여러 기능의 도움을 받는 것일 뿐, 최종적으로 모든 것을 종합해서 테마를 제시하는 것은 연구자의 머릿속에서 나와야 합니다. 생각하고, 성찰하고, 글로 쓰는 것이야말로 질적 연구의 핵심입니다!

(4) 뒤에서 저는 다양한 기능의 활용법을 소개하는 데 초점을 둘 예정입니다. 따라서 각기 나온 결과를 어떻게 해석하는지는 따로 자세히 설명하지 않습니다. 그 이유는 앞서 (3)에서 설명했듯, 소프트웨어에서 제공하는 기능들은 연구자의 목적에 따라 통찰을 얻는 용도로 사용하면 되는 것이지, 이에 대한 고정된 해석방법이 있는 것이 아니기 때문입니다. 잊지 마세요, 소프트웨어는 나를 돕는 도구일 뿐이고 연구자가 이 도구를 얼마든지 창의적으로 사용할 수 있습니다.

빈도수 검토하기

심층 탐색과 테마 구성

여러분이 붙인 코드 중에서 가장 여러 번 사용된 코드는 무엇인가요? 물론 질적 자료분석에서 코드 빈도수는 중요할 때도, 그렇지 않을 때도 있습니다. 전통적인 내용분석을 하고 있다면 코드 빈도수는 중요할 수 있지요. 하지만 자료에 내포된 의미를 포착하는 경우에는 빈도수보다는 해석이 더 중요합니다. 만약 여러분의 연구에서 코드의 빈도수를 아는 것이 도움이 된다면 아래의 기능을 활용해 보세요.

Code Frequencies: 전체적인 코드 수 확인하기

Analysis 메뉴에서 Code Frequencies를 선택합니다.

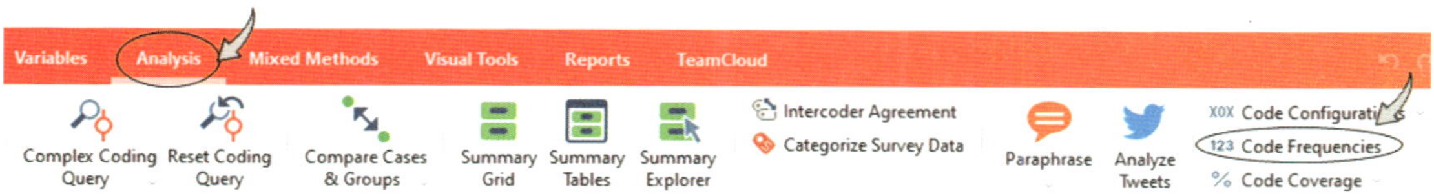

클릭하면 다음과 같은 창이 뜹니다.

이 창에 빈도수를 확인하고 싶은 코드를 드래그해옵니다. 만일 모든 코드를 확인하고 싶다면 Activate 기능을 사용하면 편리합니다. Code System 앞에 있는 작은 회색 동그라미를 클릭하면 모든 코드가 빨간색으로 활성화됩니다.

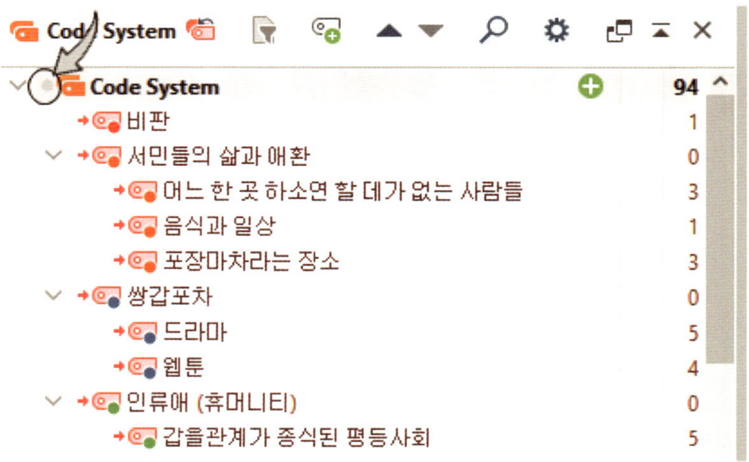

원하는 코드를 활성화한 뒤 Code Frequencies 창의 오른쪽 위에 있는 Insert activated codes를 클릭합니다. 그러자 아래와 같이 모든 코드가 입력되었습니다. 이제 OK를 누릅니다.

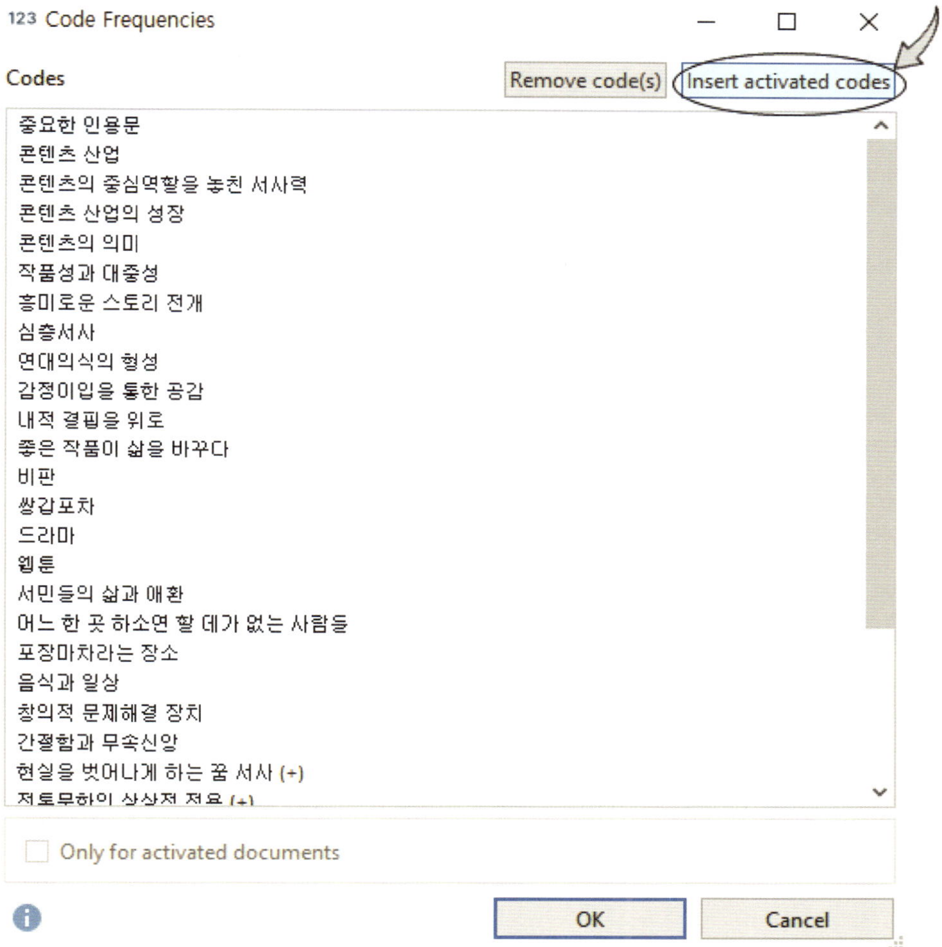

다음의 그림과 같이 코드 빈도수가 표의 형태로 제시되었습니다. 이 표를 엑셀 파일로 저장하고 싶다면 상단의 내보내기(Export) 기능을 사용하세요.

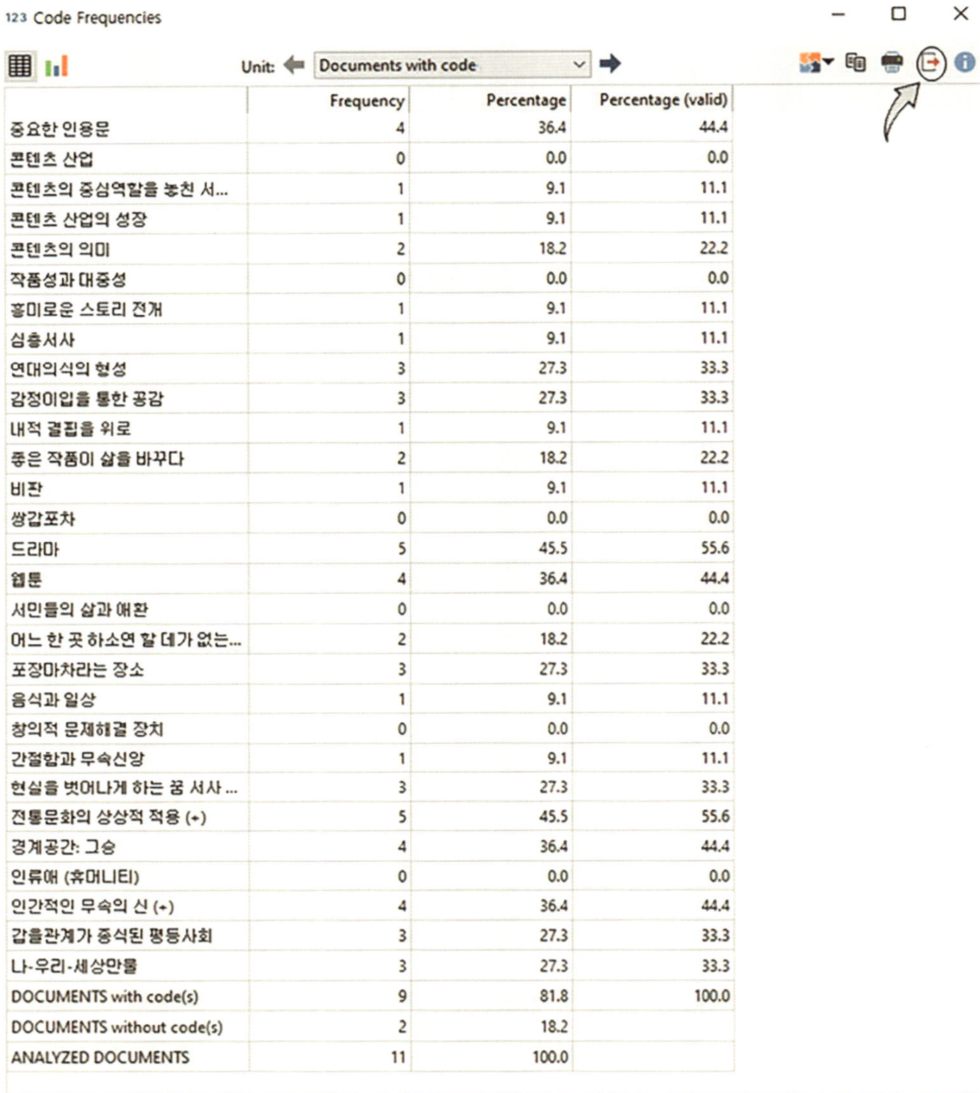

	Frequency	Percentage	Percentage (valid)
중요한 인용문	4	36.4	44.4
콘텐츠 산업	0	0.0	0.0
콘텐츠의 중심역할을 놓친 서...	1	9.1	11.1
콘텐츠 산업의 성장	1	9.1	11.1
콘텐츠의 의미	2	18.2	22.2
작품성과 대중성	0	0.0	0.0
흥미로운 스토리 전개	1	9.1	11.1
심층서사	1	9.1	11.1
연대의식의 형성	3	27.3	33.3
감정이입을 통한 공감	3	27.3	33.3
내적 결핍을 위로	1	9.1	11.1
좋은 작품이 삶을 바꾸다	2	18.2	22.2
비판	1	9.1	11.1
쌍갑포차	0	0.0	0.0
드라마	5	45.5	55.6
웹툰	4	36.4	44.4
서민들의 삶과 애환	0	0.0	0.0
어느 한 곳 하소연 할 데가 없는...	2	18.2	22.2
포장마차라는 장소	3	27.3	33.3
음식과 일상	1	9.1	11.1
창의적 문제해결 장치	0	0.0	0.0
간절함과 무속신앙	1	9.1	11.1
현실을 벗어나게 하는 꿈 서사 ...	3	27.3	33.3
전통문화의 상상적 적용 (+)	5	45.5	55.6
경계공간: 그승	4	36.4	44.4
인류애 (휴머니티)	0	0.0	0.0
인간적인 무속의 신 (+)	4	36.4	44.4
갑을관계가 종식된 평등사회	3	27.3	33.3
나-우리-세상만물	3	27.3	33.3
DOCUMENTS with code(s)	9	81.8	100.0
DOCUMENTS without code(s)	2	18.2	
ANALYZED DOCUMENTS	11	100.0	

표가 아닌 차트의 형태로 보고 싶다면 상단의 Chart view 아이콘을 클릭합니다.

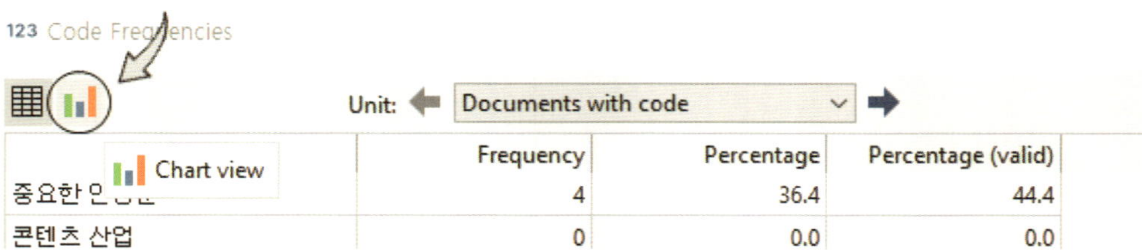

그림과 같이 코드 빈도수에 따라 막대 그래프가 생성되었습니다.

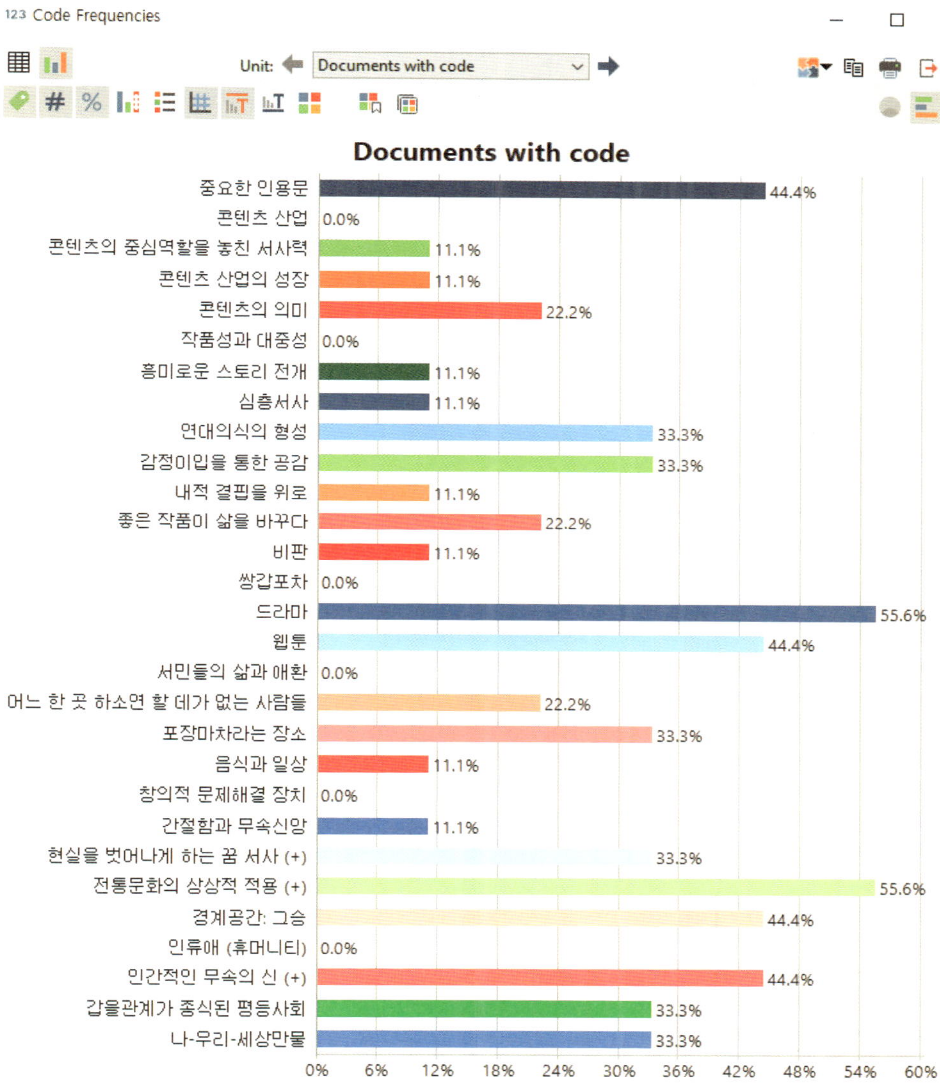

막대 그래프를 세로로 만들고 싶다면 오른쪽 상단에서 Vertical 아이콘을 클릭합니다.

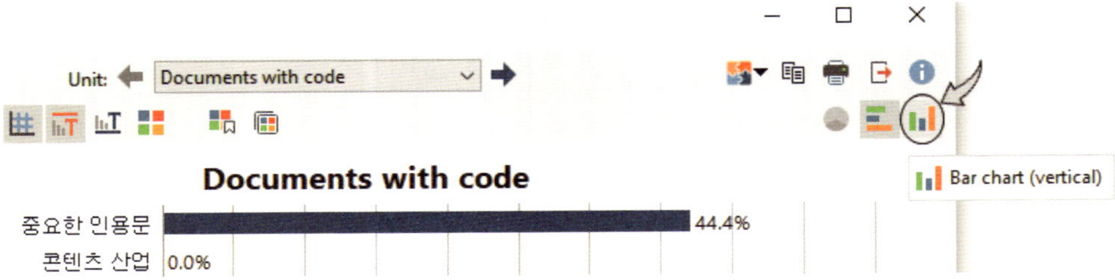

아래와 같이 모양이 바뀌었습니다. 이처럼 Code Frequencies는 어떤 코드가 많이 나왔는지, 그 이유는 무엇일지 생각해 보는 데 도움이 되는 기능입니다.

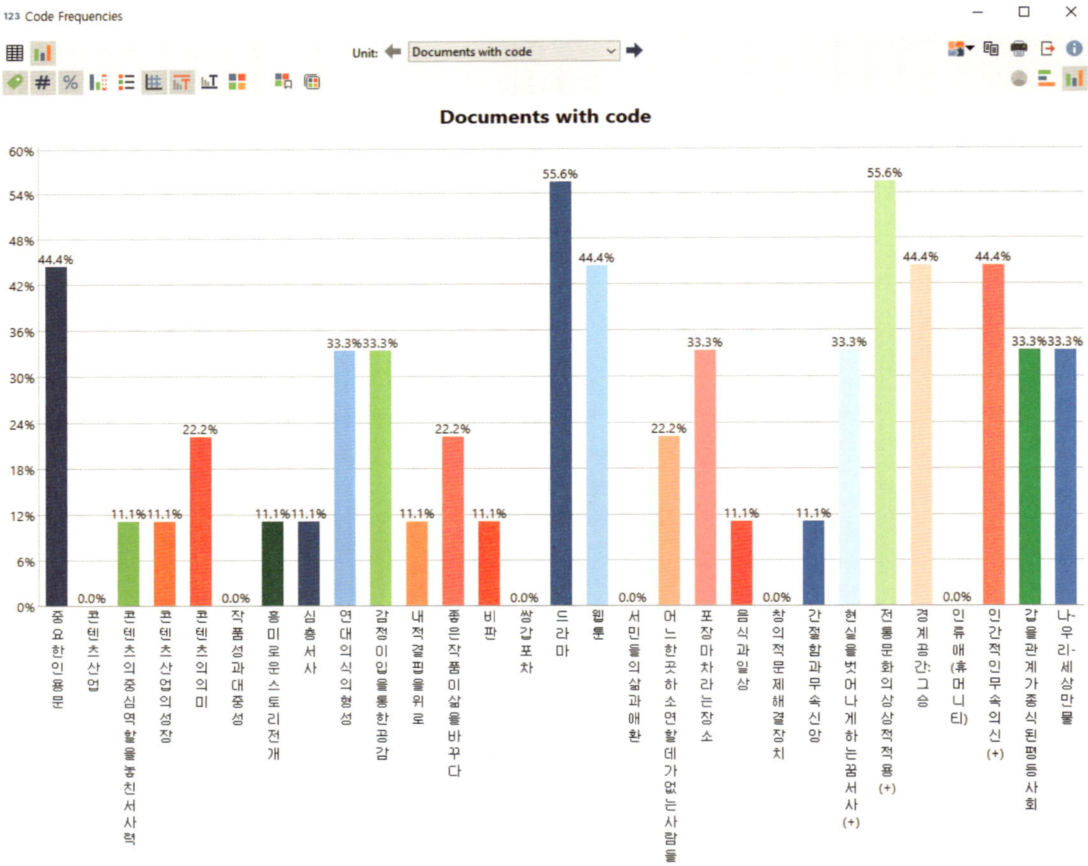

Code Cloud: 워드 클라우드 방식으로 많이 나온 코드 확인하기

유사하지만 빈도수와 다른 방식으로 자주 나오는 코드를 확인할 수도 있습니다. Codes 메뉴에 있는 Code Cloud인데요. 한번 클릭해 보겠습니다.

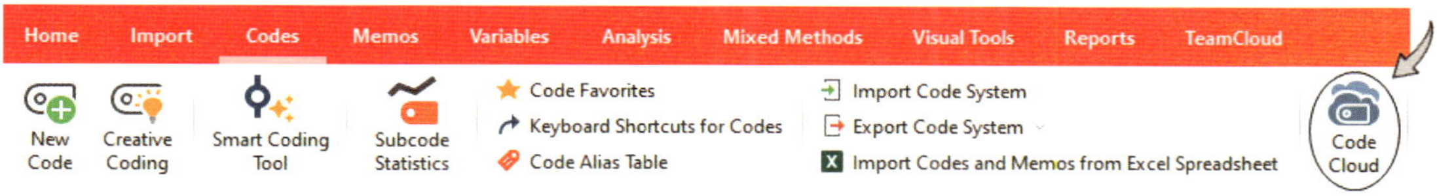

아래와 같은 창이 뜹니다. 상단의 Documents에는 아무것도 넣지 않아도 기본적으로 모든 문서가 적용됩니다. 특정 아티클이나 자료만을 선택하고 싶다면 activate 기능을 활용하세요. 하단의 Codes는 앞서 Code Frequencies에서 설명한 대로 원하는 코드를 활성화한 다음 Insert activated codes 버튼을 누르면 됩니다. 저는 모든 문헌과 코드를 넣어보겠습니다.

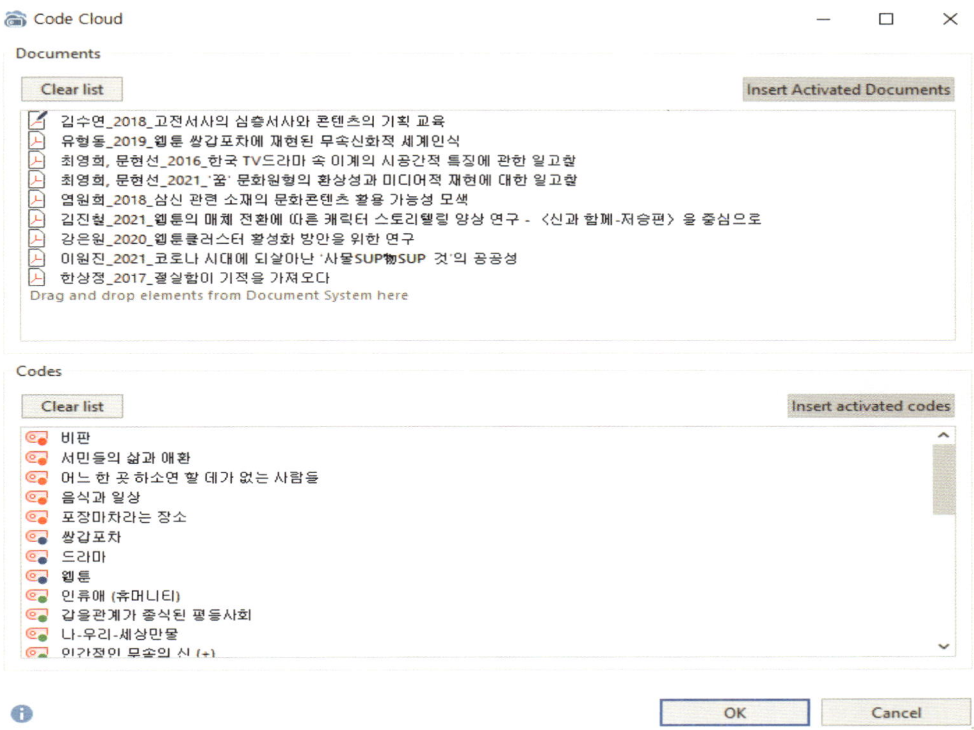

이제 OK 버튼을 누르면 아래와 같은 창이 뜹니다. 빈도수를 수치로 보여주는 것과는 느낌이 다르면서도 자주 쓰인 코드가 보입니다(일부 [+] 표시가 있는 코드는 merge가 된 코드예요. 이 표시가 거슬린다면 Code System에서 코드명을 수정하면 됩니다).

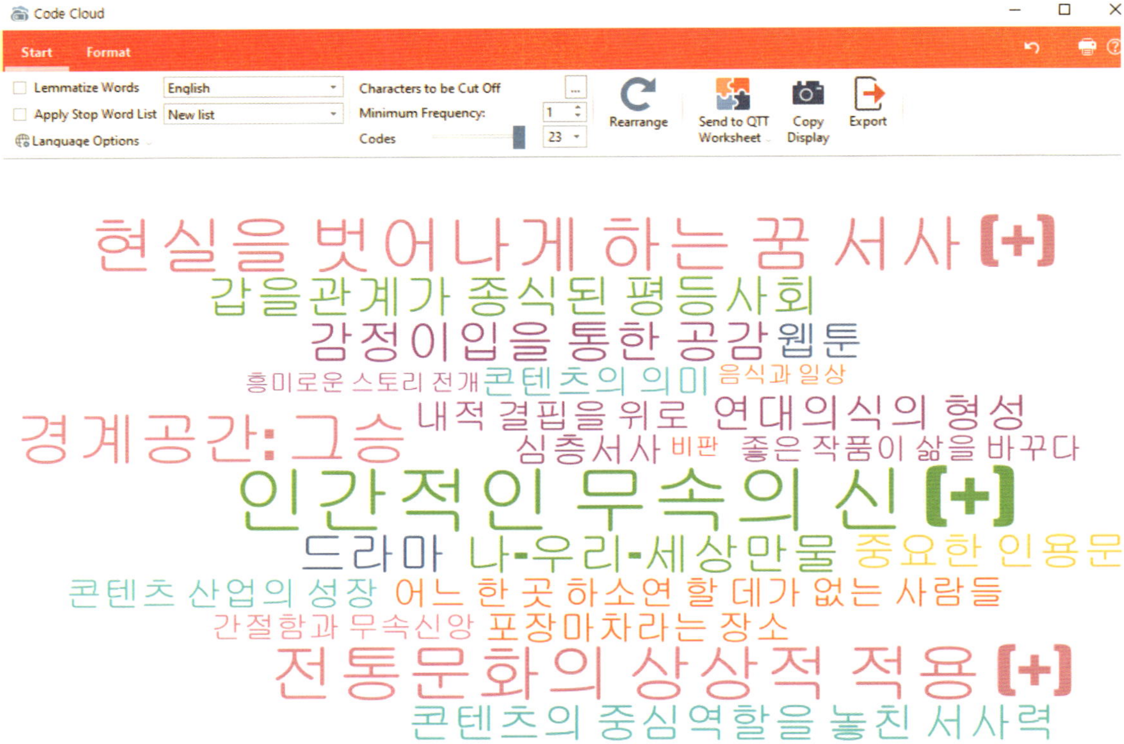

코드끼리, 또는 코드와 아티클의 관련성 확인하기

심층 탐색과 테마 구성

심층 탐색을 하는 과정에서 아티클별로 어떠한 코드가 많이 붙었는지, 그리고 코드끼리의 관련성은 어떠한지 등을 살펴보는 것도 도움이 되겠지요. 아래에서는 이러한 기능을 소개하겠습니다.

Code Matrix Browser: 아티클별로 어떠한 코드가, 얼마나 많이 붙었는지 확인하기

코드 매트릭스 브라우저는 분석할 때 자주 활용되는 기능입니다. 먼저 Visual Tools 메뉴에서 Code Matrix Browser를 선택합니다.

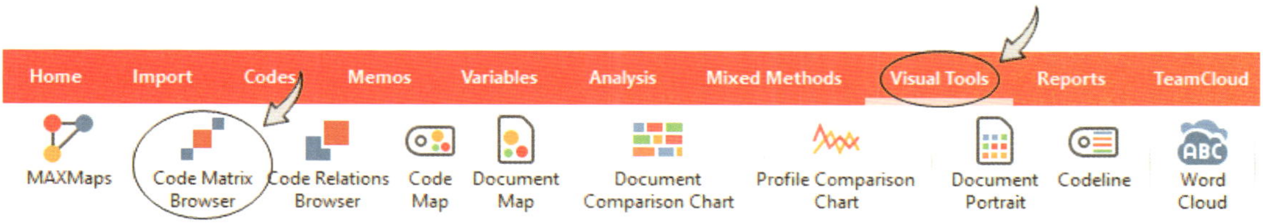

문서와 코드를 선택할 수 있는 창이 뜹니다. 다음과 같은 모양이 기본으로 설정되어 있네요. 저는 모든 코드를 활성화시킨 상태이기 때문에 지금 이 상태로 OK를 누르겠습니다.

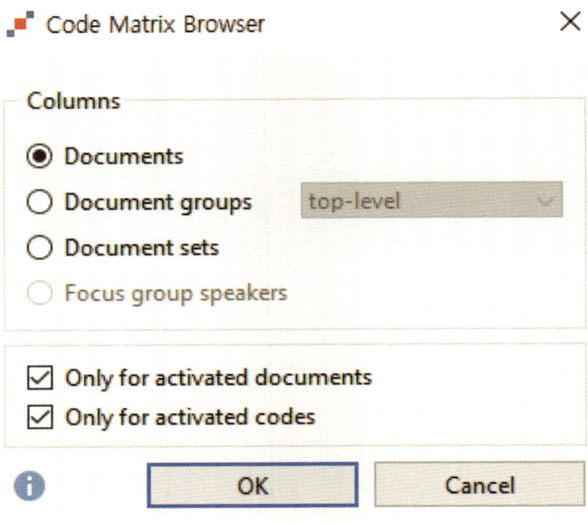

아래와 같은 흥미로운 내용이 담긴 창이 열렸습니다.

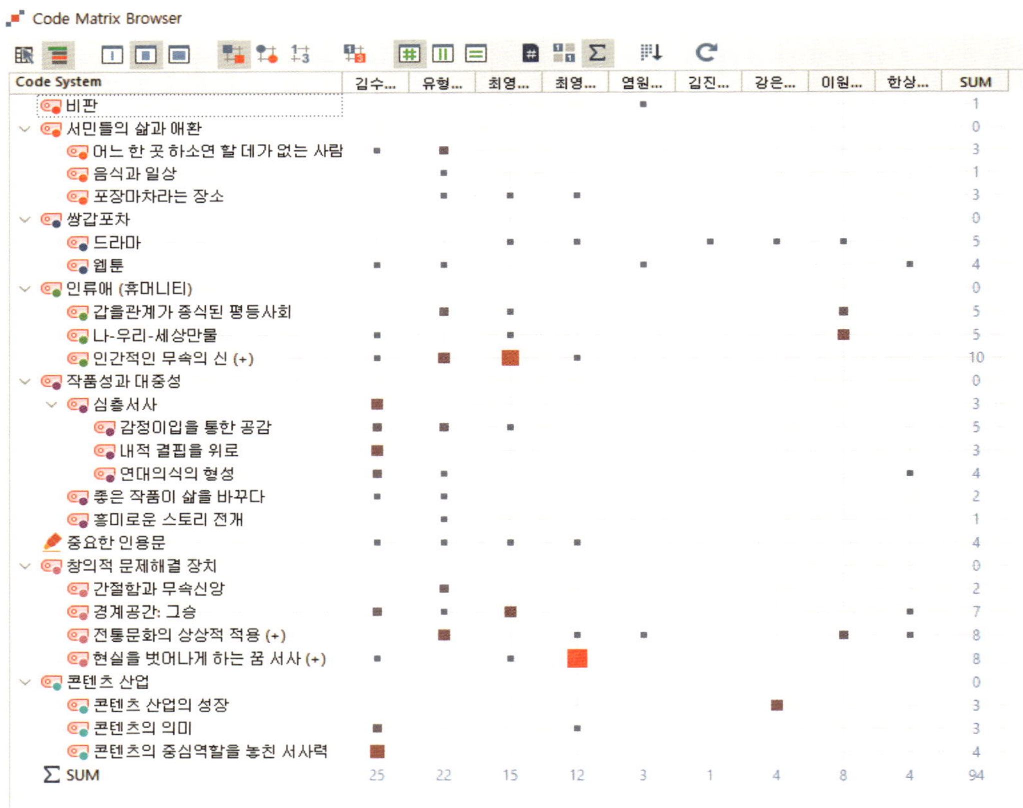

상단 행에는 9개의 아티클 제목이 조금씩 보입니다. 왼쪽 열에는 전체 코드가 나열되어 있습니다. 중간 부분에는 크고 작은 여러 색의 네모 표시가 붙은 부분과 아무런 표시가 없는 부분이 있습니다. 네모 표시는 이 아티클에 특정 코드가 붙었음을 보여줍니다. 이 표에서 네모의 크기는 코드가 붙은 전체 부분들에 비례합니다. 해당 코드가 자료 안의 여러 인용문에 붙었다면 네모의 크기도 커집니다. 가령 가장 네모의 크기가 큰 최영희, 문현선, 2021 아티클에서 '현실을 벗어나게 하는 꿈 서사' 코드에 마우스를 살짝 올려보면 이 아티클에 해당 코드가 여섯 번 붙었음을 보여줍니다. 이 표는 특정 아티클에 어떠한 코드가 많이 붙었는지, 여러 아티클에 걸쳐 골고루 사용된 코드는 무엇인지, 또는 특정 아티클에만 붙은 코드는 무엇인지 등을 전체적으로 비교하는 데 유용하게 쓰입니다. 만일 인터뷰 자료를 분석하는 경우라면 특정 참여자에게서 자주 언급되는 코드가 무엇이고 참여자 간 차이가 나는 이유는 무엇인지를 확인할 수 있겠지요.

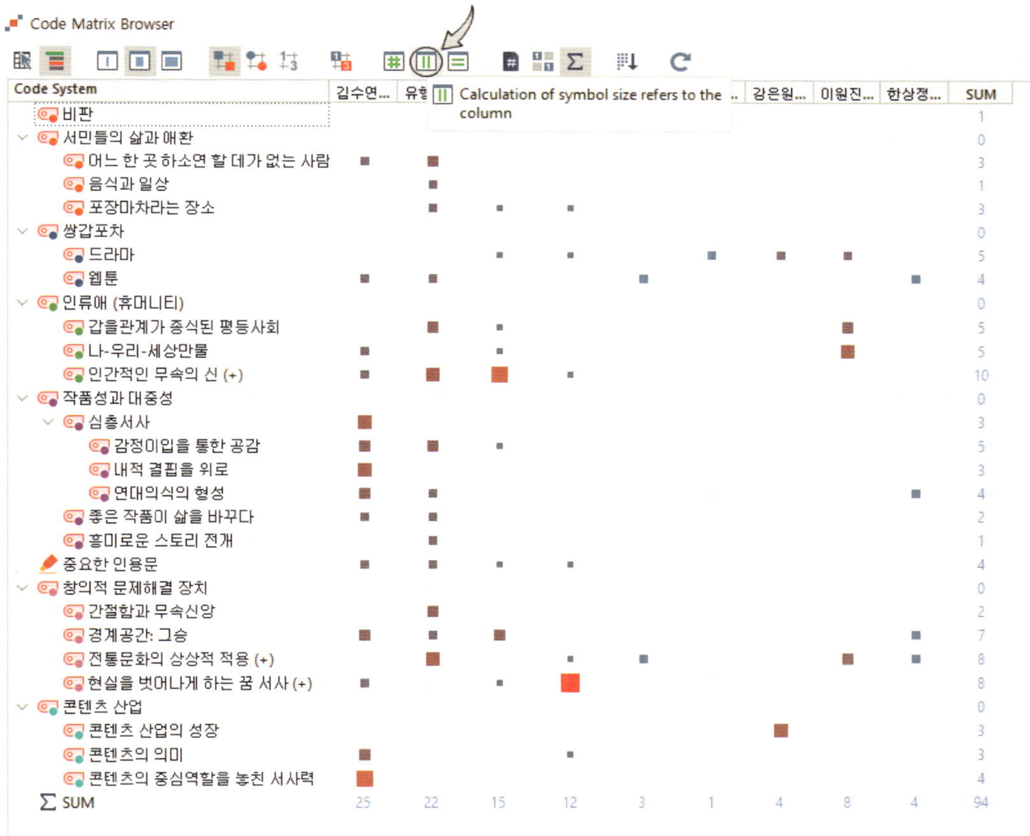

여기서 사각형의 크기는 고정된 것이 아닙니다. 상단에서 세로줄이 그려져 있는 아이콘은 해당 열 안에서, 즉 특정 아티클 안에서의 어떤 코드가 가장 많이 언급되었는지를 보여줍니다.

그 옆의 가로줄로 된 아이콘을 누르면 또 사각형 모양이 변합니다. 이것은 행을 중심으로 살펴보는 기능입니다. 어떠한 아티클에서 해당 코드를 많이 언급했는지를 보여줍니다.

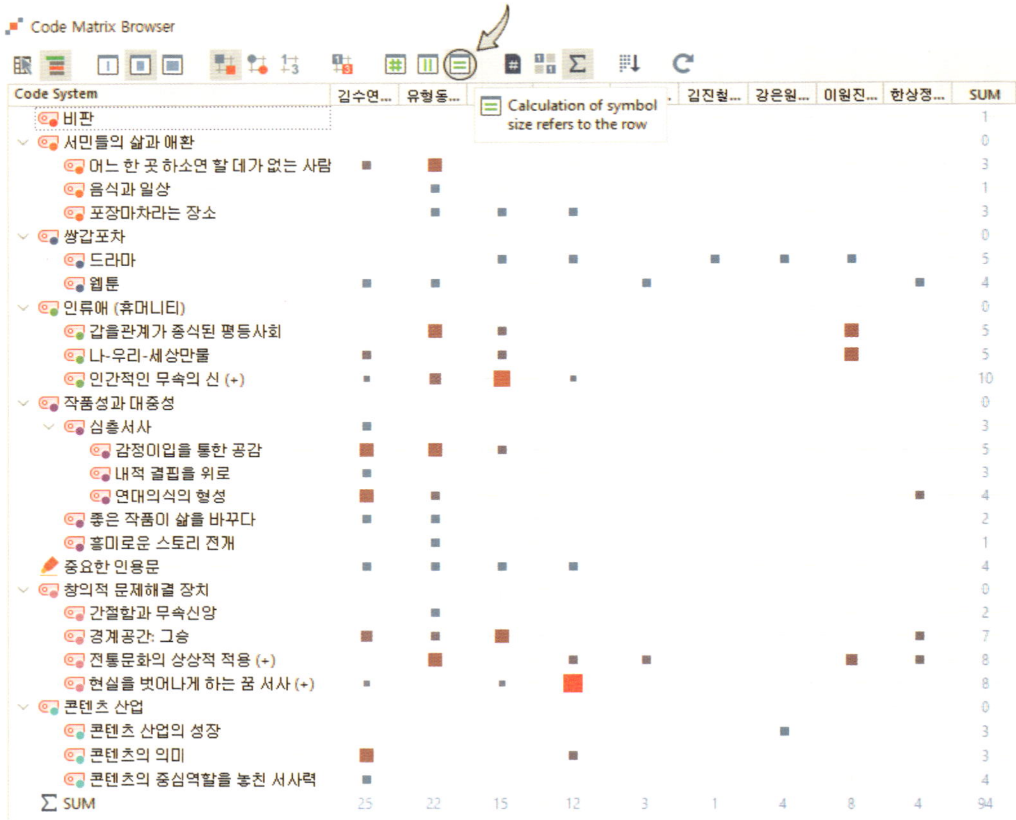

Code Relations Browser: 코드끼리의 관련성 보기

앞서 코딩 작업을 할 때 하나의 인용문에 여러 개의 코드를 붙일 때도 있었습니다. 이 경우에는 해당 코드끼리 밀접하게 관련되어 있겠지요. 이러한 관련성을 시각적으로 보여주는 것이 바로 Visual Tools에 있는 Code Relations Browser입니다.

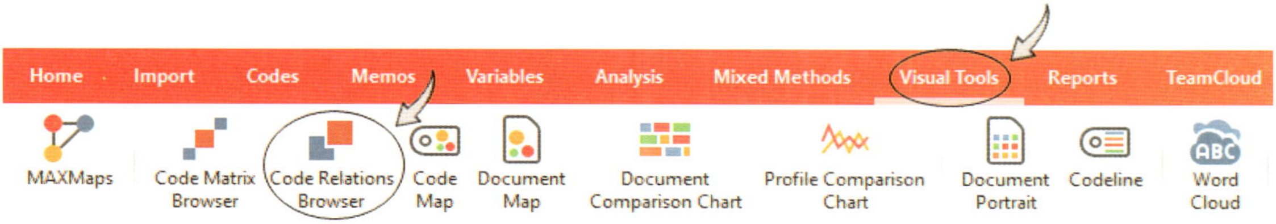

버튼을 클릭하면 아래와 같은 창이 뜹니다. 일단 저는 모든 코드를 활성화한 상태이므로 이대로 Row(행)와 Columns(열)에 모든 코드를 넣은 채 살펴보겠습니다.

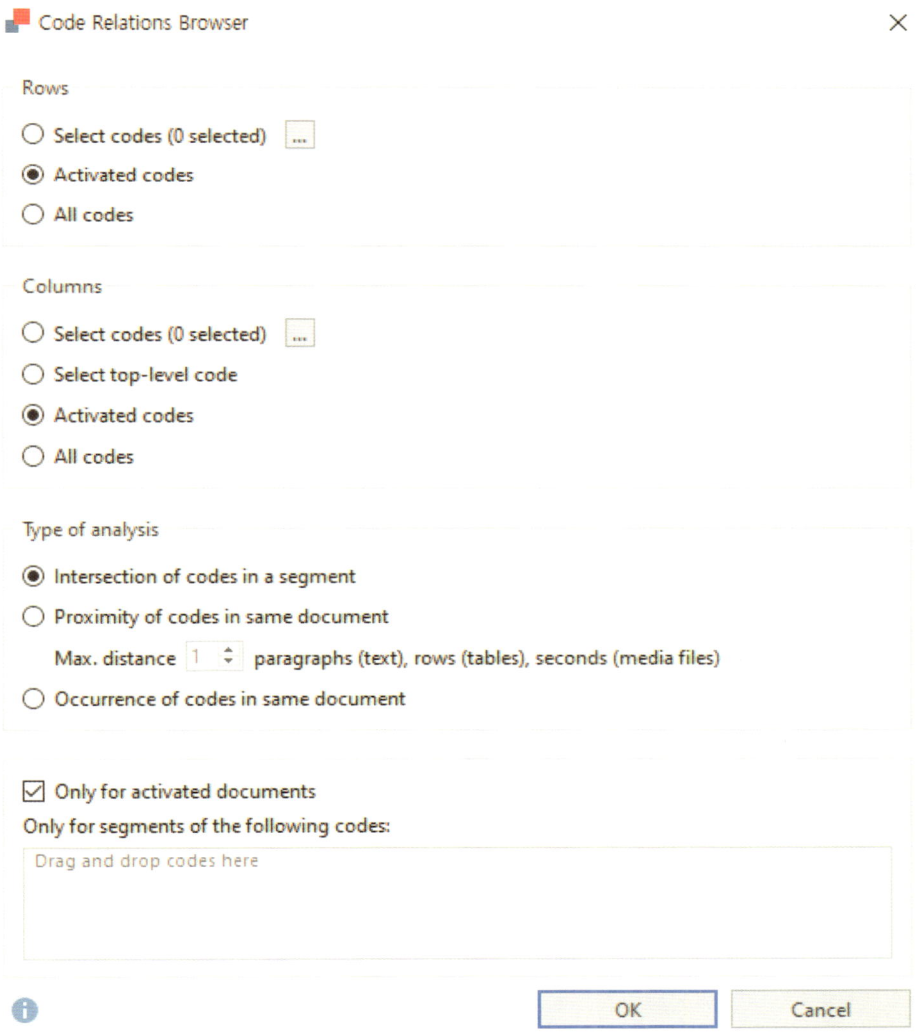

OK를 누르면 아래와 같은 큰 표가 뜹니다. 여기서는 일부분만을 보여드릴게요. 아래에서 네모로 표시된 부분은 서로 같은 인용문에 붙은 코드임을 보여줍니다. 가령 '내적 결핍을 위로'라는 코드는 '나-우리-세상만물'과 '연대의식의 형성', 그리고 '경계공간: 그승'이라는 코드와 관련이 있네요.

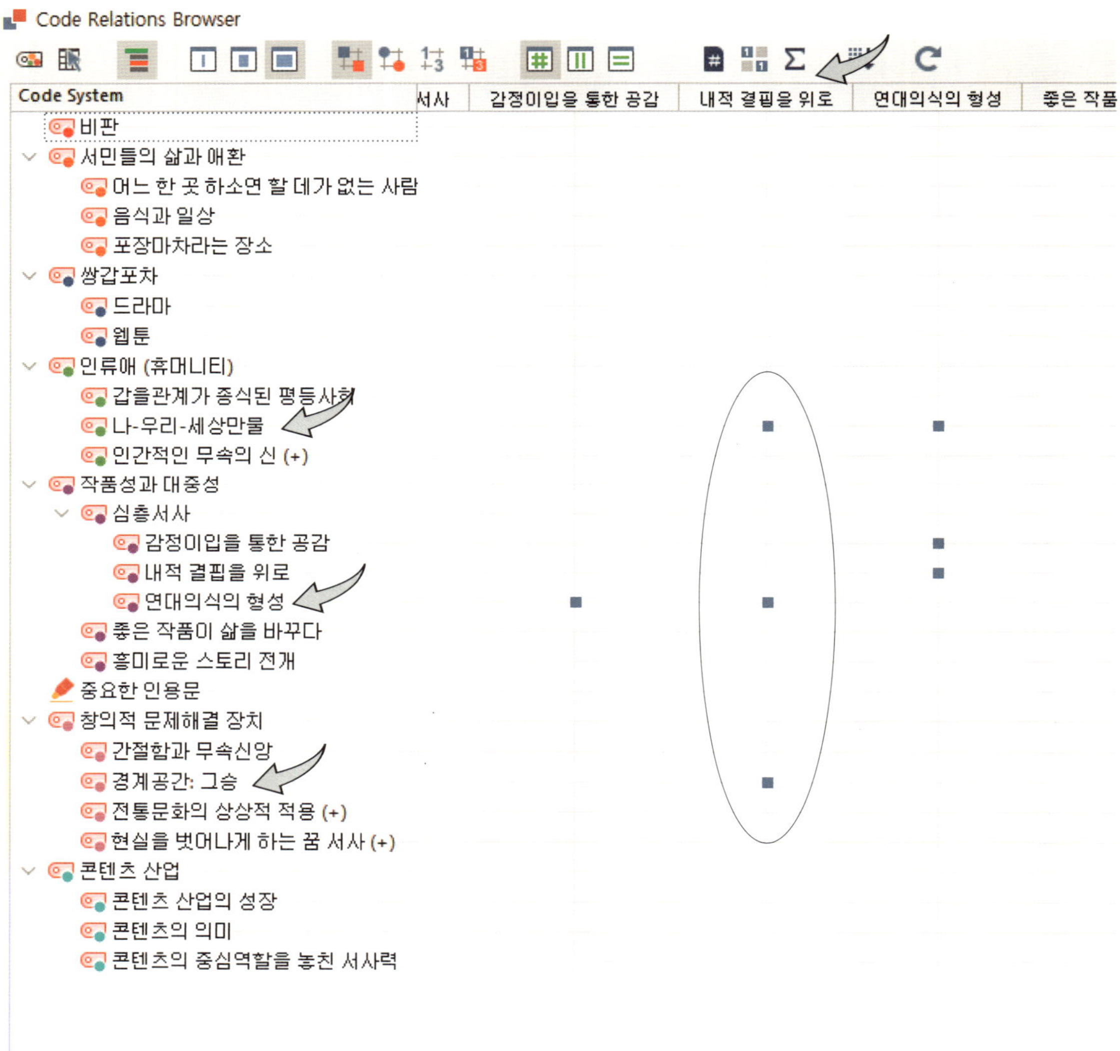

Document Map: 아티클 간 관련성

만일 아티클끼리 겹치는 코드가 많다면 두 문서 간 관련성이 높다고 볼 수 있겠지요. Visual Tools의 Document Map 기능은 이때 적절한 도구입니다.

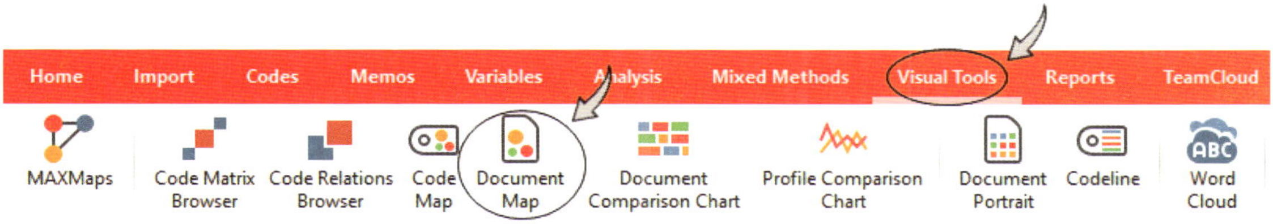

Document Map 버튼을 누르면 아래와 같이 빈 창이 뜹니다.

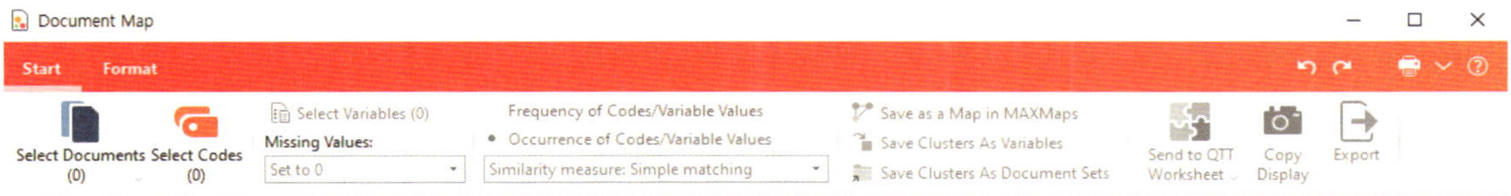

먼저 Select Documents를 누르고 Single Documents를 선택합니다.

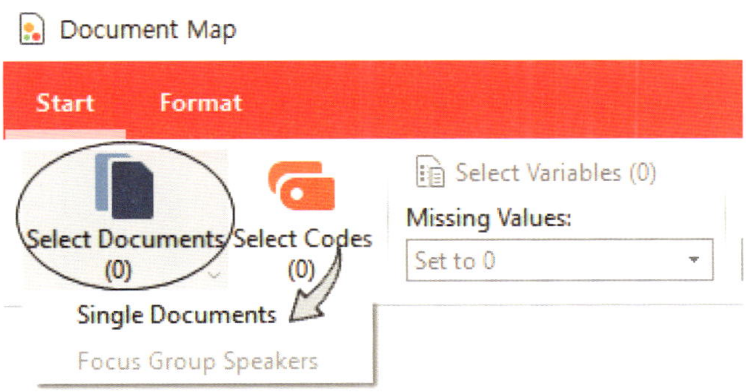

원하는 아티클을 모두 클릭한 뒤 OK를 누릅니다.

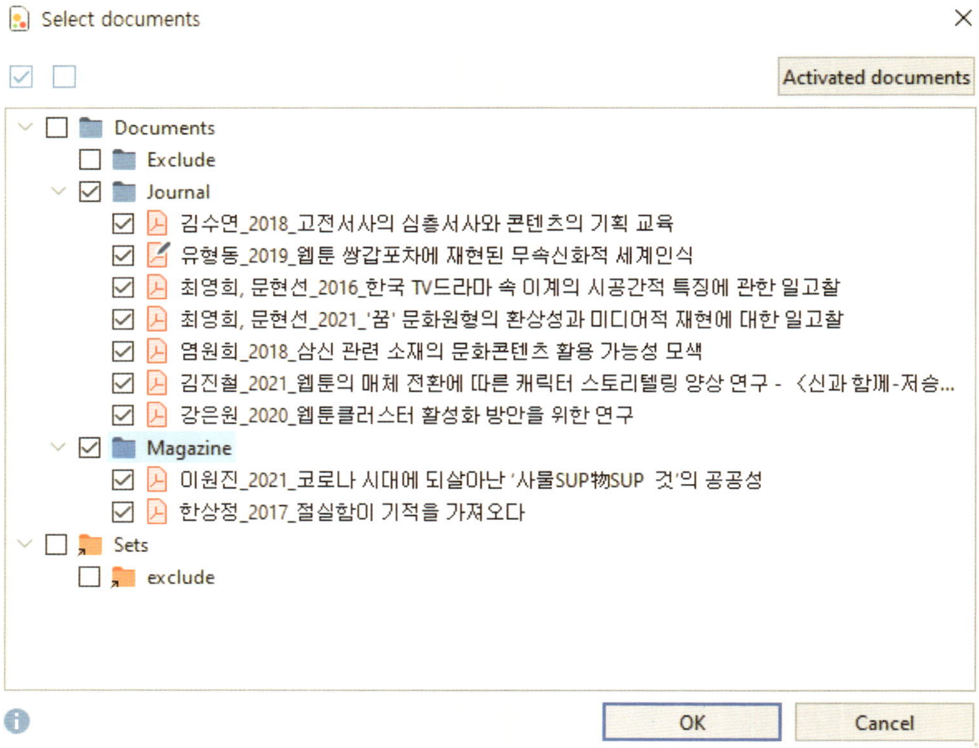

9개의 아티클이 선택된 것이 보입니다. 이번에는 Select Codes를 클릭합니다.

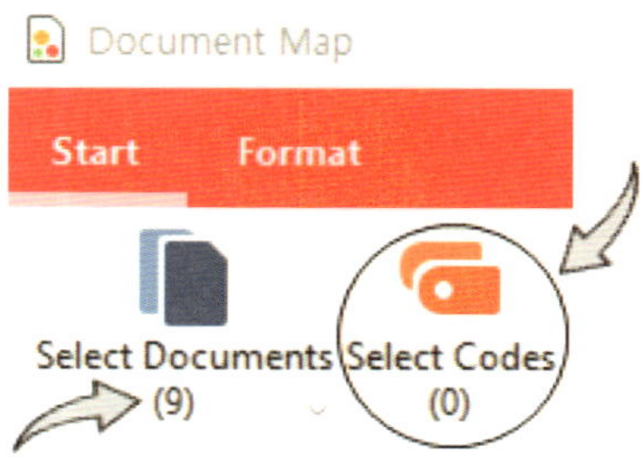

이번에도 모든 코드를 선택한 뒤 OK를 누르겠습니다(연구자가 어떠한 측면을 보고자 하는가에 따라 코드를 다르게 선택할 수 있습니다).

Select codes
Activated codes
Code System
비판
서민들의 삶과 애환
어느 한 곳 하소연 할 데가 없는 사람들
음식과 일상
포장마차라는 장소
쌍갑포차
드라마
웹툰
인류애 (휴머니티)
갑을관계가 종식된 평등사회
나-우리-세상만물
인간적인 무속의 신 (+)
작품성과 대중성
심층서사
감정이입을 통한 공감
내적 결핍을 위로
연대의식의 형성
좋은 작품이 삶을 바꾸다
흥미로운 스토리 전개
중요한 인용문
창의적 문제해결 장치
간절함과 무속신앙
경계공간: 그승
전통문화의 상상적 적용 (+)
현실을 벗어나게 하는 꿈 서사 (+)
콘텐츠 산업
콘텐츠 산업의 성장
콘텐츠의 의미
콘텐츠의 중심역할을 놓친 서사력
Paraphrased Segments
Sets
OK
Cancel

OK를 누르면 아래와 같이 별도의 창이 열리면서 좌표가 그려져 있고, 인접한 정도에 따라 아티클이 위치해 있습니다. 유사할수록 겹쳐서 표시되겠지요.

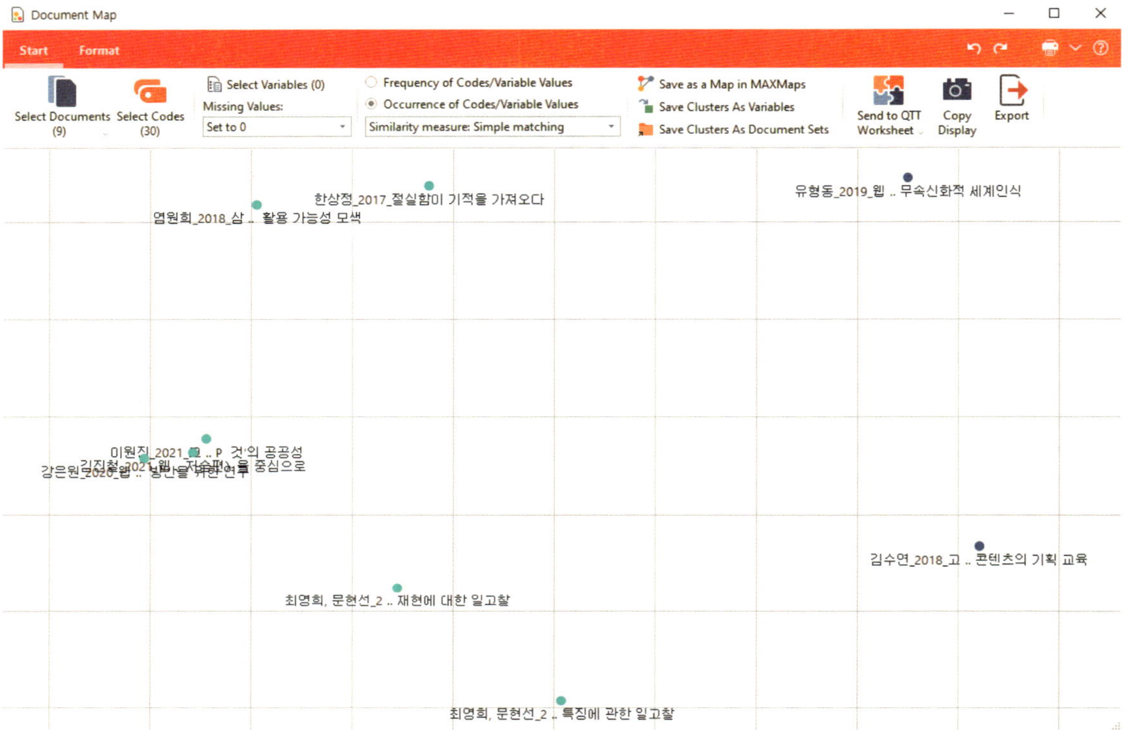

코드가 붙은 인용문 내용 비교하기

심층 탐색과 테마 구성

여러 아티클을 나란히 놓고 특정 코드가 붙은 인용문들을 한꺼번에 비교한다면 어떨까요? 여기서는 질적, 양적으로 인용문 내용을 비교해 보겠습니다.

Compare Cases & Groups: 인용문 비교하기

Analysis 메뉴의 중간에 보면 Compare Cases & Groups이라는 기능이 보입니다. 버튼을 클릭하면 Qualitative(질적)와 Quantitative(양적)라는 선택이 보이네요. 먼저 질적으로 살펴보겠습니다. Qualitative를 누릅니다.

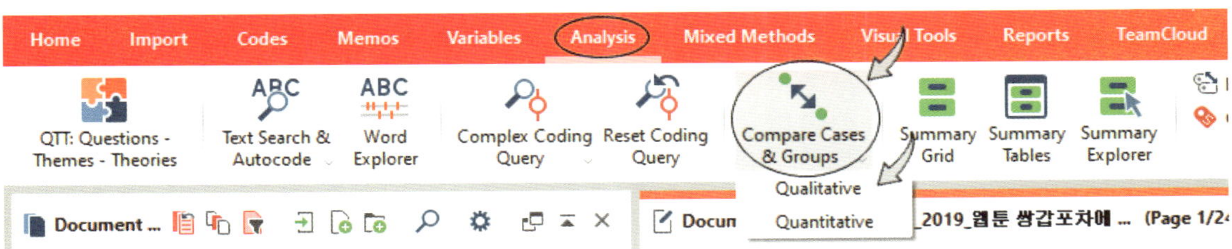

처음에는 아래와 같이 아무것도 없는 빈 창이 뜹니다.

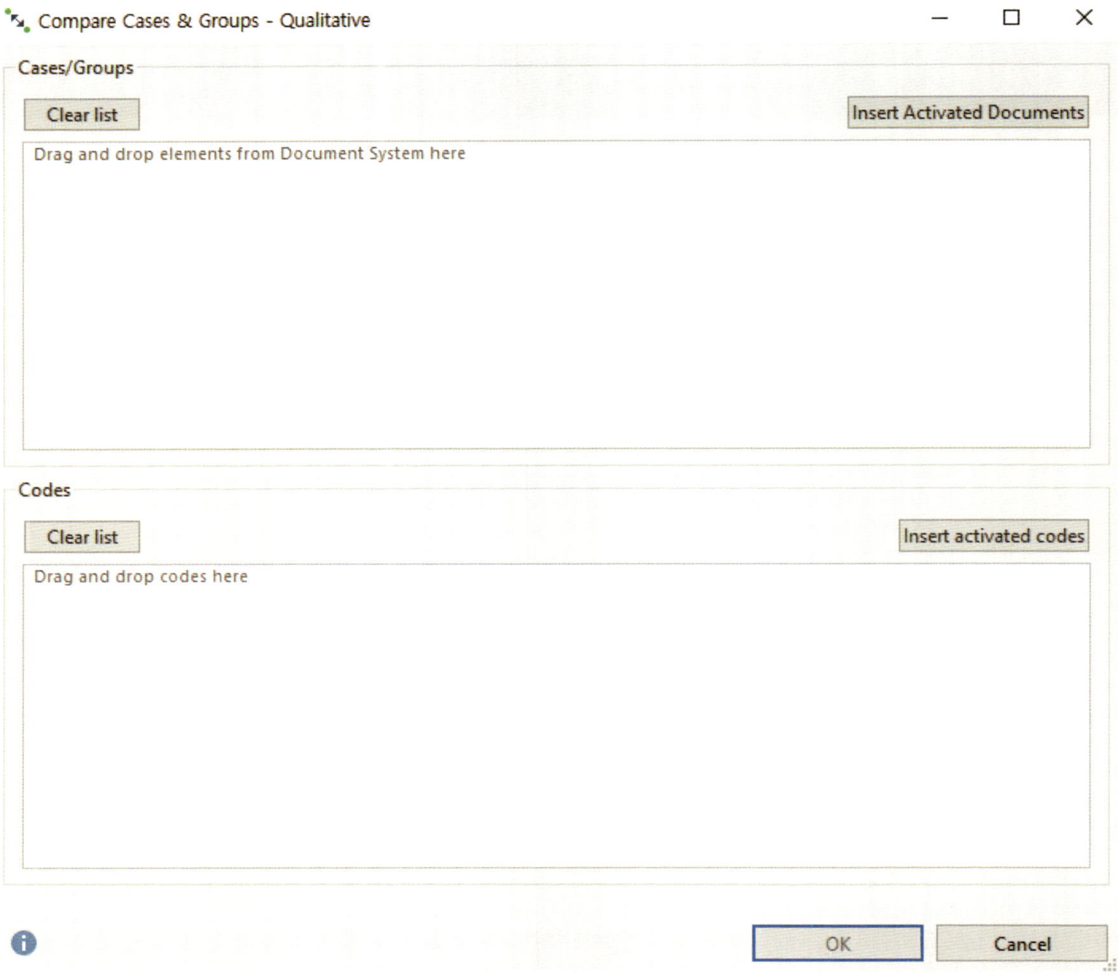

모든 아티클과 코드를 활성화한 다음 Insert Activated Documents, 그리고 Insert activated codes 버튼을 눌러서 가져오겠습니다.

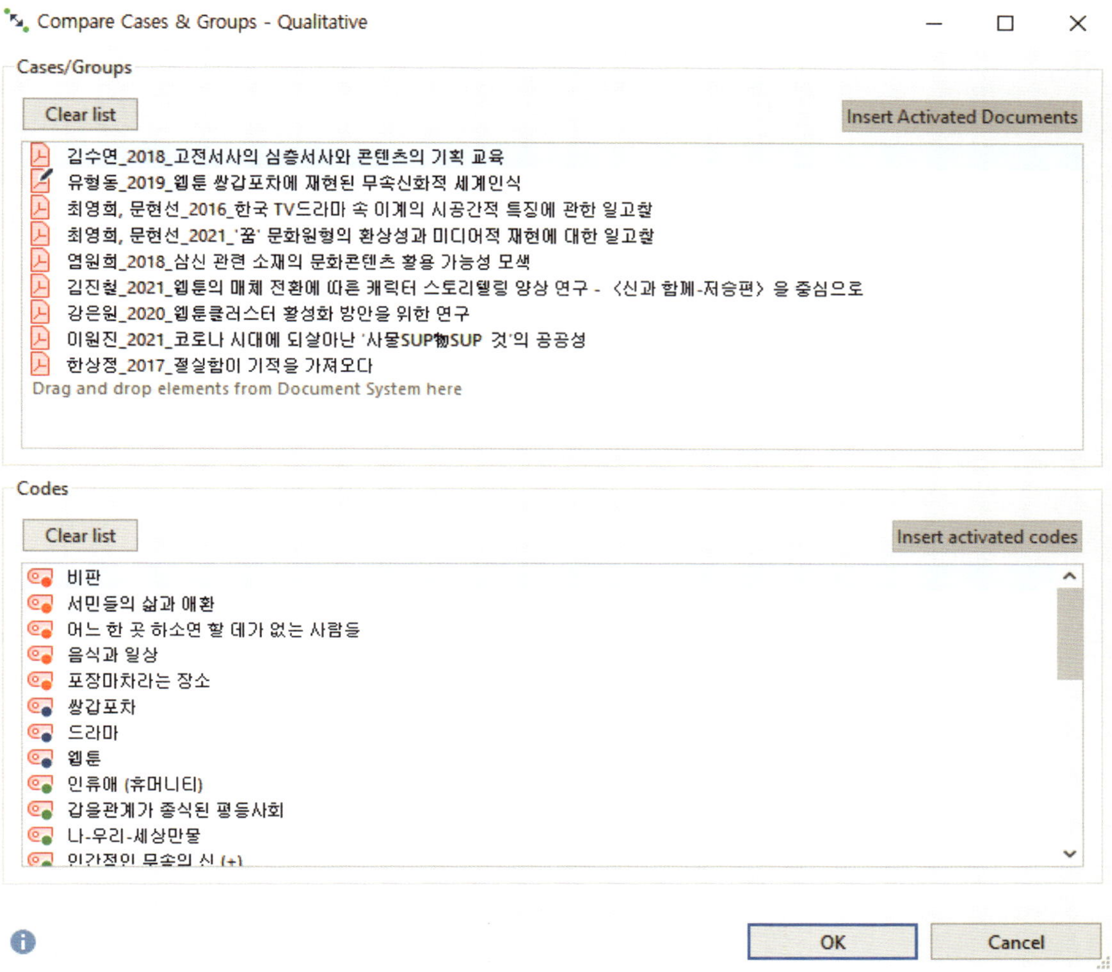

OK를 누르면 다음과 같은 창이 뜹니다. 여기서 원하는 코드를 선택하면 아티클별로 그 코드가 붙은 인용문이 보입니다. 전체적으로 내용을 비교하는 데 도움이 됩니다.

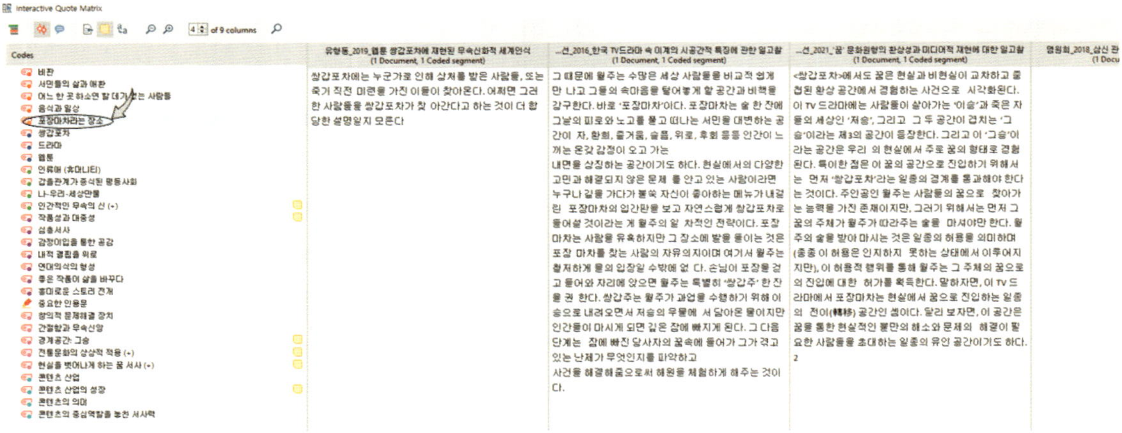

만일 원래 아티클의 해당 인용문으로 돌아가서 확인을 하고 싶다면, 먼저 상단의 Display Origin 버튼을 누릅니다. 그러면 아래와 같이 인용문 아래에 원래 아티클의 위치가 하이퍼링크로 뜹니다. 이것을 누르면 Document Browser의 해당 인용문으로 이동하니까 원래의 자료 안에서 이 부분을 재확인할 수 있습니다.

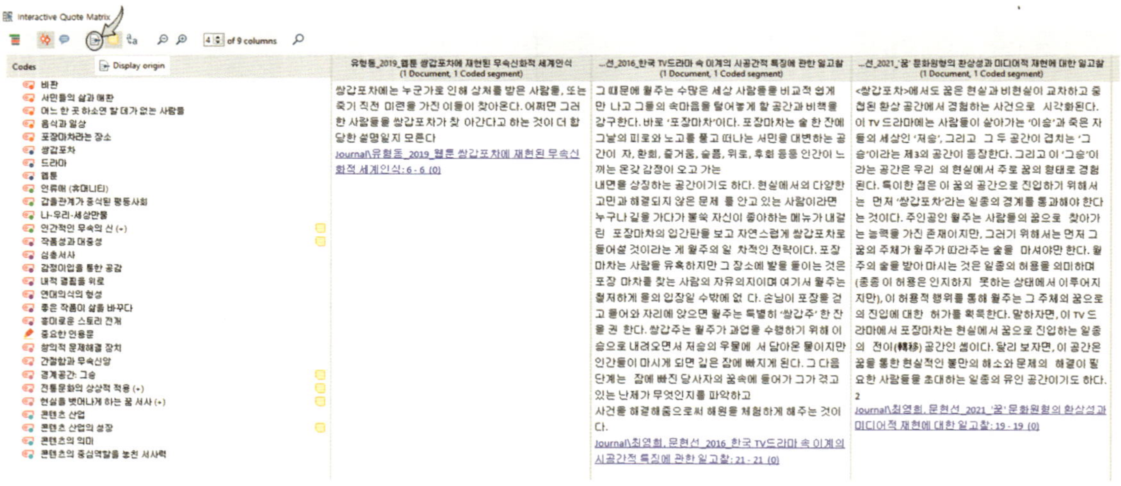

이번에는 양적(Quantitative) 비교를 해 보겠습니다.

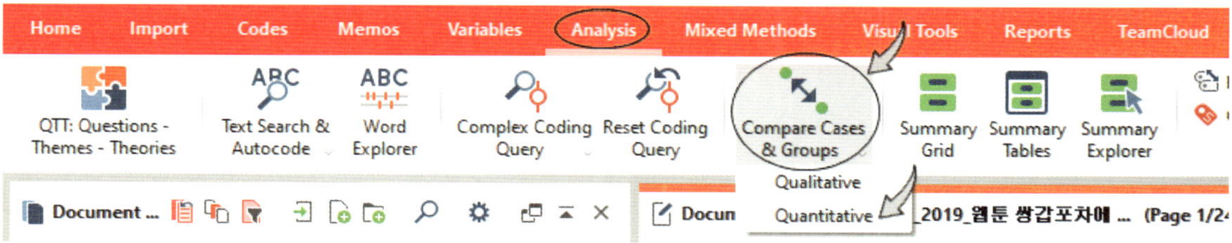

이전과 마찬가지로 모든 문서와 모든 코드를 선택합니다.

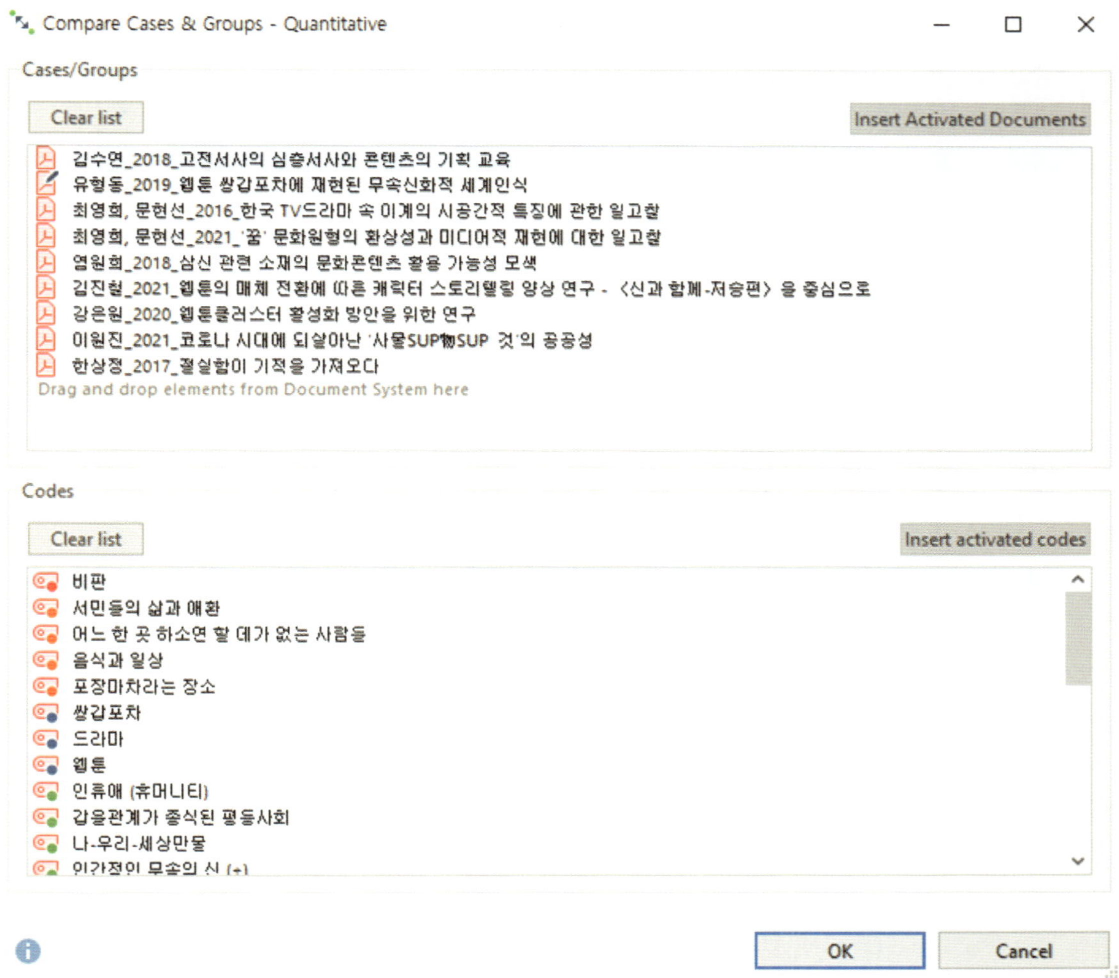

아래와 같이 해당 코드가 붙은 아티클에는 모두 1이라는 숫자가 부여되었습니다. 만일, 이것이 개별 심층 인터뷰 자료였다면, 참여자별로 특정 부분을 언급했는지의 여부를 확인할 수 있겠지요.

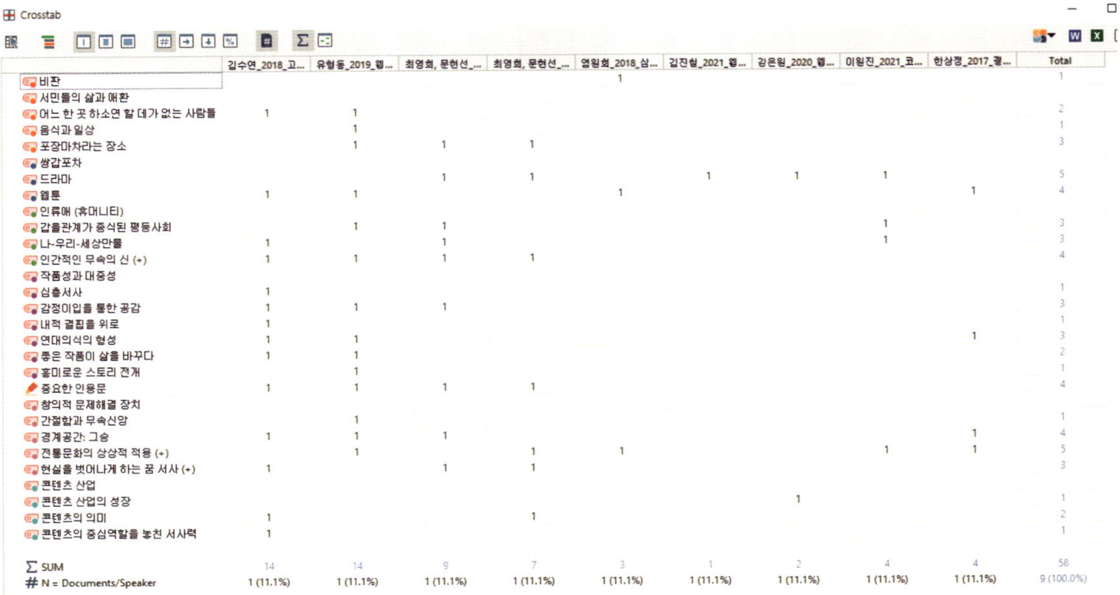

	김수연_2018_고...	유형동_2019_웹...	최영희, 문현선_...	최영희, 문현선_...	염원희_2018_삼...	김진형_2021_웹...	강은림_2020_웹...	이원진_2021_코...	한상정_2017_젤...	Total
비판					1					1
서민들의 삶과 애환										
어느 한 곳 하소연 할 데가 없는 사람들	1	1								2
음식과 일상		1								1
포장마차라는 장소		1	1	1						3
쌍갑포차										
드라마			1	1		1	1	1		5
웹툰	1	1			1				1	4
인류애 (휴머니티)										
갑을관계가 종식된 평등사회		1	1					1		3
나-우리-세상만물	1		1					1		3
인간적인 무속의 신 (+)	1	1	1	1						4
작품성과 대중성										
심층서사	1									1
감정이입을 통한 공감	1	1	1							3
내적 결핍을 위로	1									1
연대의식의 형성	1	1							1	3
좋은 작품이 삶을 바꾸다	1	1								2
흥미로운 스토리 전개		1								1
중요한 인용문	1	1	1	1						4
창의적 문제해결 장치										
간절함과 무속신앙		1								1
경계공간: 그승	1	1	1						1	4
전통문화의 상상적 적용 (+)		1		1	1			1	1	5
현실을 벗어나게 하는 꿈 서사 (+)	1		1	1						3
콘텐츠 산업										
콘텐츠 산업의 성장							1			1
콘텐츠의 의미	1			1						2
콘텐츠의 중심역할을 놓친 서사력	1									1
Σ SUM	14	14	9	7	3	1	2	4	4	58
# N = Documents/Speaker	1 (11.1%)	1 (11.1%)	1 (11.1%)	1 (11.1%)	1 (11.1%)	1 (11.1%)	1 (11.1%)	1 (11.1%)	1 (11.1%)	9 (100.0%)

열의 너비를 조절하고 싶다면 상단의 아이콘을 활용하세요.

변수를 다양하게 활용하기

Document Editor for Document Variables: 입력된 변수들

앞서 우리는 각각의 아티클에 Year와 Article type이라는 변수를 추가해 두었습니다. 홈 메뉴의 Variable에서 Document Editor for Document Variables를 선택하면 해당 내용을 확인할 수 있습니다.

Document Variables

Data editor - All documents

Document group	Document name	Coded Segments	Memos	Year	Article type
Journal	김수연_2018_...	25	1	2018	학술 저널
Journal	유형동_2019_...	22	1	2019	학술 저널
Journal	최영희, 문현선...	15	1	2016	학술 저널
Journal	최영희, 문현선...	12	1	2021	학술 저널
Journal	염원희_2018_...	3	1	2018	학술 저널
Journal	김진철_2021_...	1	1	2021	학술 저널
Journal	강은원_2020_...	4	1	2020	학술 저널
Magazine	이원진_2021_...	8	1	2021	전문 잡지
Magazine	한상정_2017_...	4	1	2017	전문 잡지

원할 경우 이 화면에서 새로운 변수를 추가할 수도 있습니다. 오른쪽 두 번째에 있는 List of Document Variables 아이콘을 한번 클릭해 보겠습니다.

아래와 같은 창이 열렸지요. 중간 부분에 있는 New variable 버튼을 눌러 새롭게 변수를 넣을 수 있습니다.

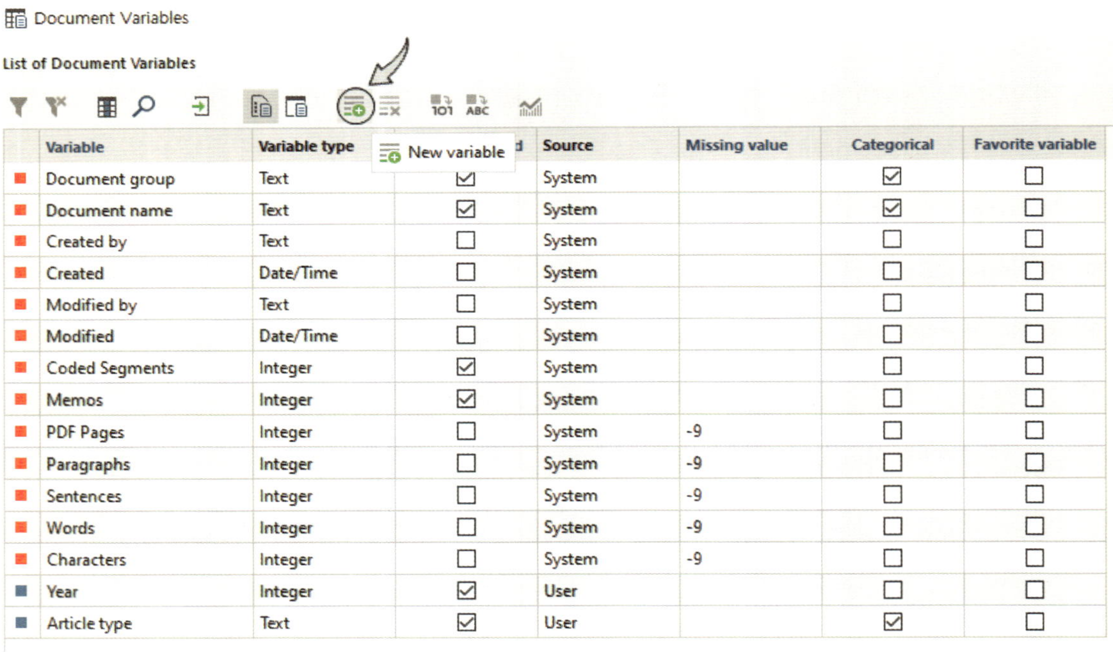

예를 들어 '콘텐츠 종류'라는 변수를 추가해 보겠습니다. 이 변수는 해당 아티클이 다루는 '쌍갑

포차'라는 작품이 드라마 쌍갑포차인지, 웹툰 쌍갑포차인지를 구별하기 위한 것입니다. 변수 넣는 것은 이미 위에서 설명을 했으니 여기서는 설명을 생략하겠습니다.

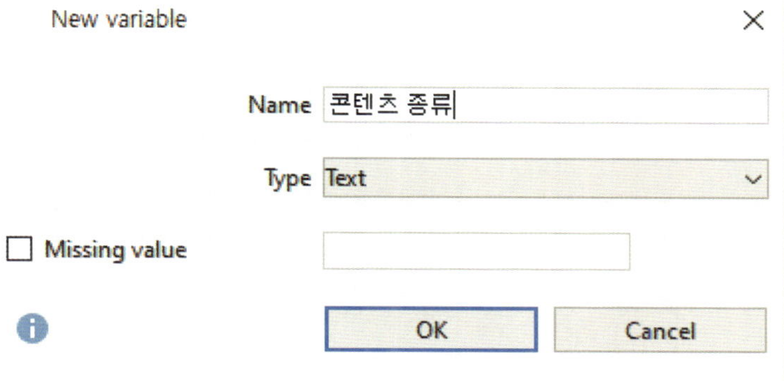

'콘텐츠 종류'라는 변수 내용을 입력한 뒤의 Data editor 화면 모습입니다. 새로운 변수가 가장 오른쪽에 추가되었습니다.

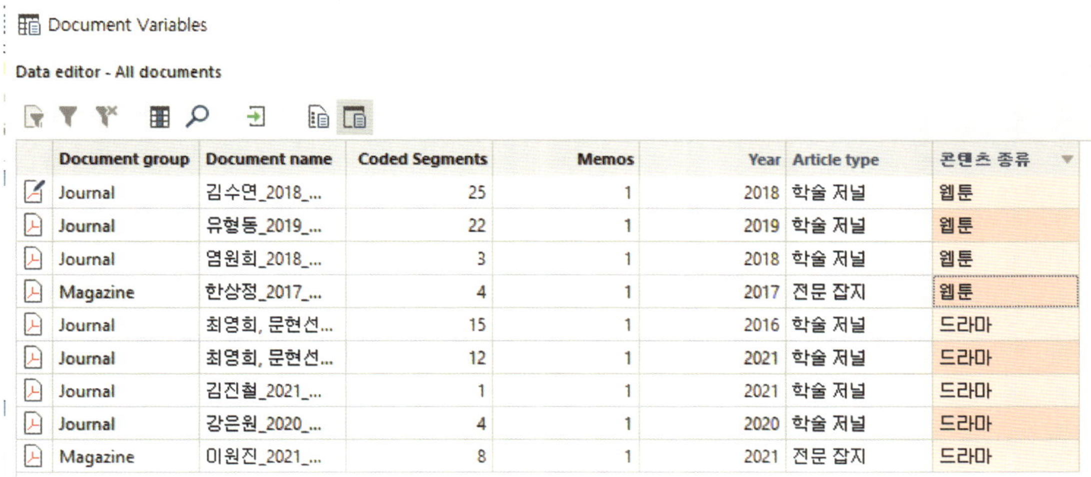

Document Variables

Data editor - All documents

	Document group	Document name	Coded Segments	Memos	Year	Article type	콘텐츠 종류
	Journal	김수연_2018_...	25	1	2018	학술 저널	웹툰
	Journal	유형동_2019_...	22	1	2019	학술 저널	웹툰
	Journal	염원희_2018_...	3	1	2018	학술 저널	웹툰
	Magazine	한상정_2017_...	4	1	2017	전문 잡지	웹툰
	Journal	최영희, 문현선...	15	1	2016	학술 저널	드라마
	Journal	최영희, 문현선...	12	1	2021	학술 저널	드라마
	Journal	김진철_2021_...	1	1	2021	학술 저널	드라마
	Journal	강은원_2020_...	4	1	2020	학술 저널	드라마
	Magazine	이원진_2021_...	8	1	2021	전문 잡지	드라마

Document Variable Statistics: 변수별로 수치화하기

이제 우리가 입력해 둔 세 개의 변수를 활용해서 다양하게 비교를 해 보겠습니다. 제일 먼저 소개할 기능은 Variables 메뉴에 있는 Document Variable Statistics입니다.

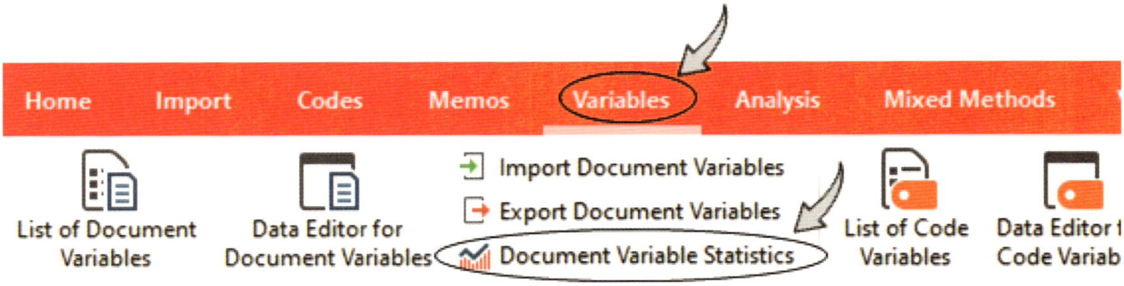

이 메뉴를 클릭하면 아래와 같은 창이 뜹니다.

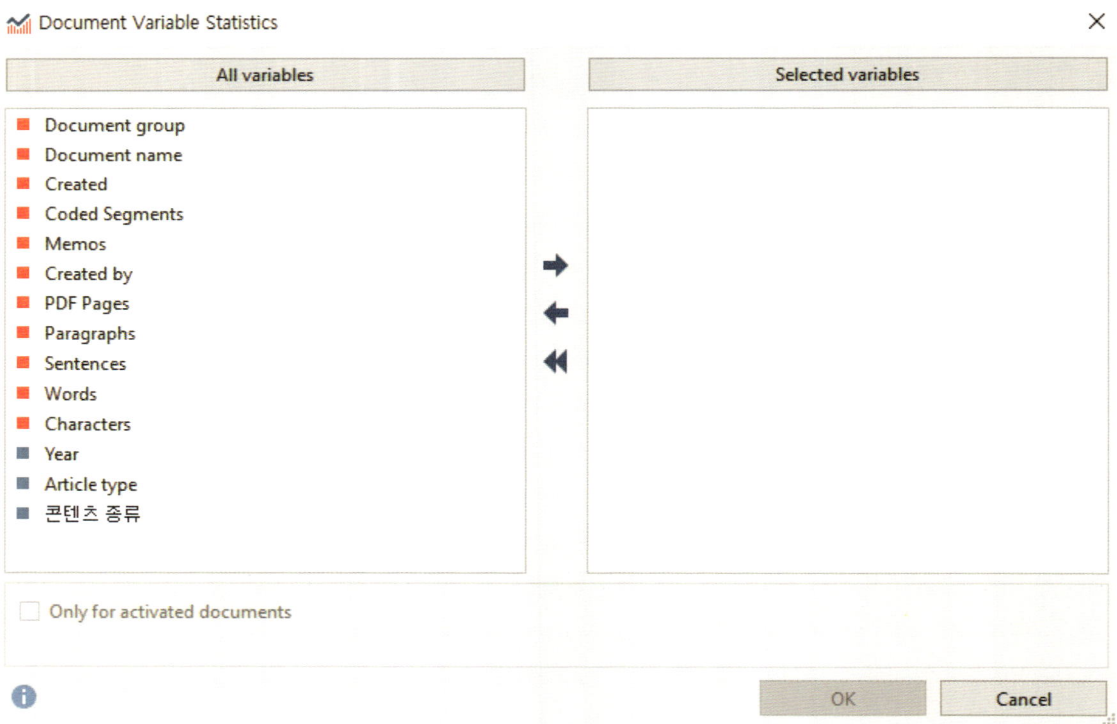

여기서 왼쪽 아래에 있는 'Year', 'Article type', '콘텐츠 종류'라는 세 개의 변수를 넣어보겠습니다. 각각의 변수를 선택한 뒤 화살표를 눌러서 오른쪽 창으로 이동합니다. 해당 변수를 더블 클릭해도 좋습니다.

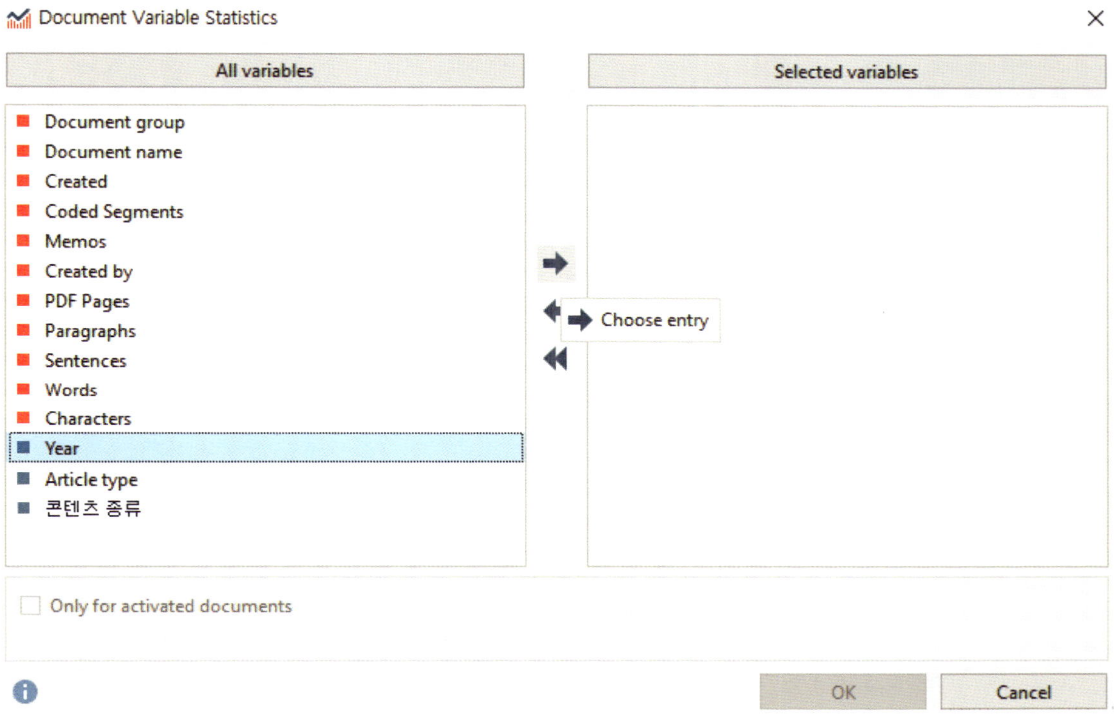

아래와 같이 세 개의 변수가 선택되었습니다. 이제 OK를 누르겠습니다.

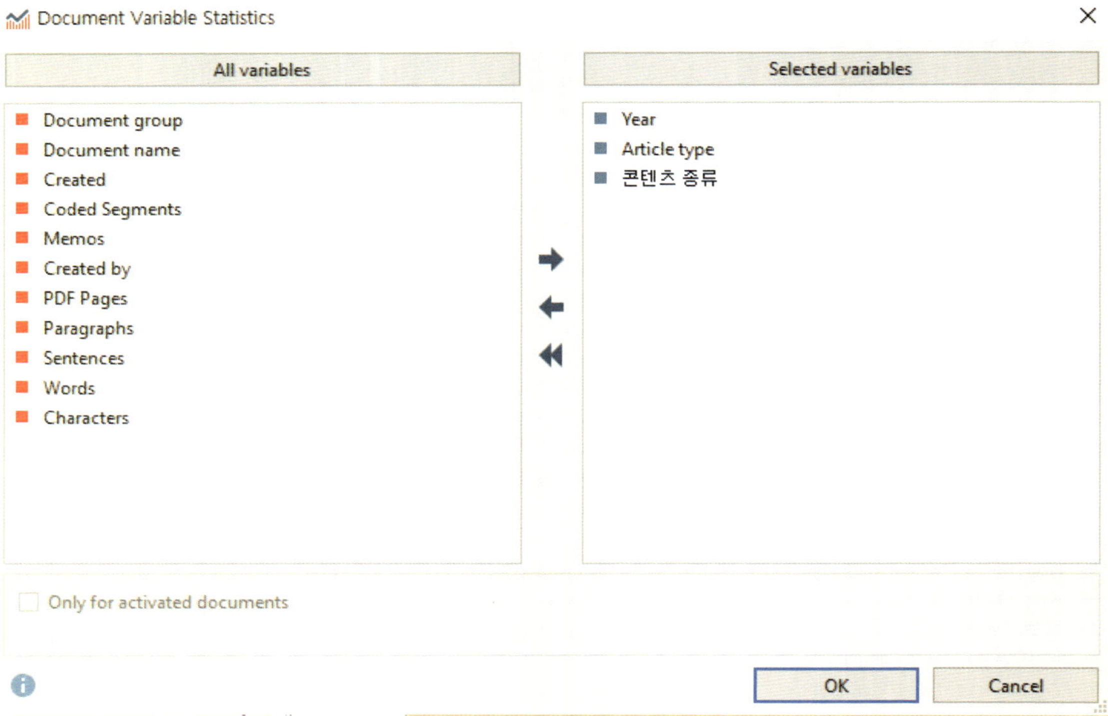

맨 처음으로는 Year 변수와 관련된 수치가 보입니다. 2021년에 나온 아티클이 3편으로 가장 많은 것을 알 수 있습니다.

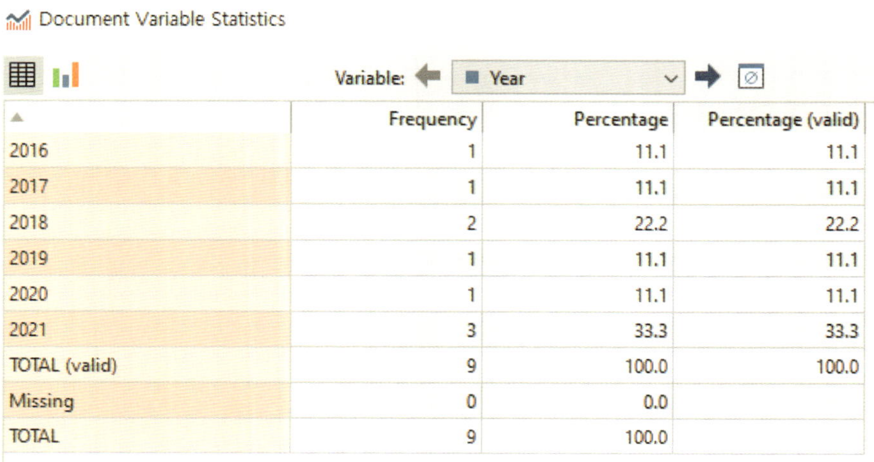

	Frequency	Percentage	Percentage (valid)
2016	1	11.1	11.1
2017	1	11.1	11.1
2018	2	22.2	22.2
2019	1	11.1	11.1
2020	1	11.1	11.1
2021	3	33.3	33.3
TOTAL (valid)	9	100.0	100.0
Missing	0	0.0	
TOTAL	9	100.0	

상단의 왼쪽의 두 번째에 있는 막대 그래프 아이콘을 누르면 아래와 같이 모양이 바뀌니까 원하는 것을 선택하세요.

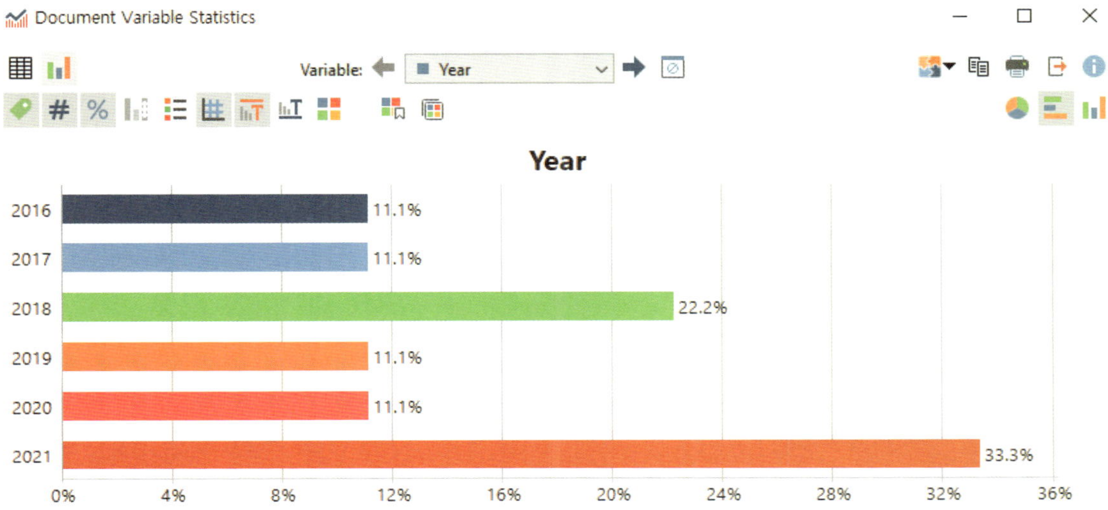

오른쪽 위에 있는 네모난 화면에 동그라미 아이콘은 기술통계치를 보여주는 기능입니다. 한번 클릭해 보겠습니다.

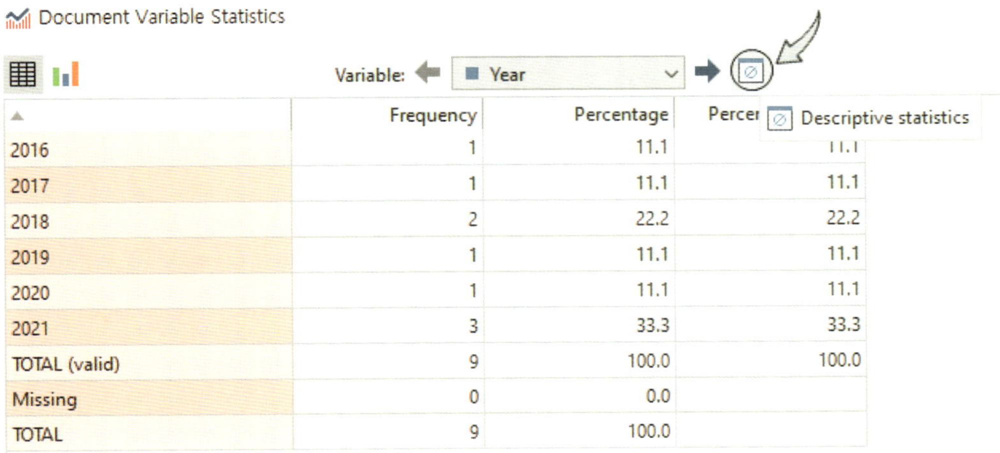

	Frequency	Percentage	Percen
2016	1	11.1	11.1
2017	1	11.1	11.1
2018	2	22.2	22.2
2019	1	11.1	11.1
2020	1	11.1	11.1
2021	3	33.3	33.3
TOTAL (valid)	9	100.0	100.0
Missing	0	0.0	
TOTAL	9	100.0	

아래와 같이 평균, 표준편차 등의 기술통계치가 확인됩니다.

Descriptive statistics

Descriptive statistics	
Mean value	2019.00
Standard deviation	1.76
Variance	3.11
Minimum	2016.00
1st Quartile	2018.00
Median	2019.00
3rd Quartile	2021.00
Maximum	2021.00
Range	5.00

변수 창 옆의 화살표를 누르면 아래와 같이 두 번째 변수의 수치가 확인됩니다. 이러한 방식으로 자신이 확인하고 싶은 변수와 관련된 통계수치를 살펴볼 수 있습니다. 이 내용을 논문 글 속에 넣을 수도 있겠지요. 단, 질적 자료분석에서 수치가 늘 중요한 것은 아니며, 이 기능들을 심층 분석을 위한 통찰을 얻는 차원에서 활용할 수 있습니다.

Document Variable Statistics

Variable: Article type

	Frequency	Percentage	Percentage (valid)
전문 잡지	2	22.2	22.2
학술 저널	7	77.8	77.8
TOTAL (valid)	9	100.0	100.0
Missing	0	0.0	
TOTAL	9	100.0	

Interactive Quote Matrix: 변수를 활용해서 코드가 붙은 자료 비교하기

앞서 Visual Tools 메뉴에 있는 Code Matrix Browser라는 기능을 설명했었습니다. 원하는 자료와 코드를 선택한 뒤 비교하는 기능이었지요. 이번에는 자료와 변수를 비교해 보도록 하겠습니다. 먼저 Mixed Methods 메뉴에서 Interactive Quote Matrix를 선택합니다.

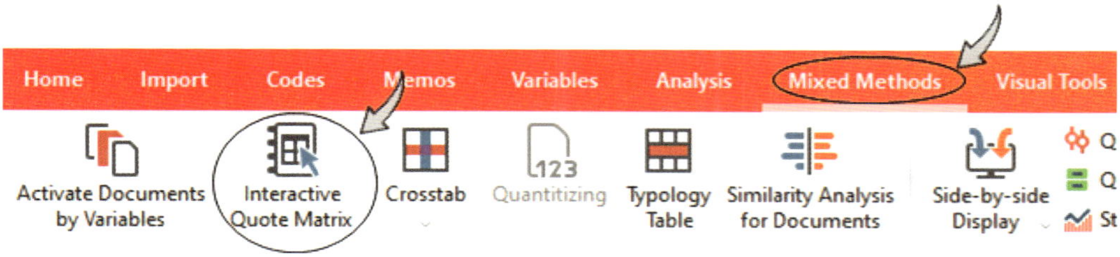

다음과 같은 창이 나왔습니다. 앞서 Document Variable Statistics를 설명하면서 유사한 창을 본 적이 있지요. 여기서 먼저 Year 변수를 오른쪽 창으로 이동하겠습니다.

그런데 앞과는 조금 차이가 나지요? 단순히 Year라는 변수가 있는 것이 아니라 [Year]=〈empty〉 라는 공식이 뜹니다. 이것은 원하는 연도를 지정하라는 표시입니다.

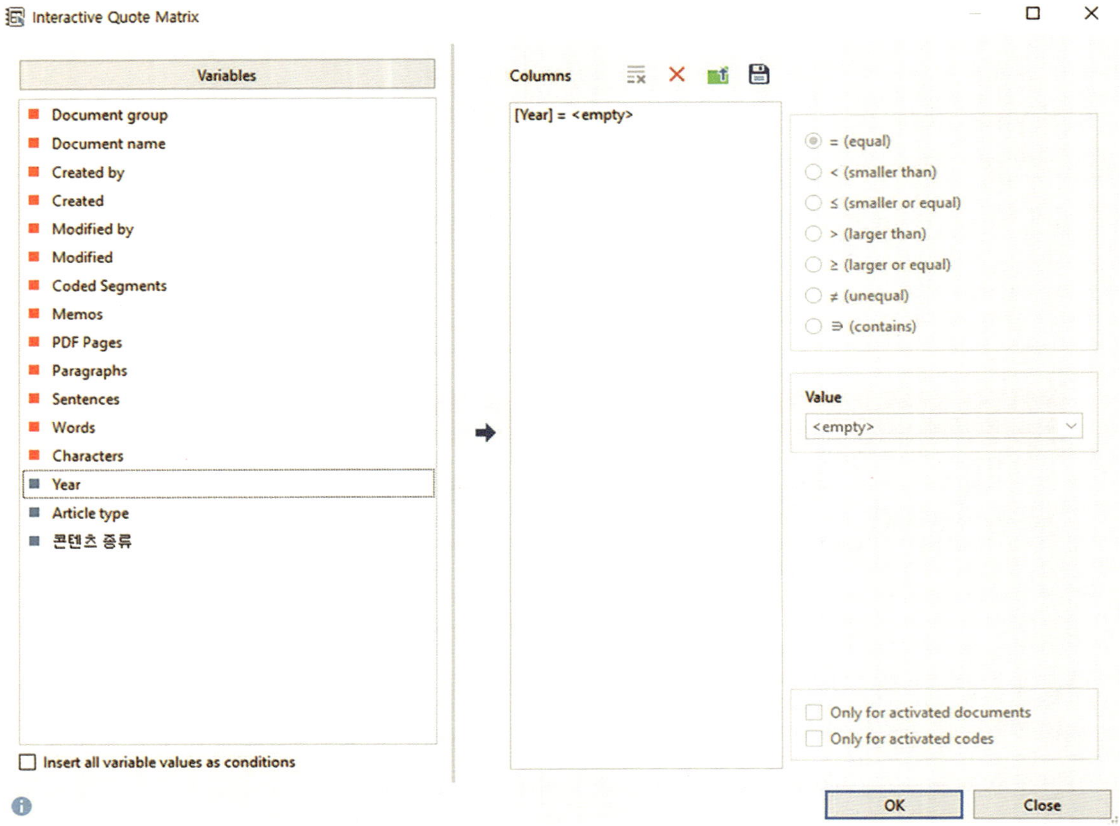

그러고 보니 오른쪽에 =(equal)이라든지 〈(smaller than) 같은 공식이 보입니다. Value 칸을 클릭하면 여러 연도가 나열됩니다. 만일 2016년에 나온 아티클만을 보려면 =(equal)을 선택한 뒤 value에서 2016을 선택할 수 있다는 의미입니다. 2020년 이후의 아티클만 비교하겠다고 한다면 ≥(larger or equal)을 선택한 뒤 Value 값에서 2020을 클릭하면 되겠지요.

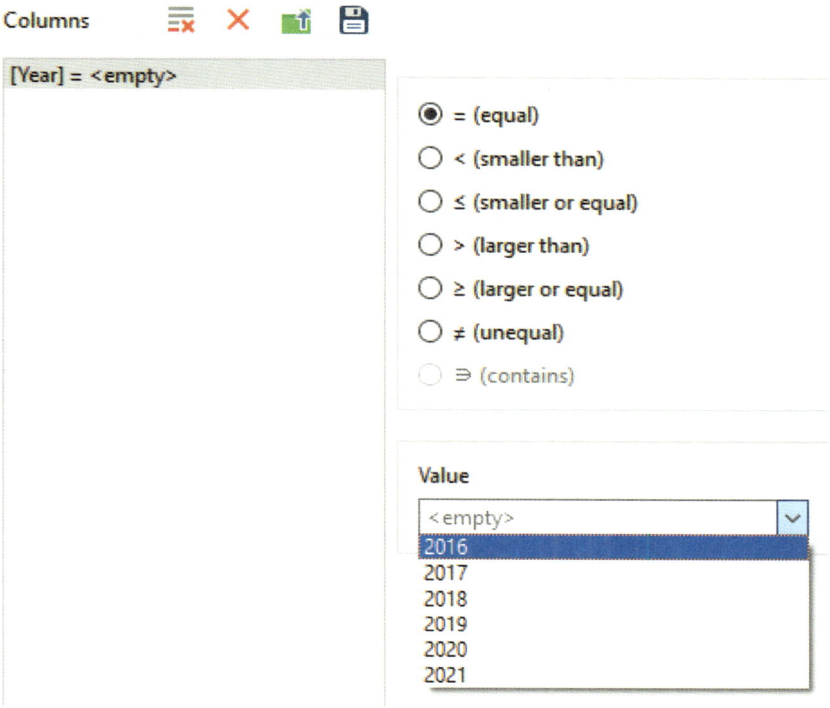

만일 2020년 이전과 이후의 아티클을 나눠서 비교하려면 어떻게 할까요? 네, 맞습니다. 아래와 같이 왼편에서 Year 변수를 두 번 가져온 다음에 하나는 2020년 전까지(year < 2020), 또 하나는 2020년부터 그 이후(year ≥ 2020)로 지정하면 됩니다.

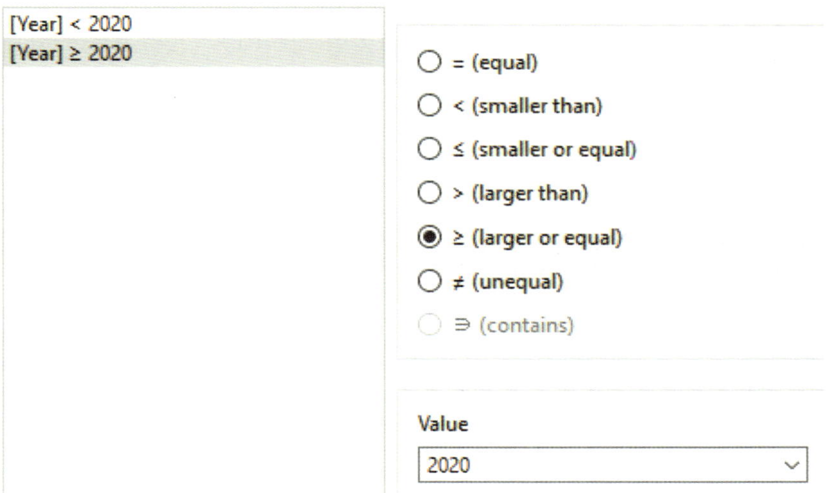

이 상태로 OK를 누르면 어떻게 되는지 살펴보겠습니다. 아래와 같이 두 개의 열이 생성되면서 한쪽에는 2020년 이전, 그 옆에는 2020년 이후의 아티클을 비교할 수 있는 표가 만들어졌습니다. 원하는 코드를 클릭하면 각기 어떤 인용문들이 여기에 들어있는지를 보여줍니다.

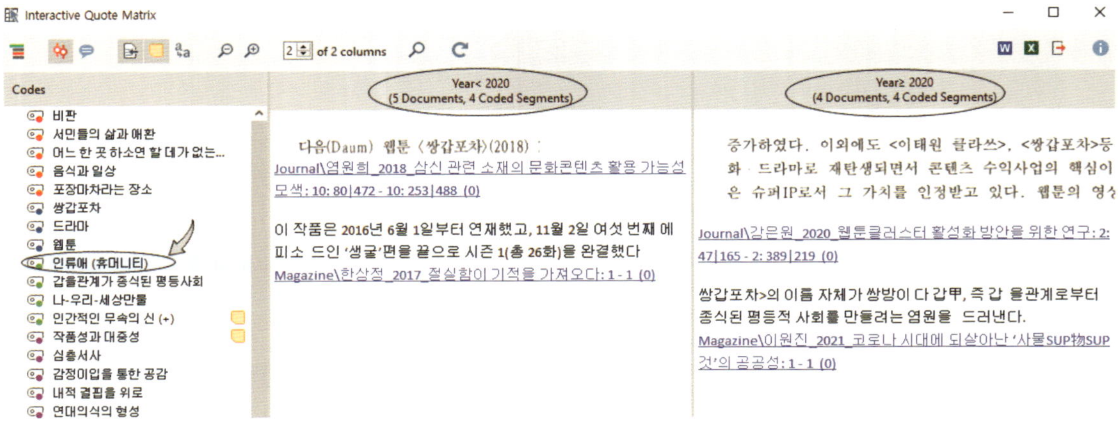

Interactive Quote Matrix는 여러 변수를 자유롭게 조합해서 비교하는 유용한 기능이니 활용해 보세요(질적 자료를 분석할 경우에는 긍정/부정, 성공/실패, 남/여, 일반사원/중간관리자/임원, 환자/간호사/의사.. 등 다양한 변수를 비교할 수 있습니다).

Crosstab: 변수와 코드 간 관계를 수치로 비교하기

이번에는 Mixed Methods 메뉴에서 Crosstab을 활용해 보겠습니다. 방금 설명한 Interactive Quote Matrix처럼 변수를 활용해 비교하는 것은 맞지만 이번에는 그 결과가 수치로 나오는 차이가 있지요.

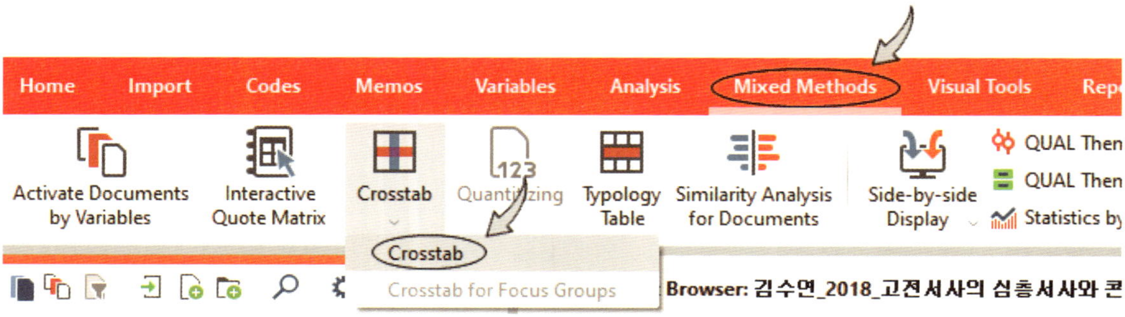

Crosstab을 누르니 아래와 같이 변수를 선택하는 창이 떴습니다. 이번에는 학술저널과 전문잡지를 비교해 보겠습니다.

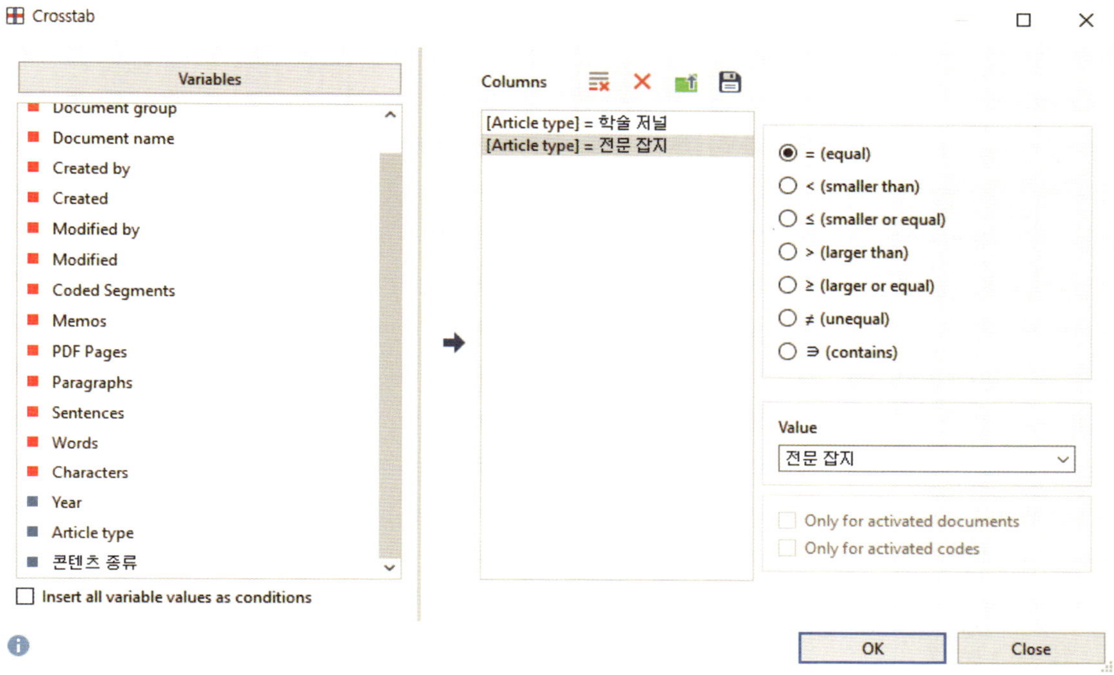

OK를 누르니 다음과 같이 해당 변수에 어떠한 코드가 몇 번 붙었는지를 수치로 보여줍니다. (Crosstab의 하위 기능 중 Crosstab for Focus Groups 기능은 포커스 집단별로 특정 이야기를 몇 번 언급했는지 수치로 비교할 때에도 유용하게 쓰이겠지요.)

Crosstab

	Article type = 학술 저널	Article type = 전문 잡지	Total
비판	1		1
서민들의 삶과 애환			
어느 한 곳 하소연 할 데가 없는 사람	2		2
음식과 일상	1		1
포장마차라는 장소	3		3
쌍갑포차			
드라마	4	1	5
웹툰	3	1	4
인류애 (휴머니티)			
갑을관계가 종식된 평등사회	2	1	3
나-우리-세상만물	2	1	3
인간적인 무속의 신 (+)	4		4
작품성과 대중성			
심층서사	1		1
감정이입을 통한 공감	3		3
내적 결핍을 위로	1		1
연대의식의 형성	2	1	3
좋은 작품이 삶을 바꾸다	2		2
흥미로운 스토리 전개	1		1
중요한 인용문	4		4
창의적 문제해결 장치			
간절함과 무속신앙	1		1
경계공간: 그승	3	1	4
전통문화의 상상적 적용 (+)	3	2	5
현실을 벗어나게 하는 꿈 서사 (+)	3		3
콘텐츠 산업			
콘텐츠 산업의 성장	1		1
콘텐츠의 의미	2		2
콘텐츠의 중심역할을 놓친 서사력	1		1
Paraphrased Segments	7	2	9
Σ SUM	57	10	67
# N = Documents/Speaker	7 (77.8%)	2 (22.2%)	9 (100.0%)

요약표 활용하기

심층 탐색과 테마 구성

MAXQDA에는 또 하나의 유용한 기능이 있습니다. 바로 Summary인데요, 코드별 내용을 요약해서 정리를 할 때 유용합니다. 바로 살펴보겠습니다.

Summary Grid: 코드 내용 요약하기

먼저 Analysis 메뉴에서 Summary Grid를 선택합니다.

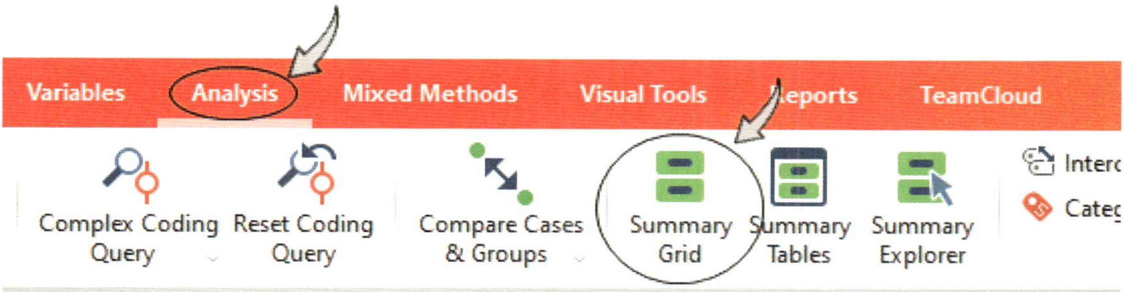

그러자 다음과 같은 창이 떴습니다. 가장 왼쪽 열에는 코드 리스트가 보이고, 그 옆으로 아티클들이 나열되는데, 특정 코드가 붙은 부분이 있다면 작은 파란색 네모 점이 붙어 있습니다. 그 오른쪽에는 Coded segments와 Summary라는 비어 있는 열이 보입니다.

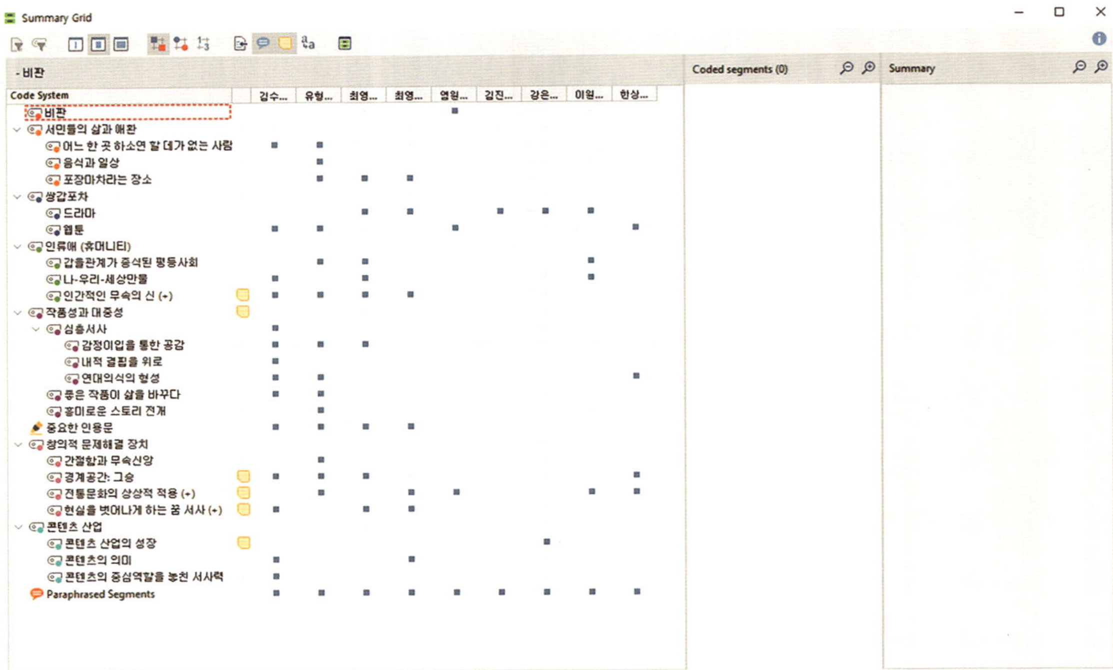

여기서 네모 점을 하나 클릭해 보겠습니다. 저는 심층서사라는 코드가 붙은 김수연의 아티클을 선택했습니다. 그러자 오른쪽 Coded segments에 이 아티클 안에서 해당 코드가 붙은 인용문과 이에 대한 저의 요약이 보입니다(아래에 회색으로 쓰인 것이 제가 코딩하면서 붙여 놓은 comment입니다. 코드를 붙일 때마다 미리 Comments를 붙이는 습관을 가지면 Summary를 만들 때 도움이 되겠지요).

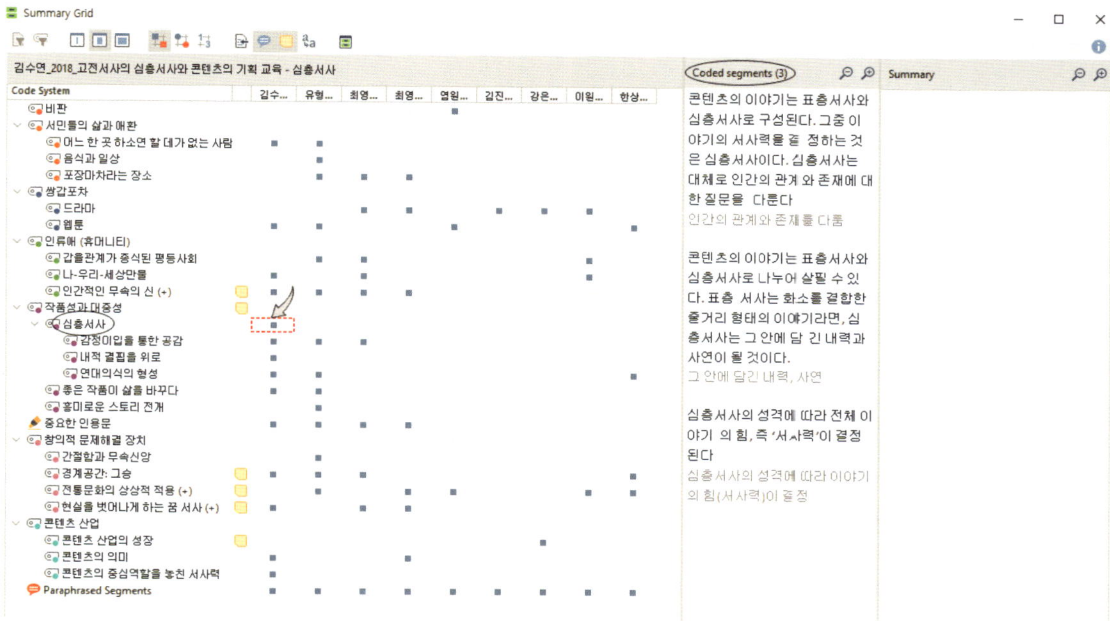

중요한 것은 지금부터입니다. Coded segments의 내용을 잘 읽어본 뒤 그 옆의 Summary 칸에 이 내용을 다시 한번 간략히 정리합니다. 아래의 그림을 보면 Summary에 내용이 기입되자 김수연 아티클과 심층서사 코드가 교차하는 파란색 네모 점 둘레로 연두색이 칠해진 것을 알 수 있습니다. 이것은 해당 코드에 요약(summary)이 추가되었다는 것을 의미합니다. 이와 동일한 방법으로 다른 부분에도 모두 요약본을 만들어 보겠습니다. 이 작업은 다소 시간과 노력이 들어가는 작업입니다만, 그 결과를 보면 이 노력의 의미가 이해될 수 있습니다.

Summary Tables: 요약표 만들기

이제 아래와 같이 모든 코드에 요약 내용을 추가하였습니다. 이 표에서 상단 오른쪽에 있는 Summary Tables 아이콘을 눌러보겠습니다.

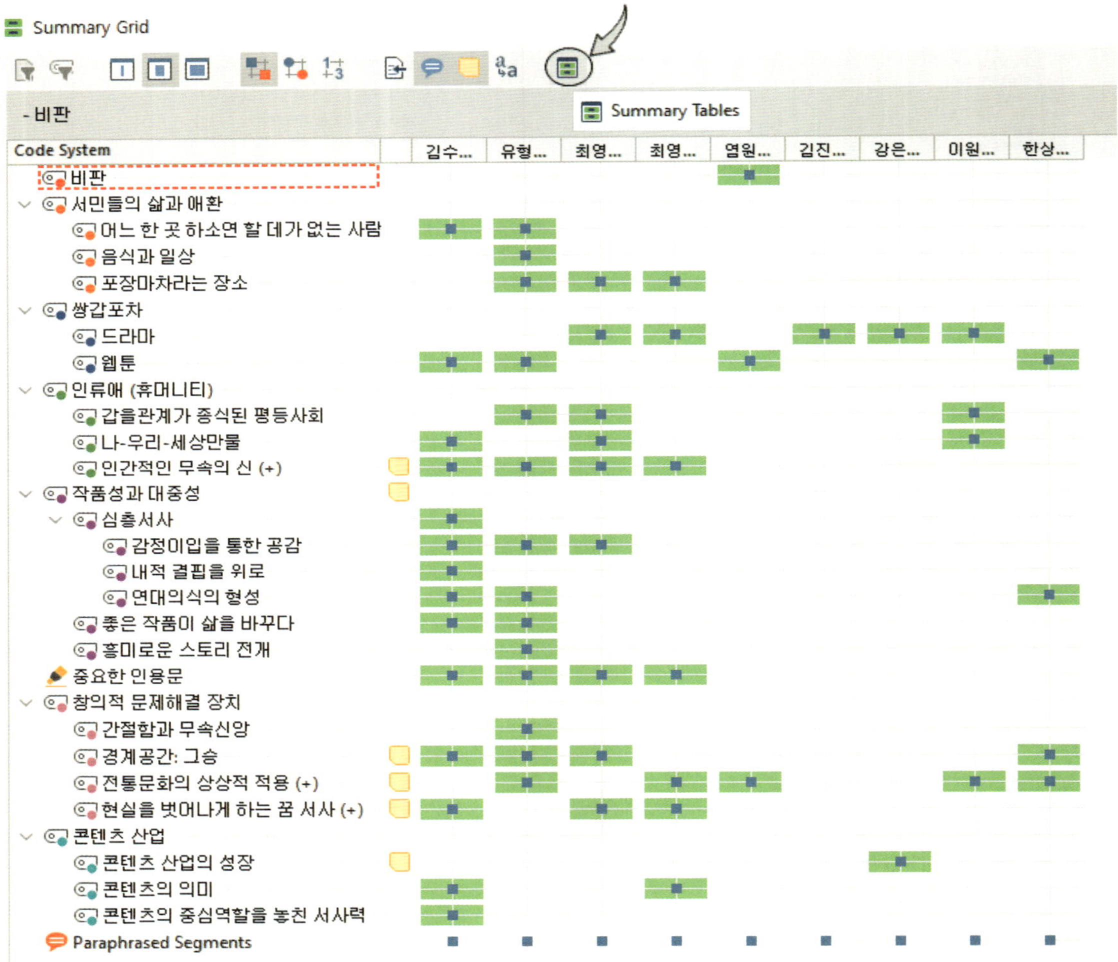

또는 Analysis 메뉴에서 직접 Summary Tables를 선택해도 무방합니다.

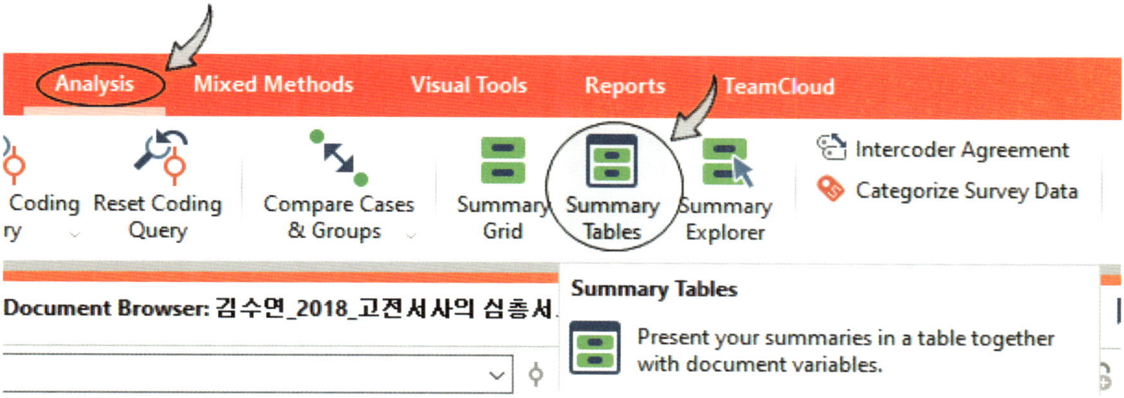

Summary Tables를 선택하면 아래와 같은 빈 창이 뜹니다.

여기서 상단의 Create new Summary Table 아이콘을 클릭합니다.

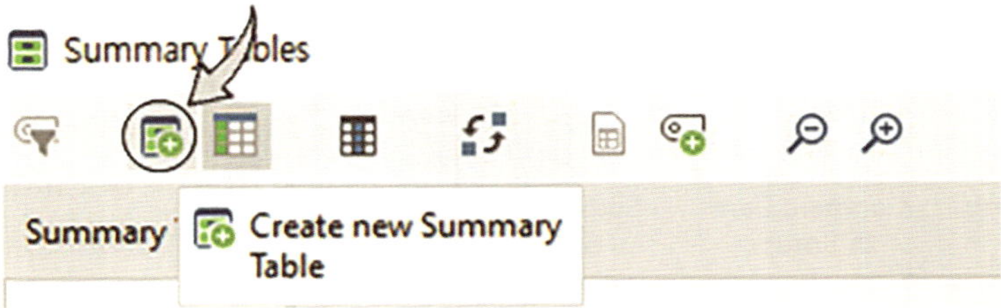

Create new summary table이라는 창이 떴습니다. 먼저 왼쪽 상단에 있는 Choose documents and codes 항목을 작성하겠습니다. 여기서는 문서와 코드를 선택할 수 있어요. Documents에서는 일단 기본으로 설정되어 있는 All documents를 그대로 두겠습니다. Codes는 모든 코드를 선택해보죠.

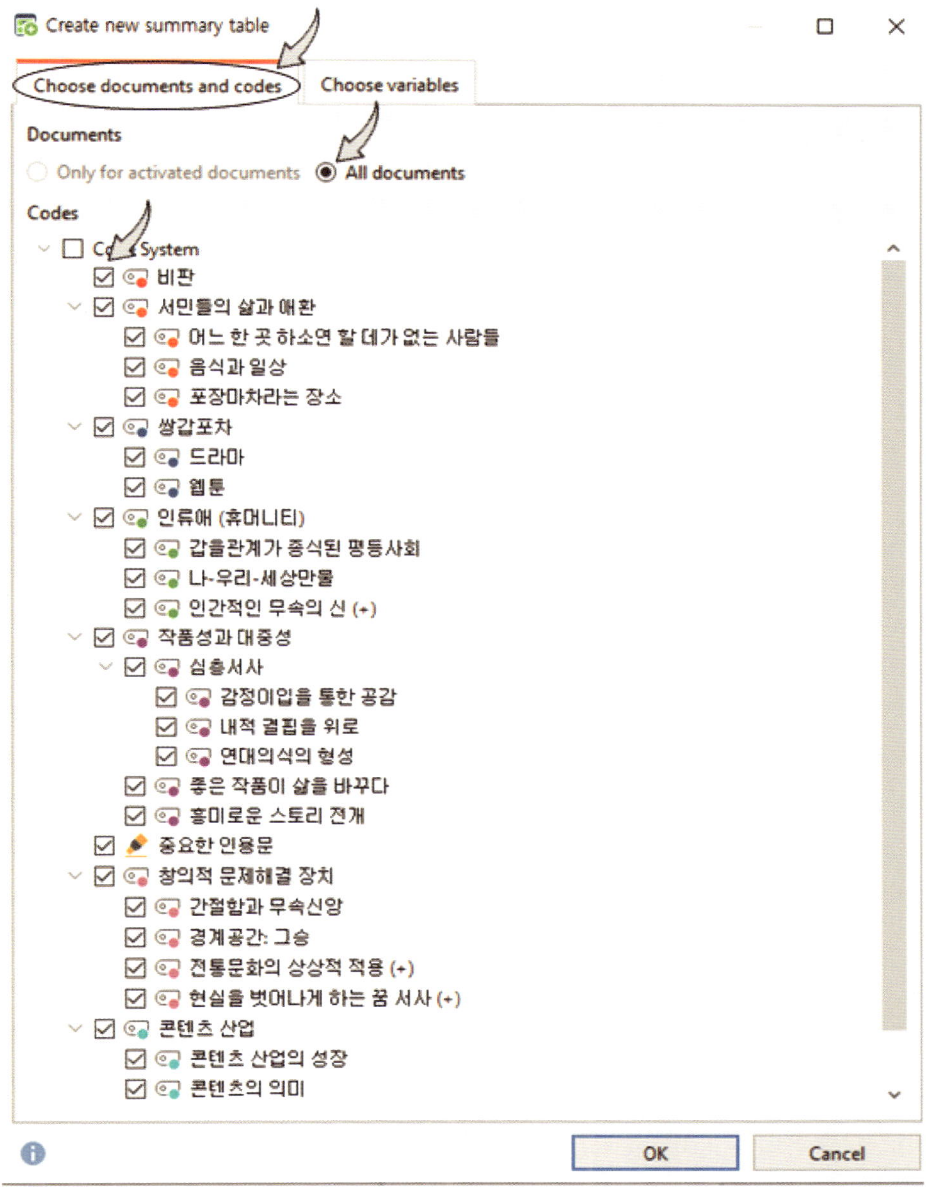
Create new summary table
Choose documents and codes
Choose variables
Documents
Only for activated documents
All documents
Codes
Code System
비판
서민들의 삶과 애환
어느 한 곳 하소연 할 데가 없는 사람들
음식과 일상
포장마차라는 장소
쌍갑포차
드라마
웹툰
인류애 (휴머니티)
갑을관계가 종식된 평등사회
나-우리-세상만물
인간적인 무속의 신 (+)
작품성과 대중성
심층서사
감정이입을 통한 공감
내적 결핍을 위로
연대의식의 형성
좋은 작품이 삶을 바꾸다
흥미로운 스토리 전개
중요한 인용문
창의적 문제해결 장치
간절함과 무속신앙
경계공간: 그승
전통문화의 상상적 적용 (+)
현실을 벗어나게 하는 꿈 서사 (+)
콘텐츠 산업
콘텐츠 산업의 성장
콘텐츠의 의미
OK
Cancel

그런 다음 상단에서 Choose variables 칸을 클릭합니다. 이번에는 변수를 넣을 차례입니다.

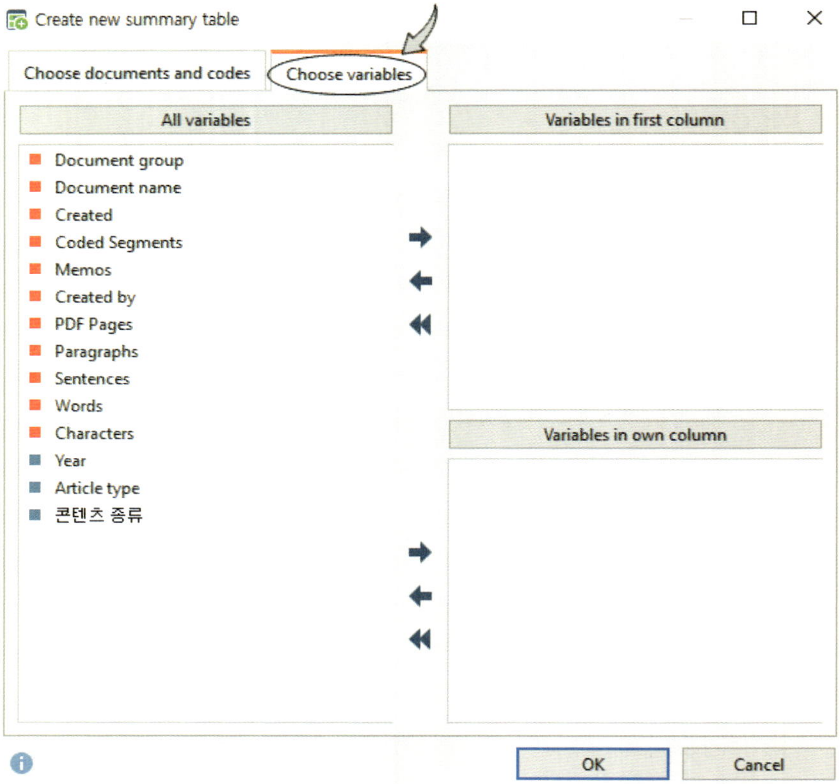

왼쪽 칸에 있는 변수를 오른쪽으로 이동하려고 합니다. 그런데 두 개의 선택이 있네요. 위쪽의 Variables in first column을 선택하면 그 변수들이 앞으로 만들 표의 첫 번째 열에 모두 합쳐서 들어가게 되는데요. 저는 그것보다는 각각의 변수가 표의 개별 칸에 입력되는 것이 눈에 잘 들어오는 것 같습니다. 그래서 다음과 같이 Variables in own column 쪽으로 'Year', 'Article type', '콘텐츠 종류'라는 세 개의 변수를 이동하겠습니다. 이동할 때에는 변수를 클릭한 뒤 화살표로 옮겨도 좋고, 또는 변수를 선택한 상태에서 마우스로 드래그해서 이동해도 좋습니다.

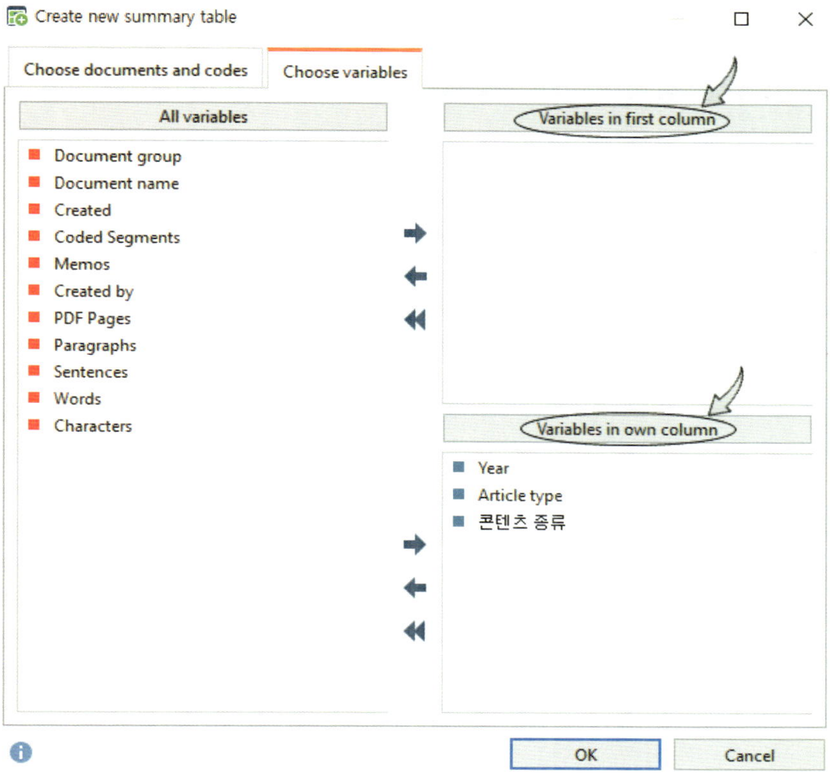

이제 OK를 눌러보겠습니다. 그러자 다음과 같이 큰 표가 만들어졌습니다. 맨 윗줄을 보면 각 열의 이름이 코드명인 것을 알 수 있습니다. 각 행은 개별 아티클로 이루어져 있습니다. 표 안에는 Summary Grid에서 요약한 내용이 담겨있습니다.

그런데 이 표는 눈에 잘 들어오지 않네요. 그래서 상단의 Swap Rows and Columns 아이콘을 클릭해서 표의 행과 열을 바꿔보겠습니다.

이번에는 시각적으로 더 정리된 느낌이 드네요. 상단에는 개별 아티클별로 열이 만들어 졌고, 그 아래로는 'Year', 'Article type', '콘텐츠 종류'라는 변수 칸이 만들어졌습니다. 그 아래로는 코드별 요약 내용이 들어가 있습니다.

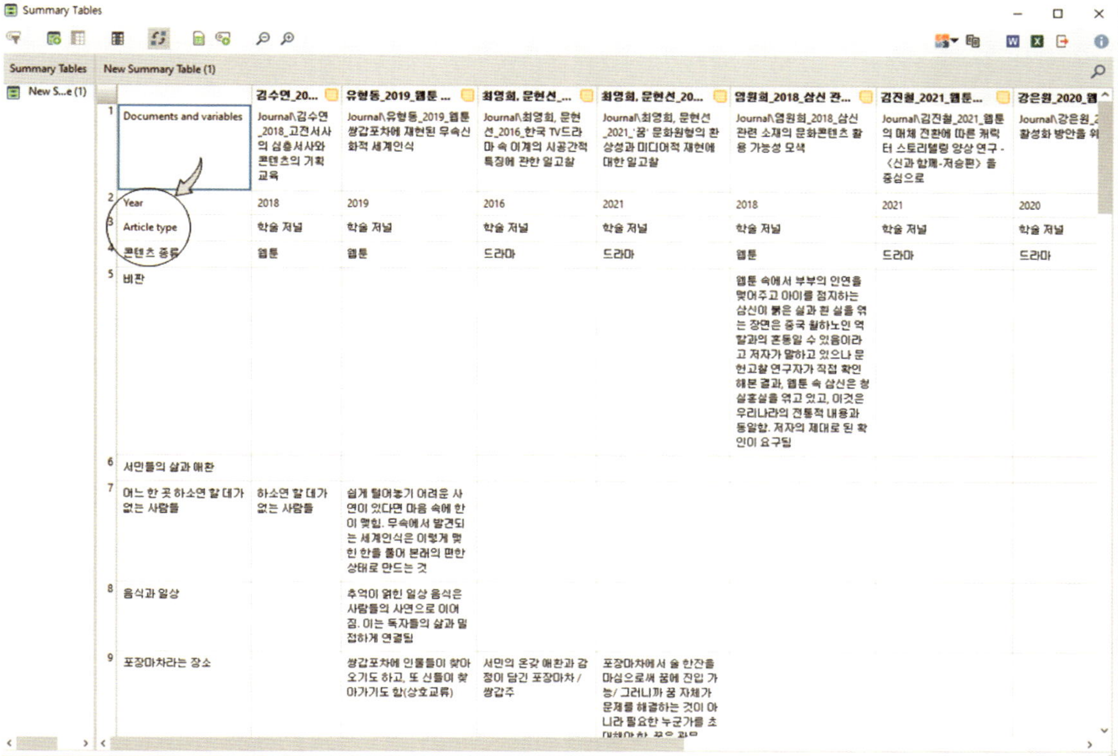

이런 식으로 여러 조합의 표를 만들어볼 수 있습니다. 지금 만든 표의 이름은 New Summary Table (1)인데요, Rename 기능을 써서 표의 이름을 수정하면 여러 조합의 표를 만들어도 구별이 쉽겠지요.

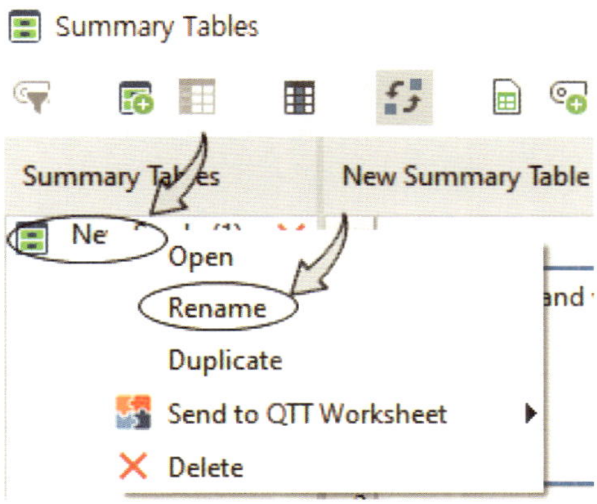

Summary Table은 다음과 같이 다양하게 쓰일 수 있습니다. (1) 이대로 표를 정리해서 보고서에 넣을 수 있고, (2) 연구자가 표의 내용을 비교하면서 통찰을 얻기 위한 용도로 활용할 수도 있고, (3) Summary 요약을 만드는 과정에서 연구자가 자료를 다시 확인하고 내용을 짜임새 있게 정리할 수도 있으며, (4) Summary Table을 옆에 두고 보면서 모든 것을 최종적으로 요약하는 final summary를 작성할 수도 있습니다.

Map을 만들며 시각화하기

심층 탐색과 테마 구성

가끔은 이렇게 저렇게 자료를 비교해 봐도 머릿속이 뒤죽박죽 정리가 되지 않을 때가 있습니다. 이때는 창의력과 직결된 우뇌가 도움을 줘야 하는데요, 우뇌는 시각화와 깊은 관련이 있습니다. 그래서 질적 분석을 하면서 개념도나 흐름도, 마인드 맵 등을 그려보는 것은 좋은 방법이에요. 여기서는 MAXQDA에서 제공하는 시각화 도구를 활용해서 자료를 다각도로 살펴보겠습니다.

MAXMaps: 다양한 그림 그려보기

먼저 Visual Tools에서 MAXMaps를 선택합니다.

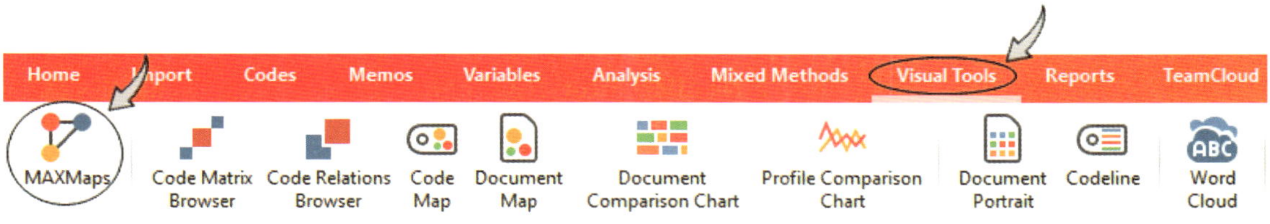

새로 창이 뜨면서 앞서 코드들을 범주화할 때 활용했던 Creative Coding 맵도 보이네요.

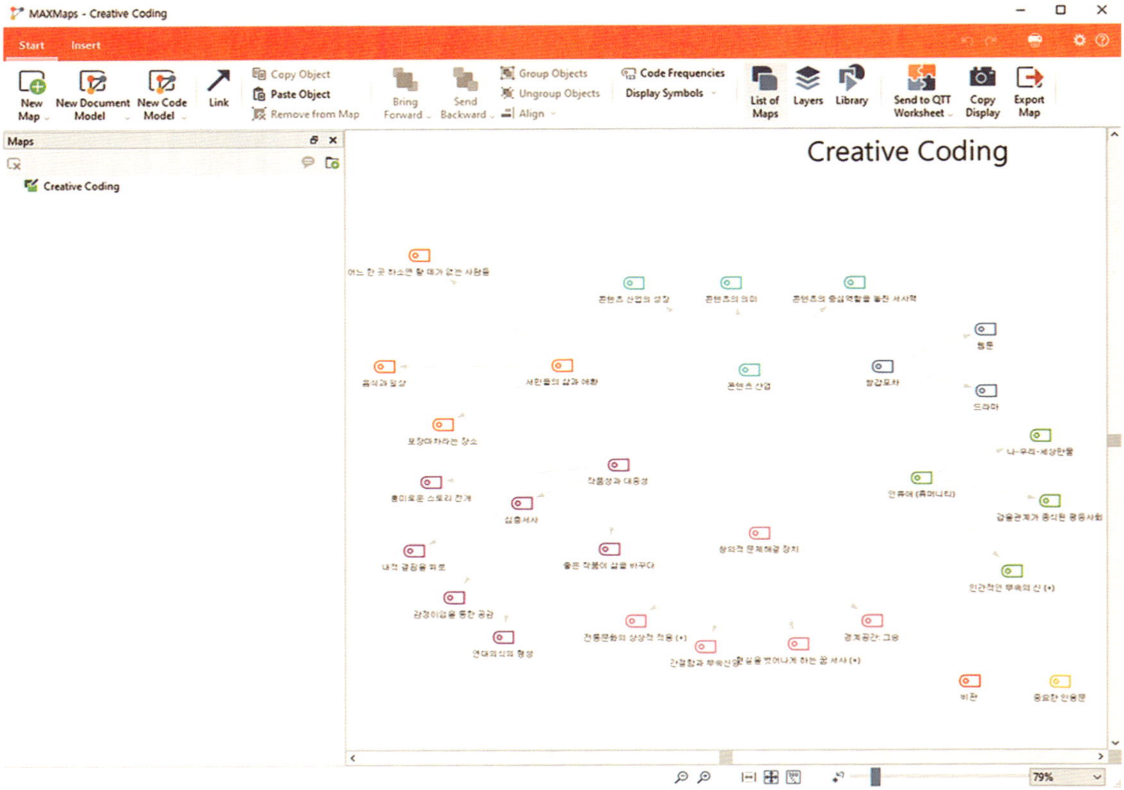

연구자는 MAXMaps에서 자유롭게 개념도를 만들 수도 있고, 템플릿 형태로 주어진 메뉴를 활용할 수도 있습니다. 먼저 연구자가 직접 그림을 그려보는 New Map 기능을 보겠습니다.

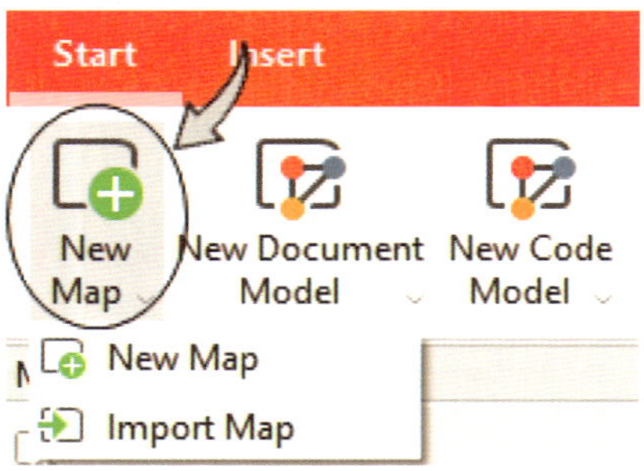

New Map이라는 이름의 새 창이 열렸네요. 이 Map의 이름은 연구자가 원하는 이름으로 바꾸면 됩니다. 저는 일단 'New 1'이라는 이름으로 변경해 두었습니다.

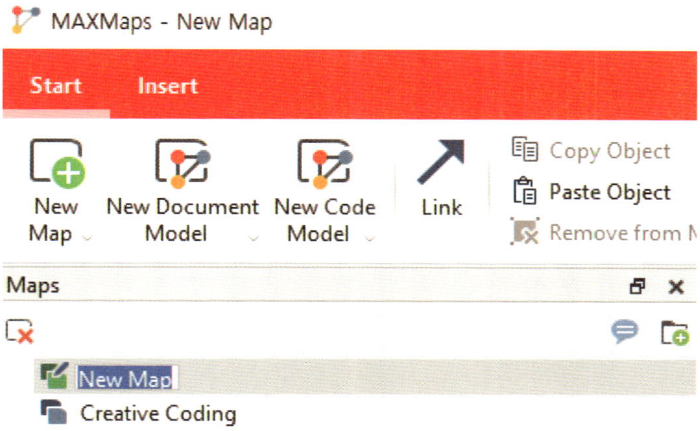

새로운 MAXMaps 화면은 아래와 같이 빈 도화지입니다. 여기에 연구자가 원하는 것들, 가령 특정 아티클이나 코드(들), 메모, 요약 내용 등을 자유롭게 드래그해 와서 새로운 조합을 만들어 볼 수 있습니다.

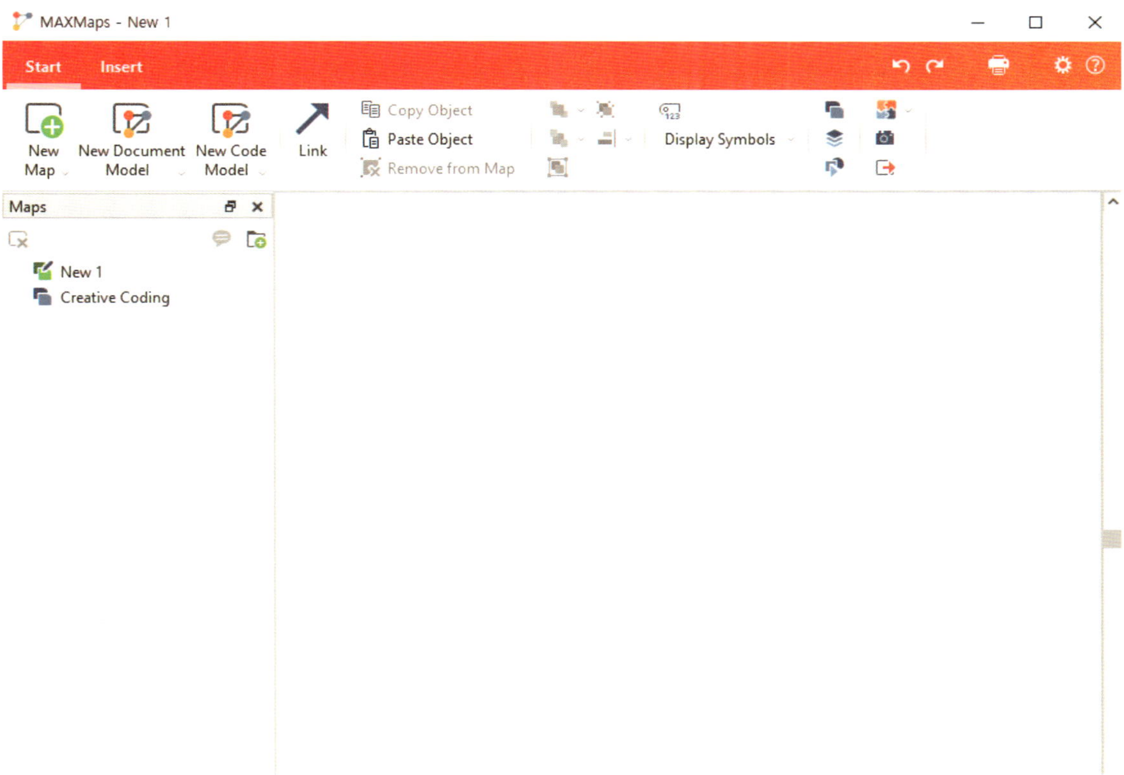

먼저 원하는 아티클을 선택해서 드래그해 볼까요?

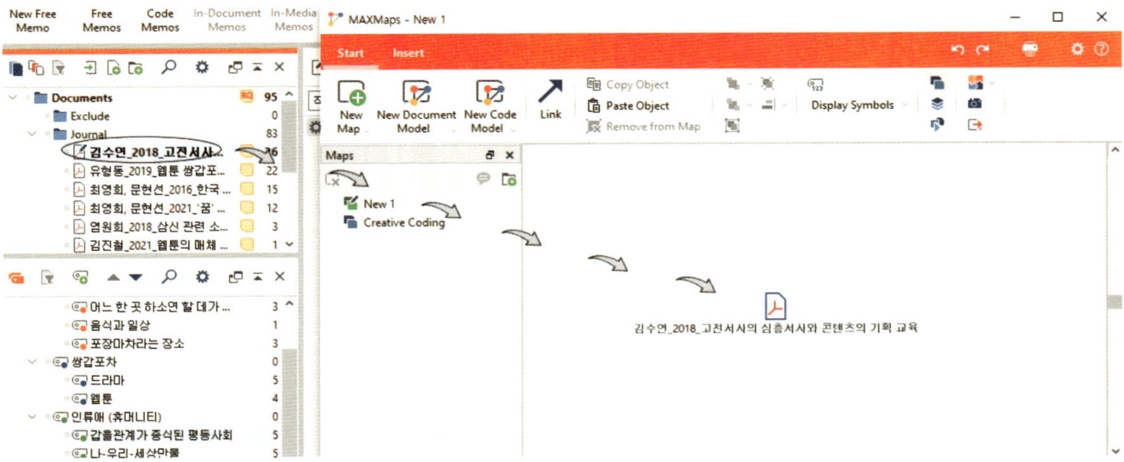

쉽게 이동이 됩니다. 드래그해 온 아티클을 오른 클릭해서 이 아티클에 붙은 메모나 코드, 요약, 패러프레이즈 등을 가져올 수도 있습니다.

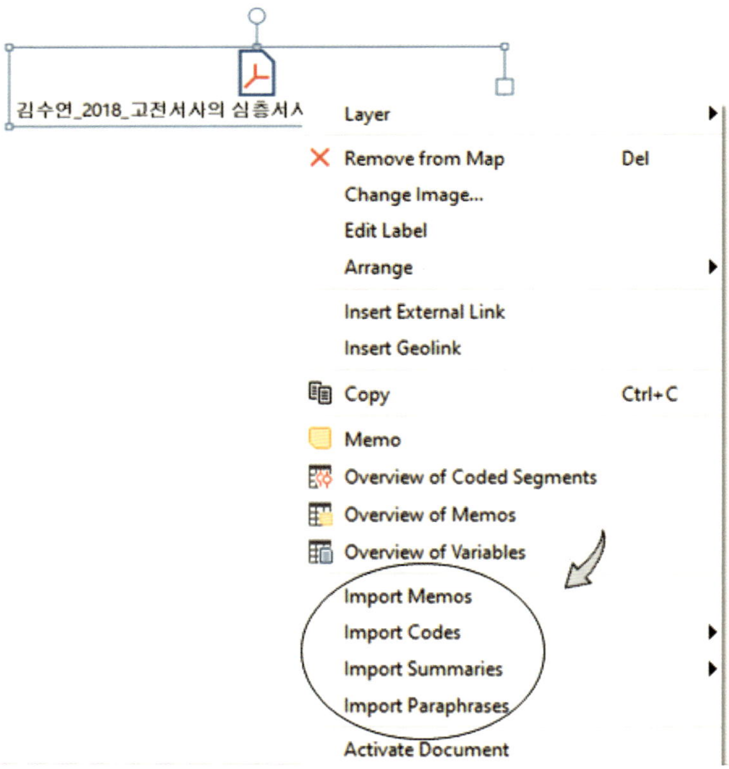

예를 들어 Import codes에서 모든 코드를 불러왔더니 아래와 같이 해당 아티클에 붙은 코드가 펼쳐집니다.

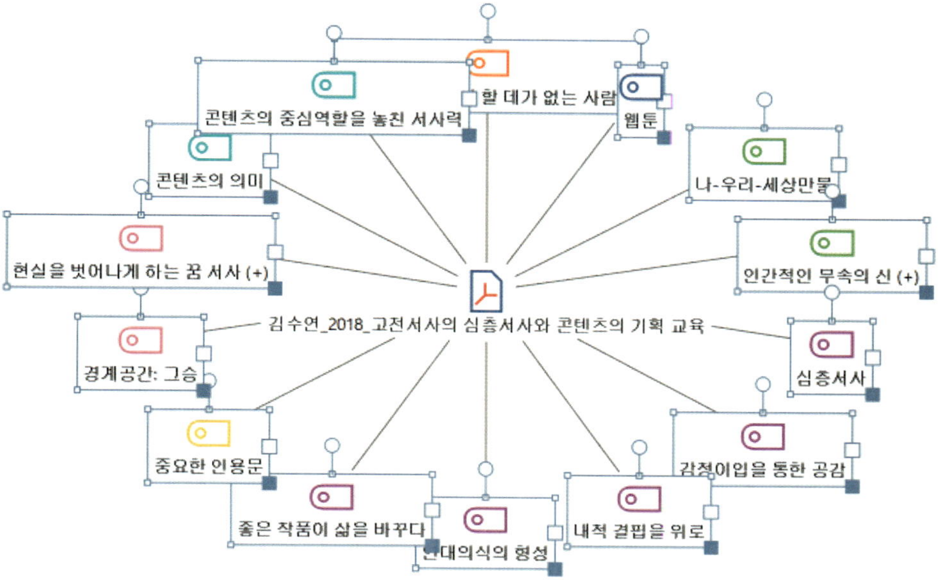

MAXMaps에서는 연구자가 자유롭게 콘텐츠를 이동하고 수정할 수 있습니다.

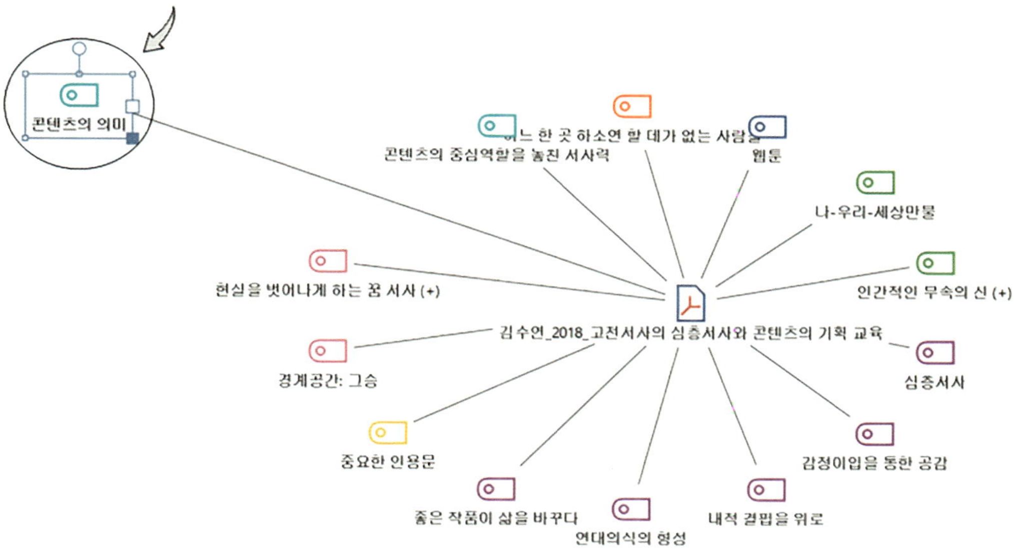

연결된 선을 마우스로 클릭하면 줄이 두껍게 변합니다.

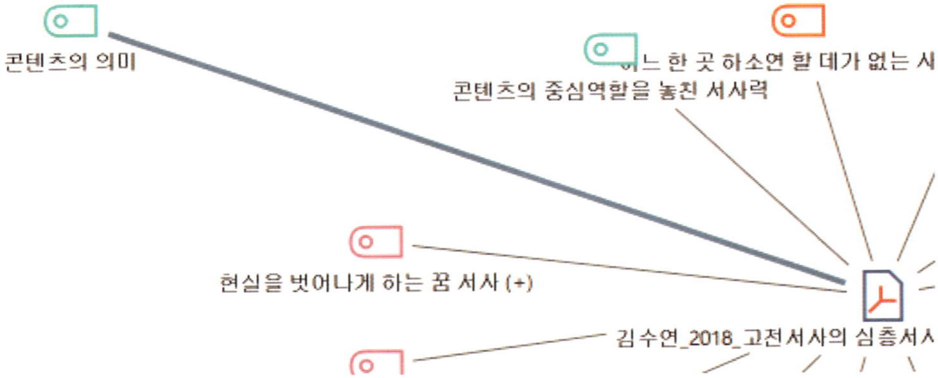

이 선은 상단의 Line 메뉴에서 색이나 두께, 모양을 바꿀 수 있어요.

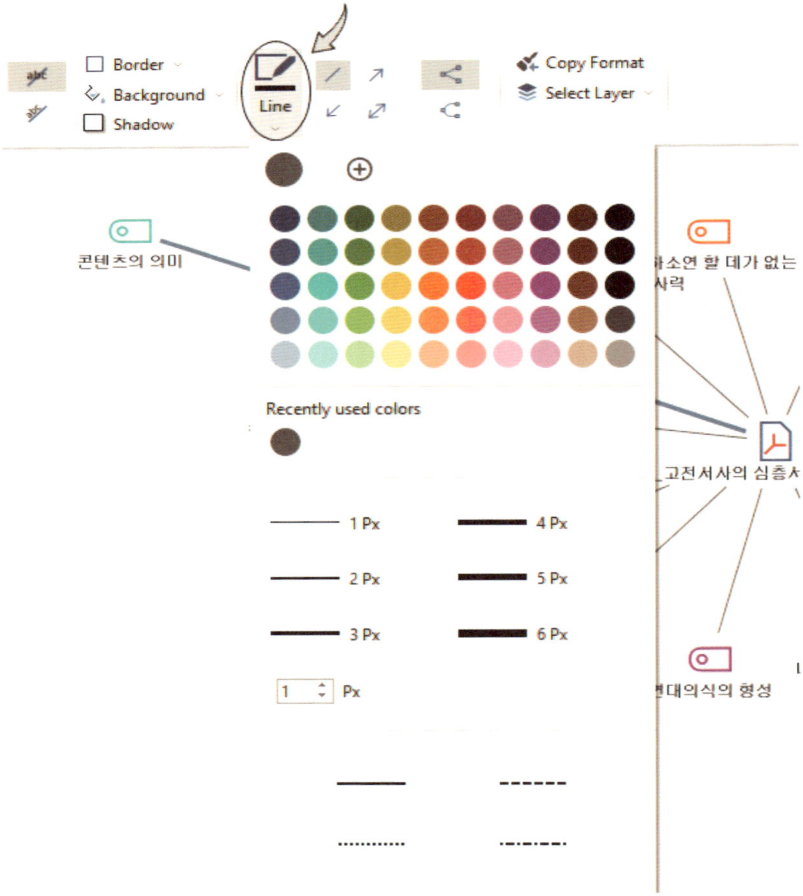

선을 화살표로 수정하는 것도 가능합니다.

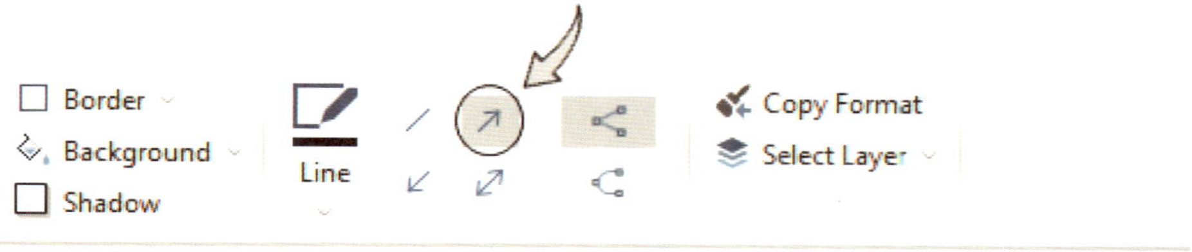

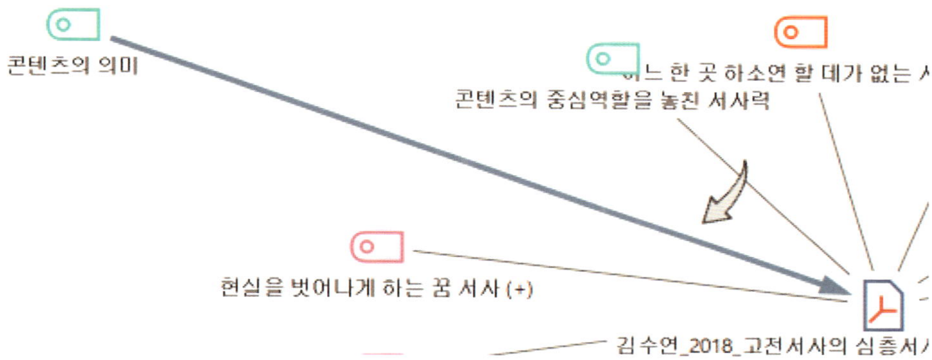

선택했던 선을 한 번 더 클릭하면 아래와 같이 이 연결선에 내용을 추가할 수 있습니다.

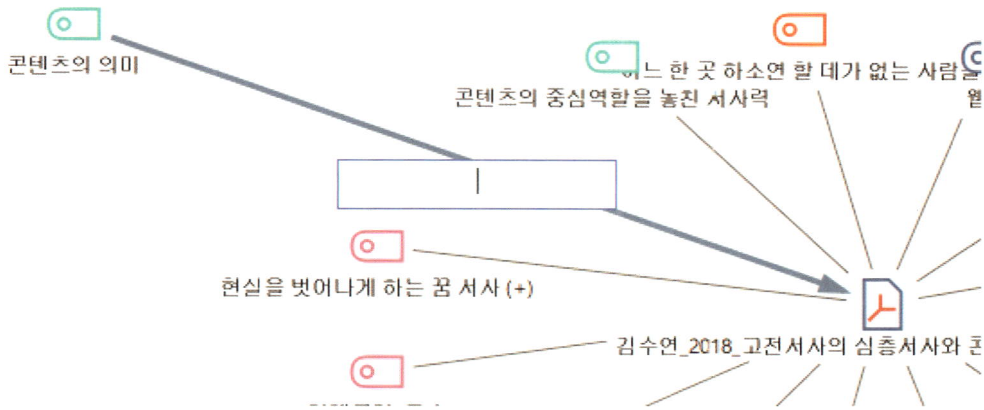

만일 '영향을 미침'이라고 적으면 아래와 같은 문구가 생겨납니다.

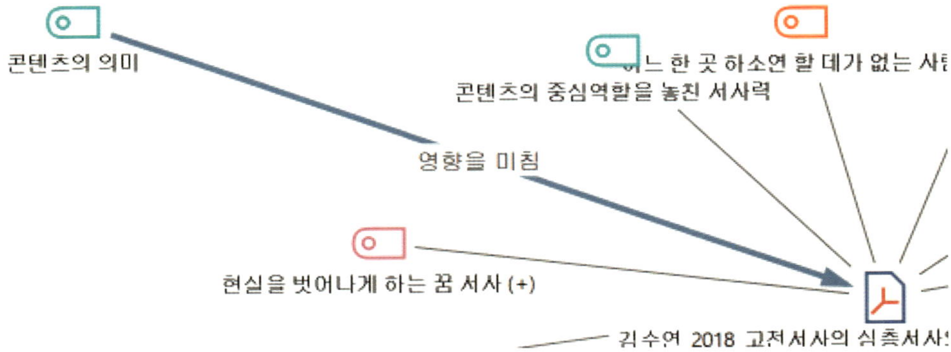

이번에는 '콘텐츠의 의미'라는 코드를 오른 클릭해 보겠습니다. 다양한 메뉴가 뜨지요. 가령 중간에 Memo를 클릭하면 이 코드와 관련되어 떠오르는 생각을 메모로 작성할 수 있는 새 메모창이 뜹니다.

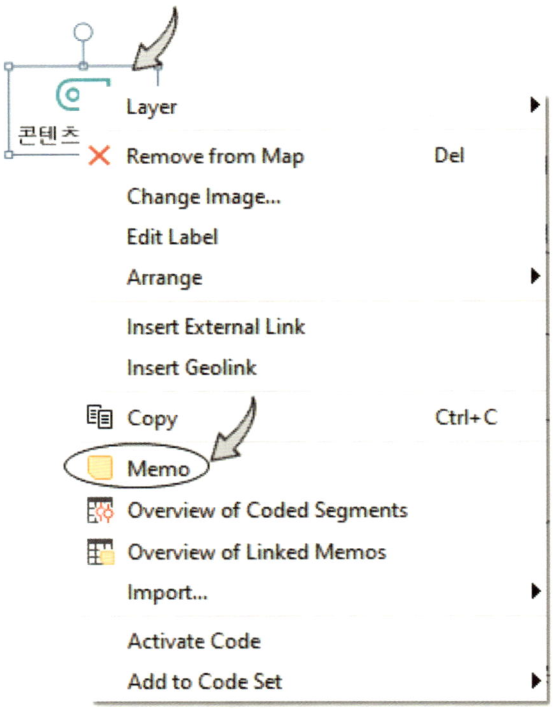

이처럼 맵을 그리면서 자신의 아이디어를 메모로 남길 수 있습니다.

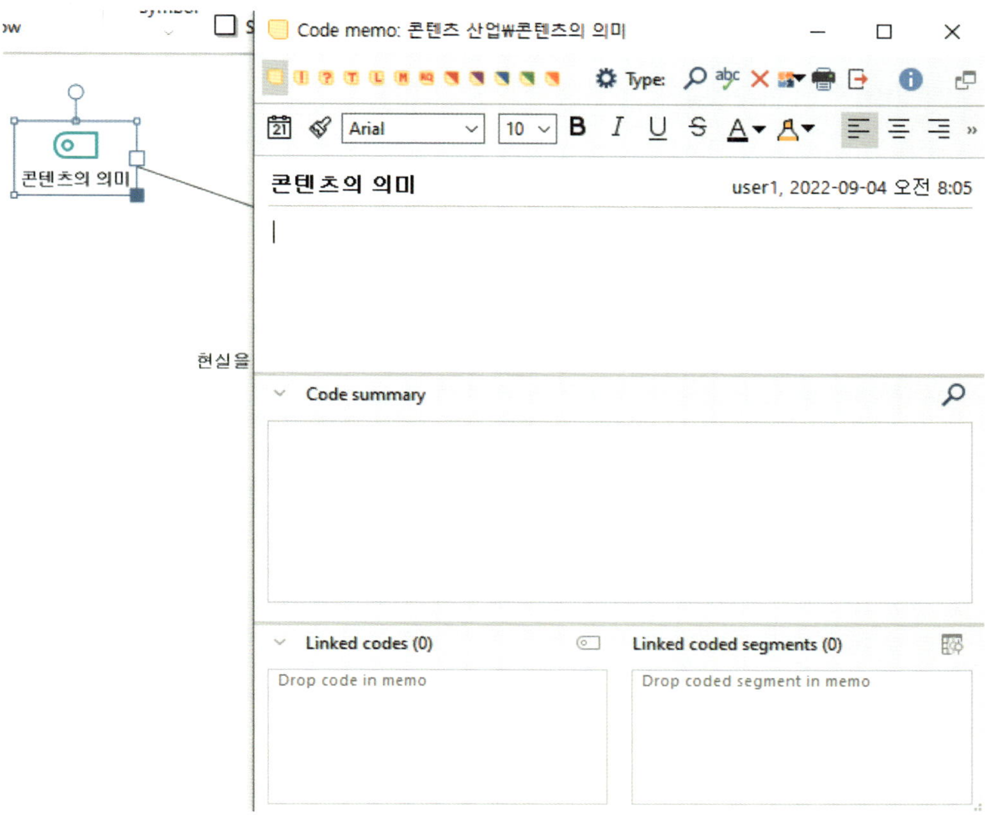

또한, Overview of Coded Segments를 누르면 이 코드가 붙은 인용문 창이 뜨고, Overview of Linked Memos를 누르면 해당 코드가 포함된 메모들이 보입니다. 그 아래에는 Import... 기능이 있는데요, 이 메뉴를 선택하면 해당 코드와 관련된 코드 메모, 동일한 인용문에 붙은 다른 코드들, 코드가 붙은 인용문, 이 코드에 대한 Summaries 등을 이 창으로 불러올 수 있습니다.

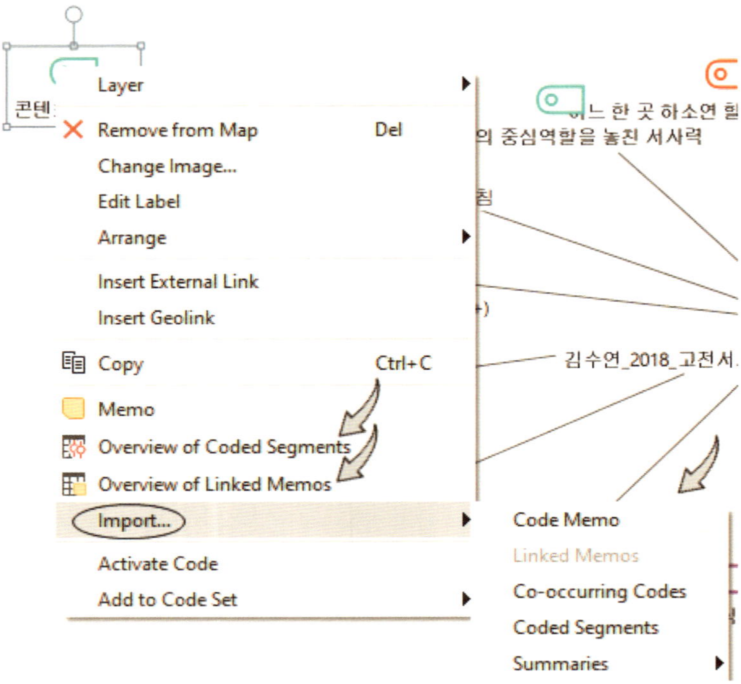

한번 Co-occurring Codes를 선택해 보겠습니다.

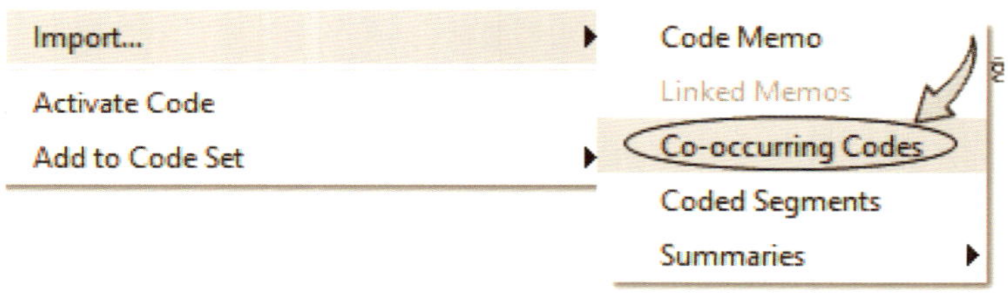

다음과 같은 창이 뜨네요. Line width reflects frequency of co-occurrences라는 항목이 클릭된 상태입니다. 이것은 많이 겹칠수록 선을 굵게 표시한다는 의미입니다. 이대로 OK를 누릅니다.

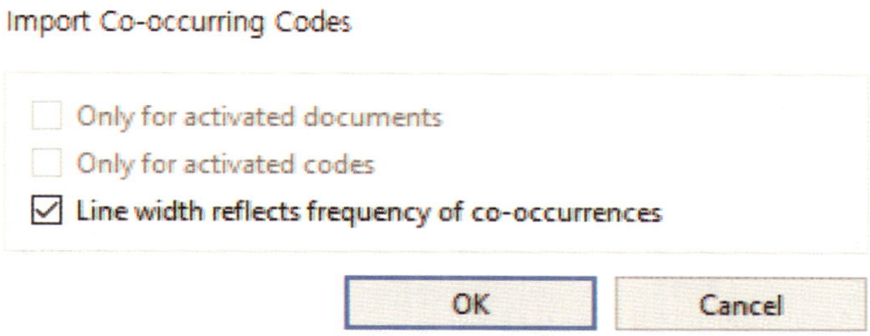

아래와 같이 '콘텐츠의 의미'가 관련된 패러프레이즈 내용, 그리고 '콘텐츠의 중심역할을 놓친 서사력'이라는 코드와 연결되었습니다. 선의 굵기 차이가 있지요.

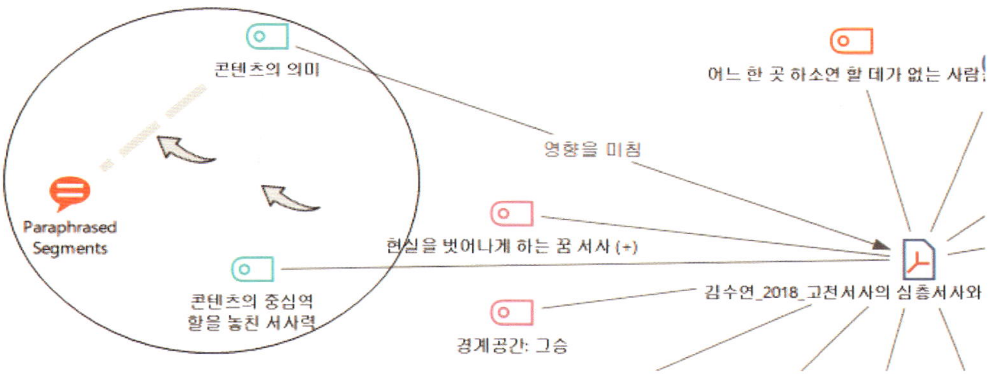

유사한 방식으로 '콘텐츠의 의미' 코드와 관련된 summary 내용을 불러왔더니 다음과 같이 요약 내용이 추가되었습니다.

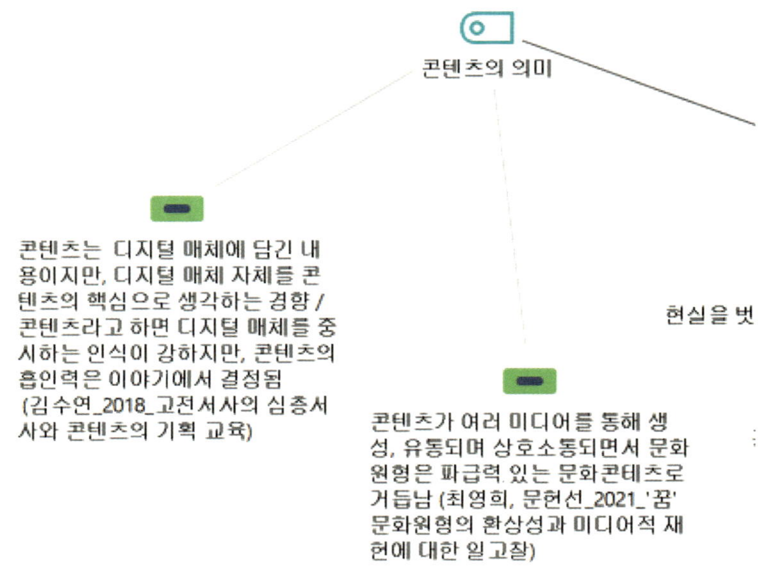

이처럼 MAXMaps는 연구자가 자유롭게 자료를 입력하거나 지우고 이동하면서 자신만의 생각을 정리하는 곳입니다. 도형과 텍스트를 추가할 수도 있습니다. 상단에 Insert를 클릭하면 새로 코드나 텍스트, 이미지, 도형 등을 선택해서 추가할 수 있는 메뉴가 보입니다. 예를 들어 도형 중에서 사각형 모양을 선택한 뒤 그림을 그려보겠습니다.

이렇게 사각형을 그린 뒤 네모 안을 클릭하면 텍스트를 편집할 수 있는 창이 뜹니다.

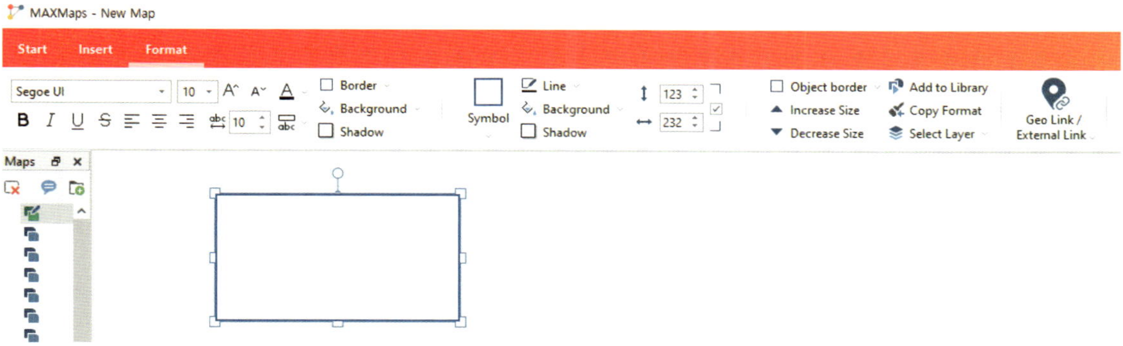

Edit text 기능을 써서 도형 안에 자유롭게 글을 쓸 수 있습니다. 또는 아래와 같이 문헌고찰 질문을 넣어 두어도 좋겠지요. 네모 박스 아래에 지금처럼 '문헌고찰 질문' 같은 제목을 붙이려면 Edit Label 기능을 쓰세요.

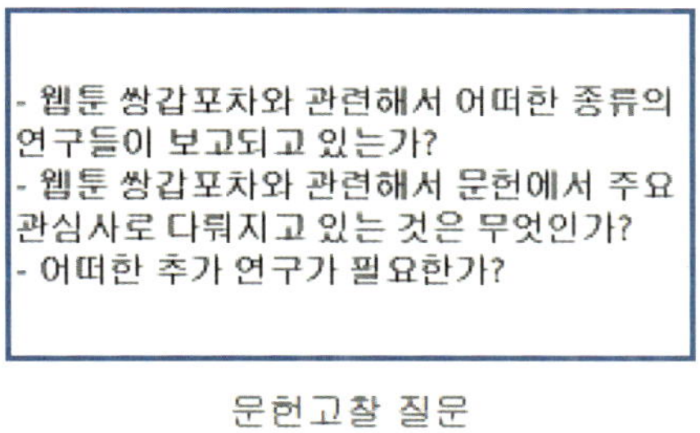

아래와 같이 문헌고찰의 질문을 따로 작성한 뒤 map을 그릴 때 참고할 수도 있습니다.

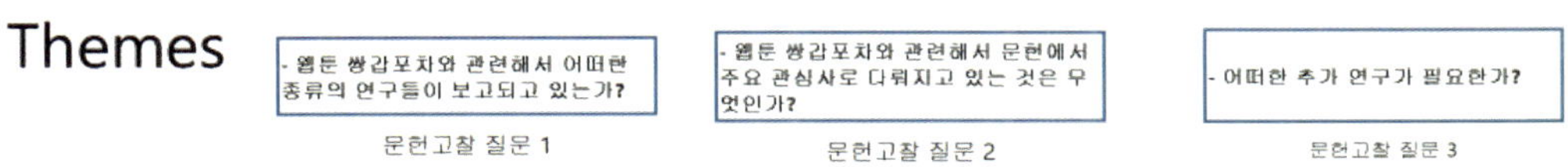

이렇게 MAXQDA의 New Maps 기능을 활용해서 다양한 자신만의 개념도를 그려보기 바랍니다.

New Document Model: 개별 자료(아티클) 또는 두 개의 자료(아티클) 탐색을 위해 이미 만들어진 모델 활용하기

앞서 New Map 메뉴에서는 자신만의 방식으로 자료와 코드, 메모 등을 활용해 개념도나 모델을 만들 수 있었습니다. 반면 MAXQDA에서는 아티클 하나(또는 둘)를 집중 탐색할 수 있는 몇 가지 모델을 제공합니다. 이 경우, 기본으로 제공하는 템플릿에서 시작하여 자신만의 방식으로 수정해 가는 장점이 있습니다.

그러면 New Document Model에서 제공하는 Map을 몇 개 열어 보겠습니다.

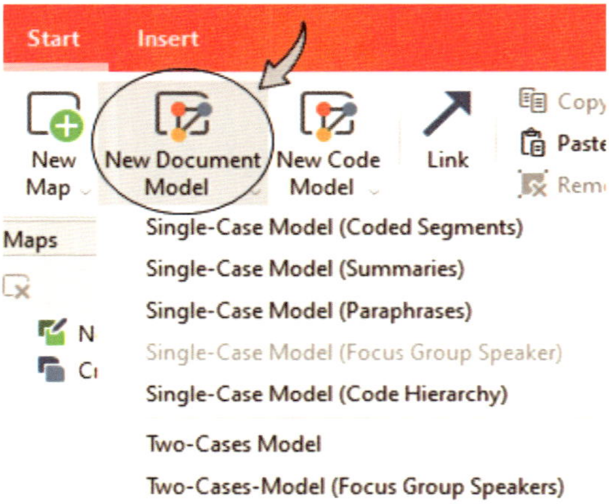

먼저 Single-Case Model (Coded Segments)부터 보겠습니다. 버튼을 선택하니 아래와 같이 문서를 선택할 수 있는 창이 뜹니다.

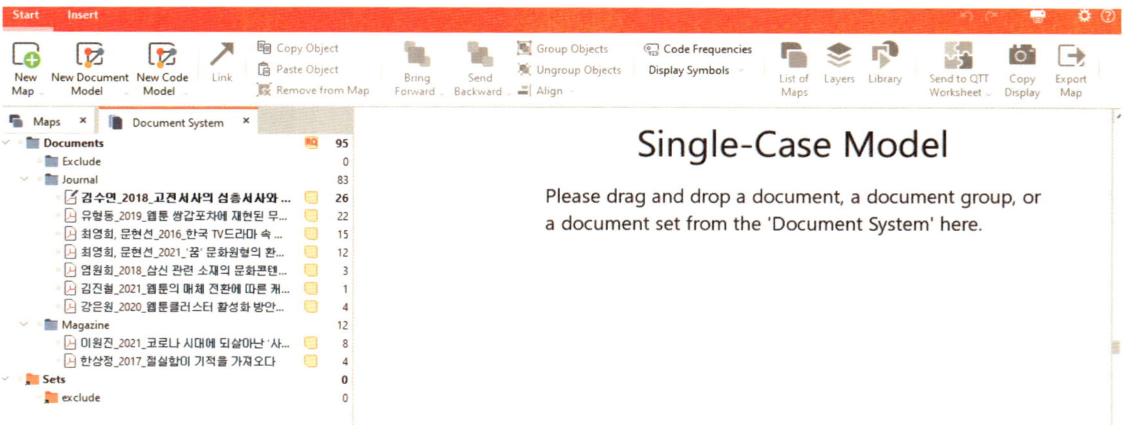

맨 위에 있는 김수연 2018 아티클을 오른쪽으로 드래그해 옵니다. 그러면 아래와 같은 창이 뜹니다. 오른쪽에는 해당 아티클을 중심에 두고 여러 코드들이 동그랗게 둘러싸고 있습니다. 이대로 상단의 Use Model을 눌러도 되고, 또는 코드 크기나 선의 굵기로 코드의 빈도수를 반영하고 싶다면 중간에 있는 옵션을 클릭해도 좋습니다.

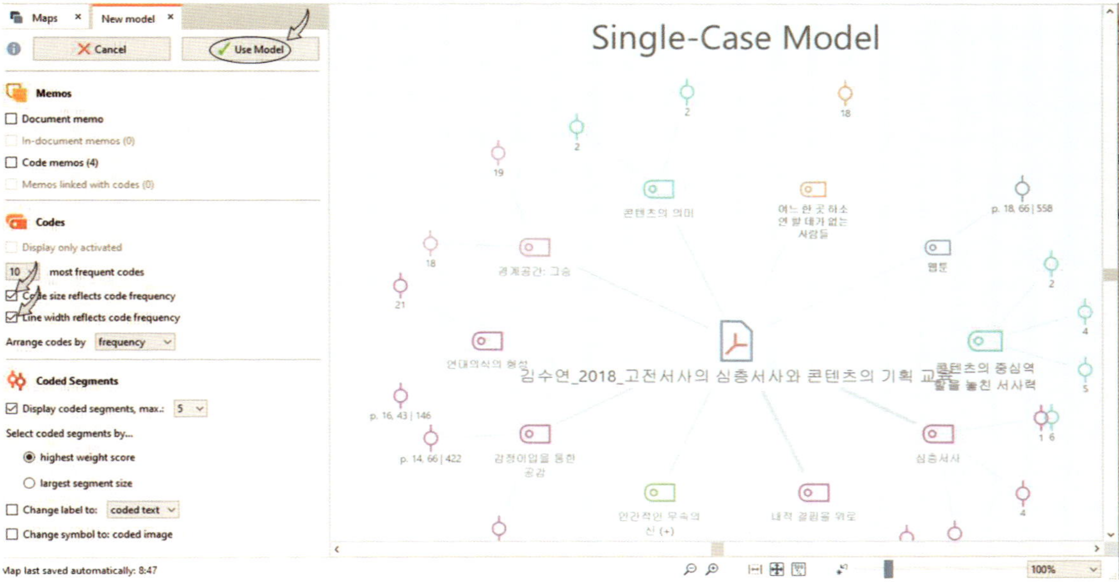

그러자 아래와 같은 모델이 그려졌습니다. 여기서 추가 작업을 진행할 수 있어요.

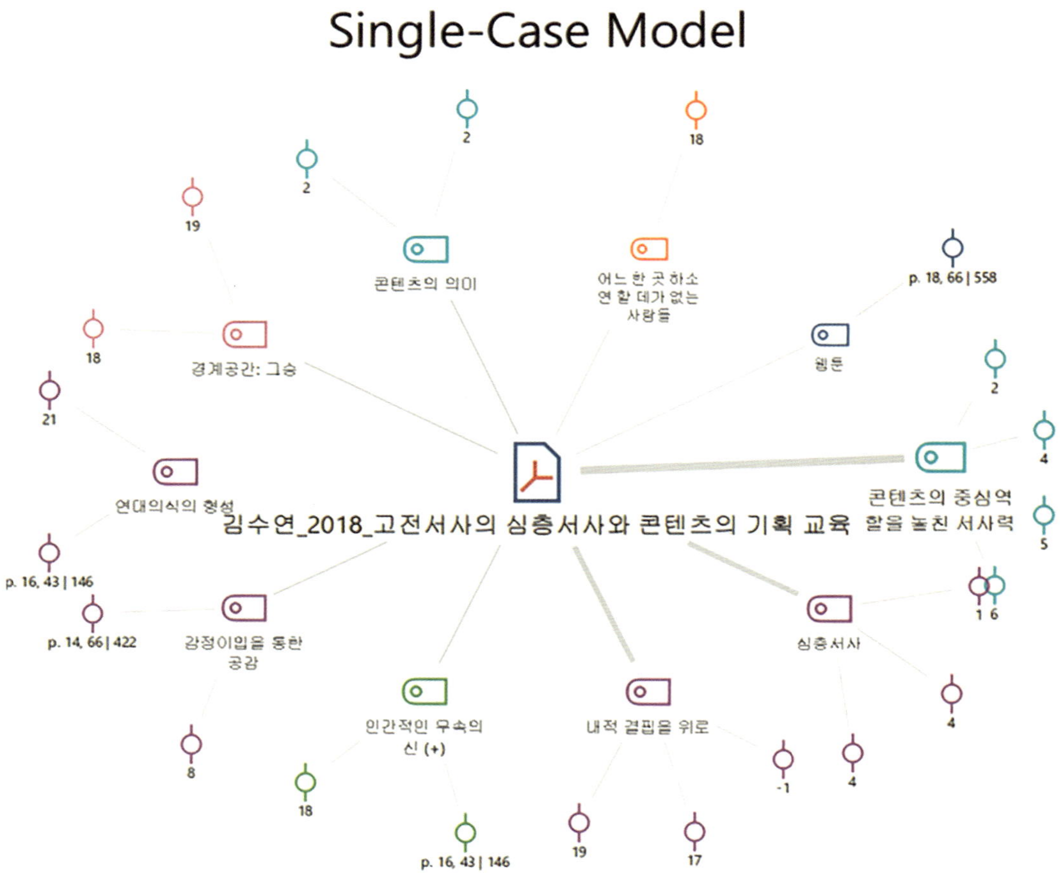

비슷한 방식으로 다른 모델도 클릭해 보겠습니다. 이번에는 요약 내용이 추가된 모델(Single-Case Model (Summaries))입니다.

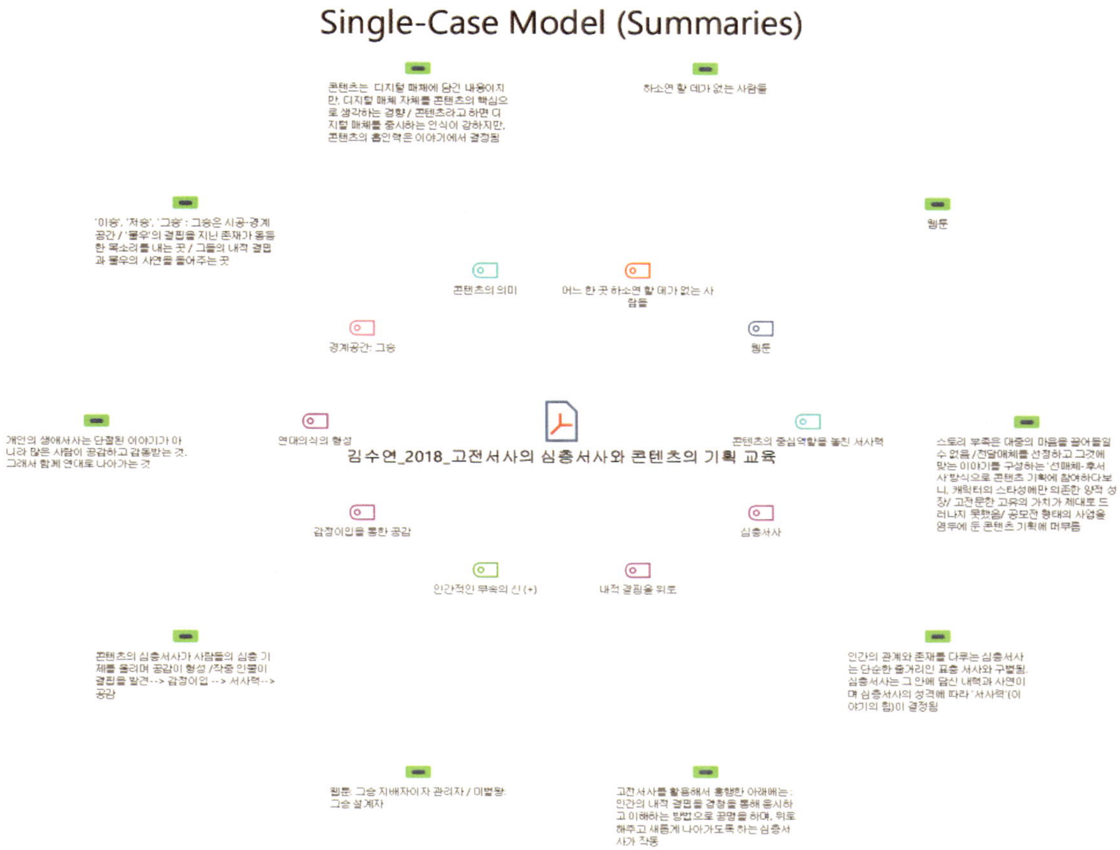

Single-Case Model (Paraphrases)은 연구자가 초기에 만든 paraphrases가 붙은 모델로 아래와 같이 보입니다.

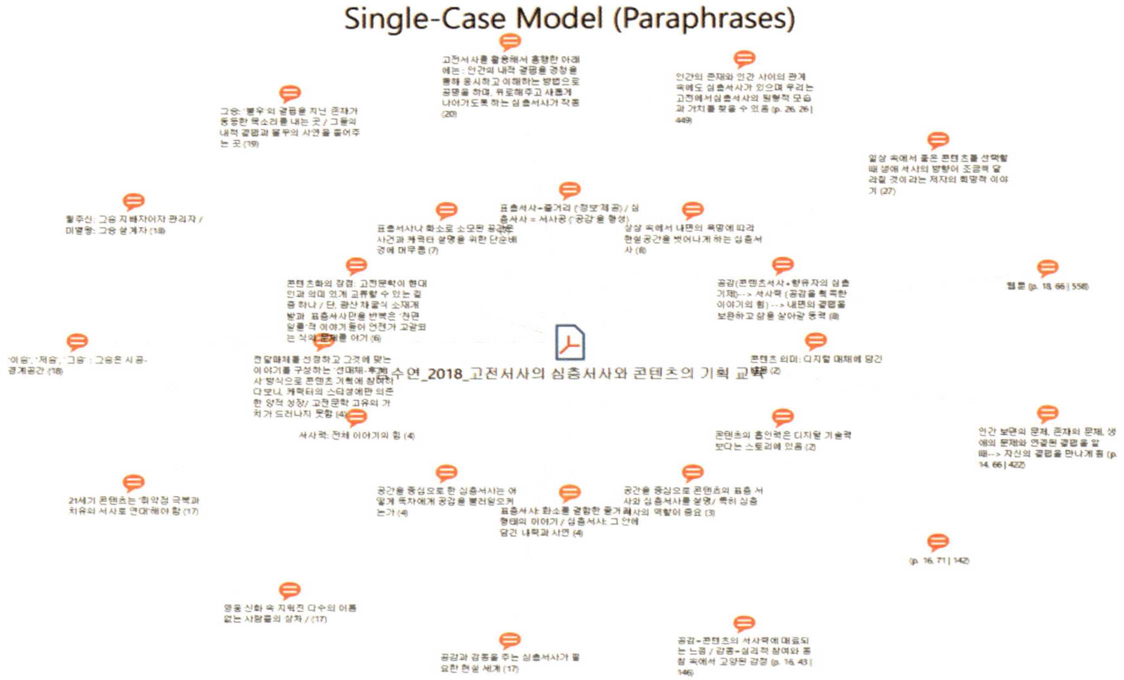

코드를 위계적으로 정리하고자 한다면 Single-Case Model (Code Hierarchy)을 선택합니다.

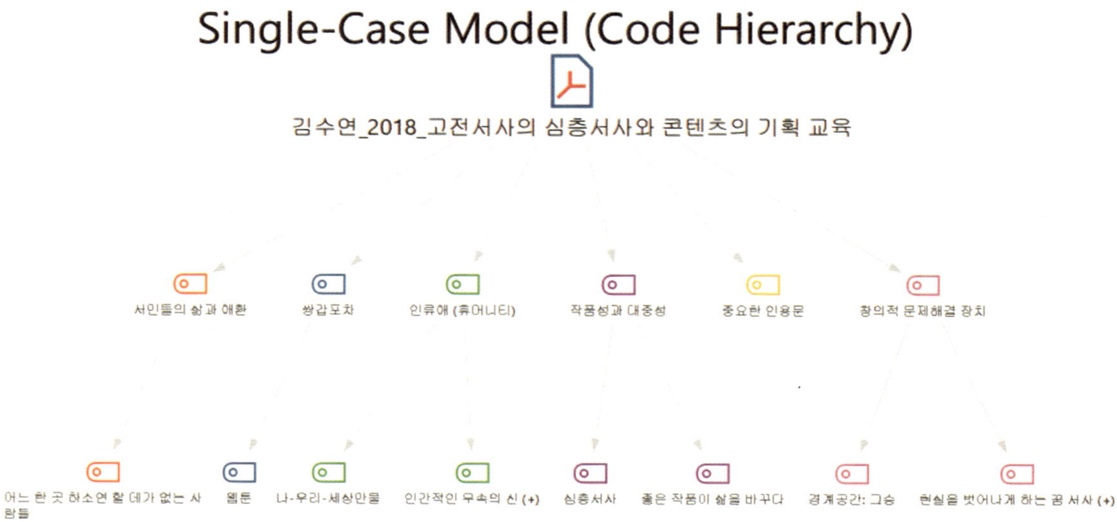

이번에는 Two-Cases Model을 확인해 보겠습니다. 이 경우에는 아티클을 두 개 선택해야 합니다. 서로 비교해보고 싶은 아티클을 가져오면 되겠지요. 김수연의 2018과 최영희 외의 2016 아티클을 선택했더니 아래와 같은 그림이 그려졌습니다. 가운데에는 두 아티클에 공통으로 붙은 코드가 보입니다. 양 측면으로는 그 외에 해당 아티클에만 붙은 코드들이 보이네요. 질적 자료분석에서도 다양하게 활용해 볼 수 있겠습니다.

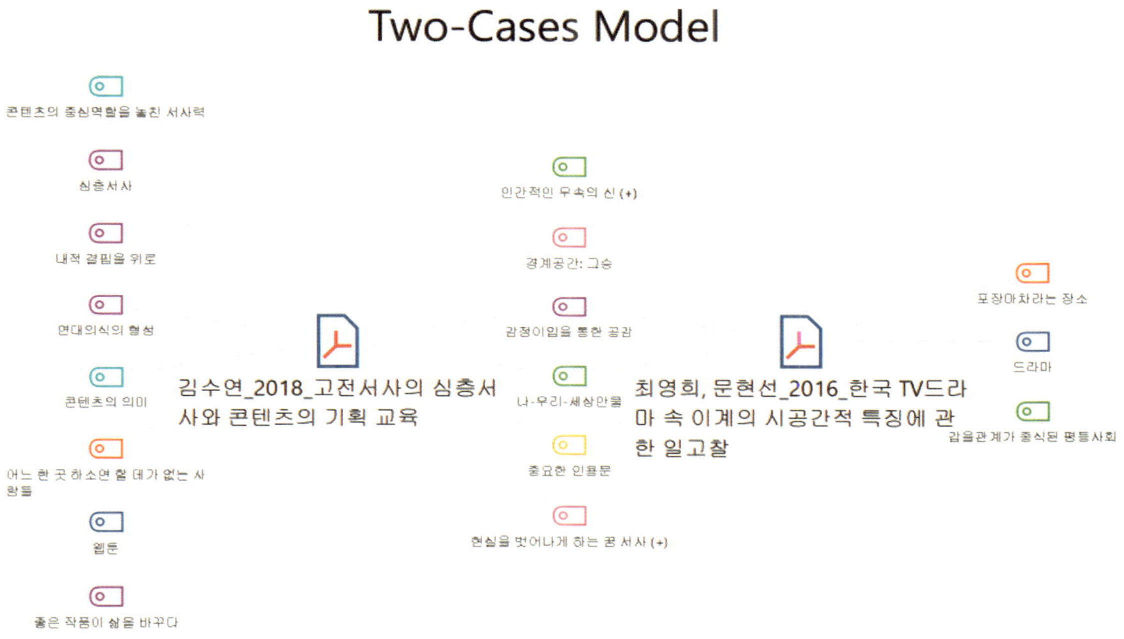

예를 들어, 저널이라는 폴더와 잡지라는 폴더를 비교해보면 다음과 같은 모델이 만들어집니다. 이처럼 자료를 다양한 그룹으로 묶은 다음에 그룹 간 비교를 해볼 수도 있습니다. 질적 분석이라면 인터뷰와 관찰 자료를 비교할 수도 있고, 1차 인터뷰와 2차 인터뷰를 비교할 수도 있습니다. 개별 사례 간 비교도 가능합니다.

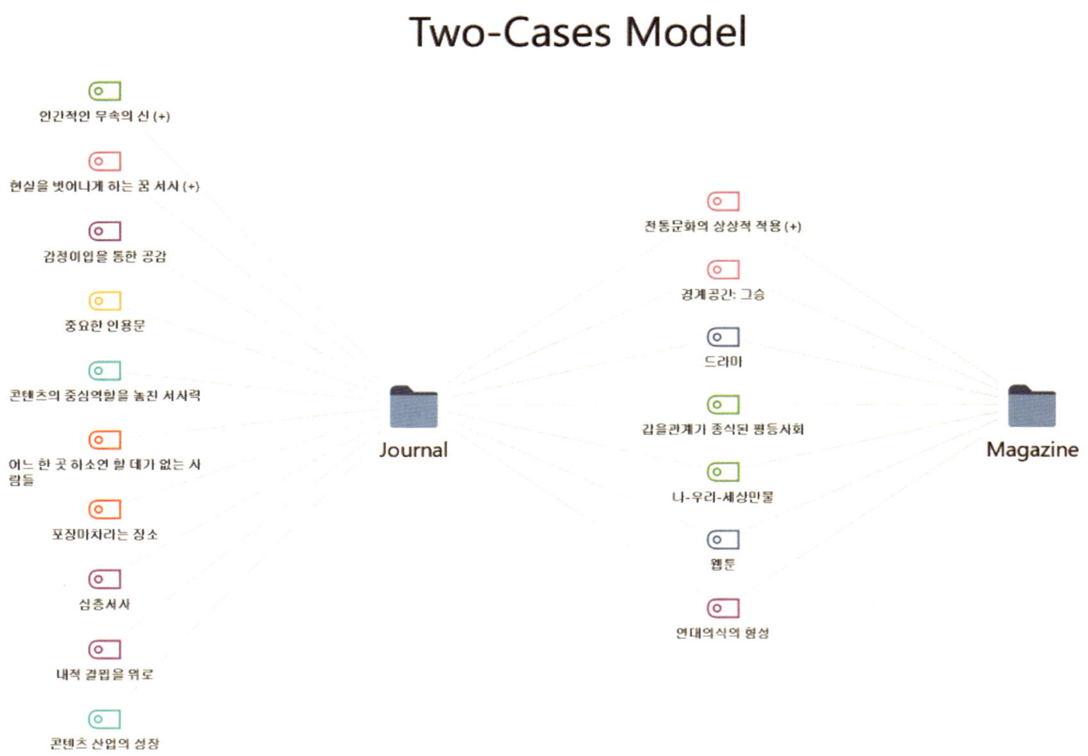

New Code Model: 코드를 활용한 다양한 모델 활용하기

이번에는 New Code Model에서 제공하는 여러 모델을 확인해 보겠습니다. 이 기능은 주로 코드들 간의 관계를 활용하는 것입니다.

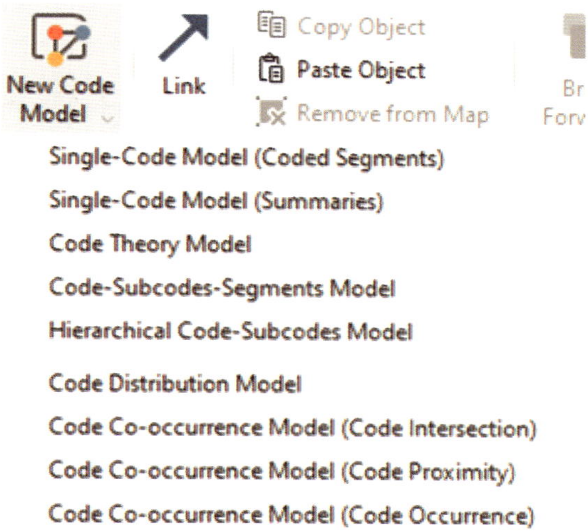

먼저 Single-Code Model (Coded Segments)을 확인해 보겠습니다. 하나의 코드를 중심으로 이와 관련된 인용문을 보여주는 기능이지요. 예를 들어, '콘텐츠 산업의 성장'이라는 코드를 드래그해 보겠습니다.

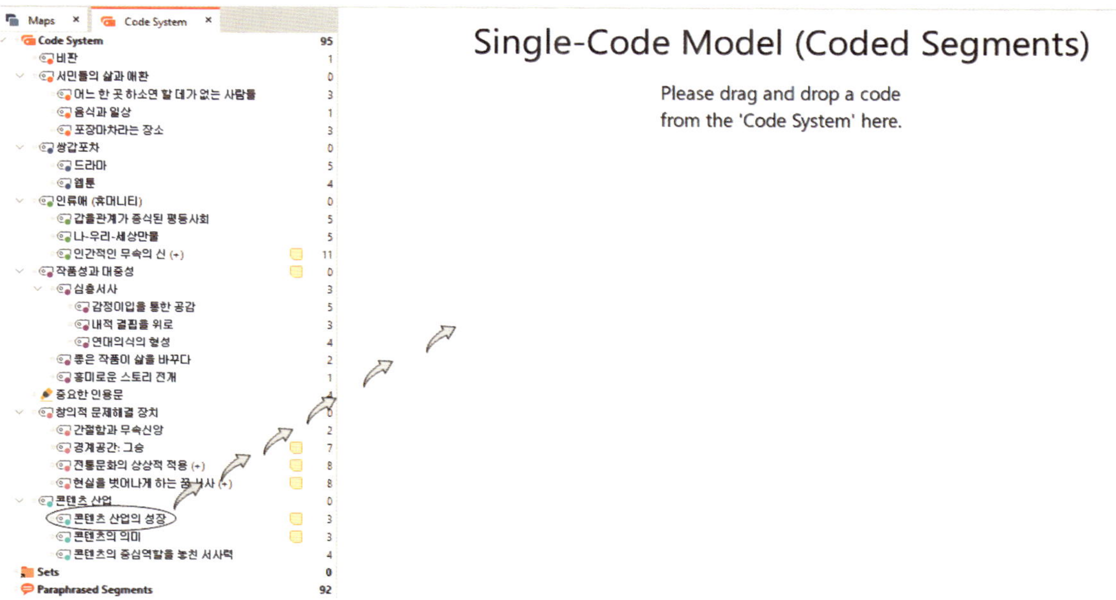

아래와 같이 해당 코드와 관련된 자료의 부분들이 보입니다.

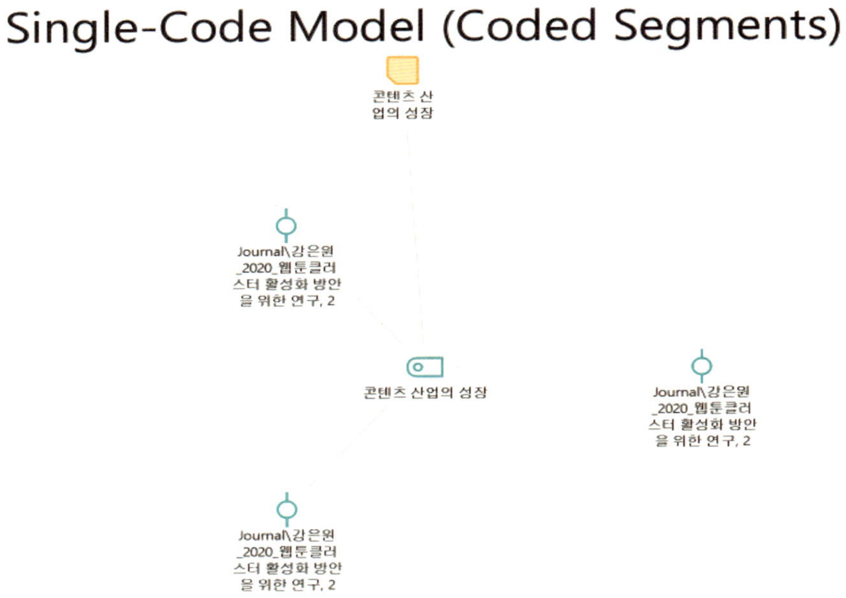

여기서 특정 인용문의 구체적인 내용을 넣고 싶다면 오른 클릭을 한 뒤 Insert Text of Coded Segment as label 기능을 선택합니다.

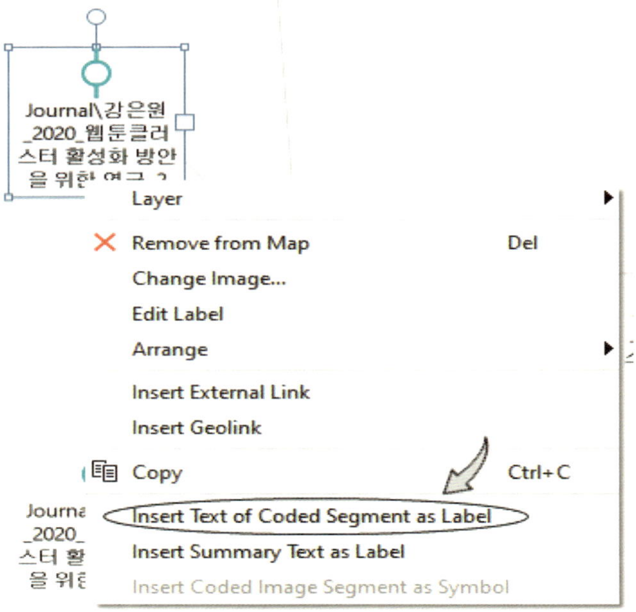

아래와 같이 해당 자료의 일부분이 추가되었습니다.

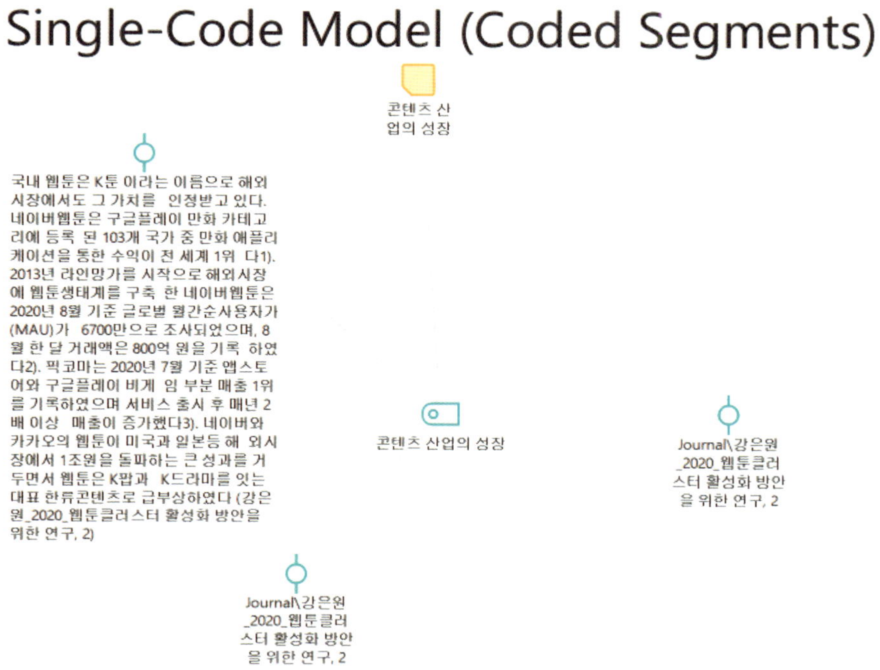

이번에는 '콘텐츠의 의미'라는 코드를 넣어서 Single-Code Model (Summaries)을 만들어보겠습니다. 아래와 같이 해당 코드에 붙은 Summaries가 펼쳐집니다.

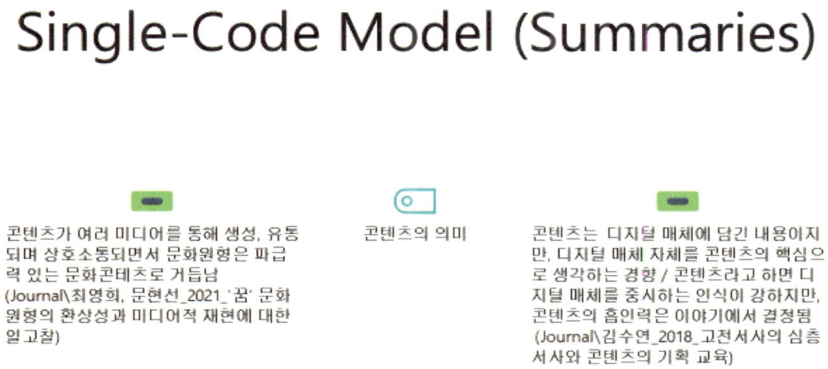

New Code Model에서 제공하는 세 번째 모델은 Code Theory Model입니다. 하나의 코드를 중심으로 메모와 하위 코드, 그리고 다른 코드들을 연결할 수 있는 기능입니다. 저는 '콘텐츠 산업'이라는 범주를 선택해 보았습니다. 그리고 왼편에서 Code memos를 옵션으로 선택해 보았습니다. Subcodes 항목에서도 Display subcodes up to level 2(하위 코드를 2단계까지 보여주기)를 선택했습니다.

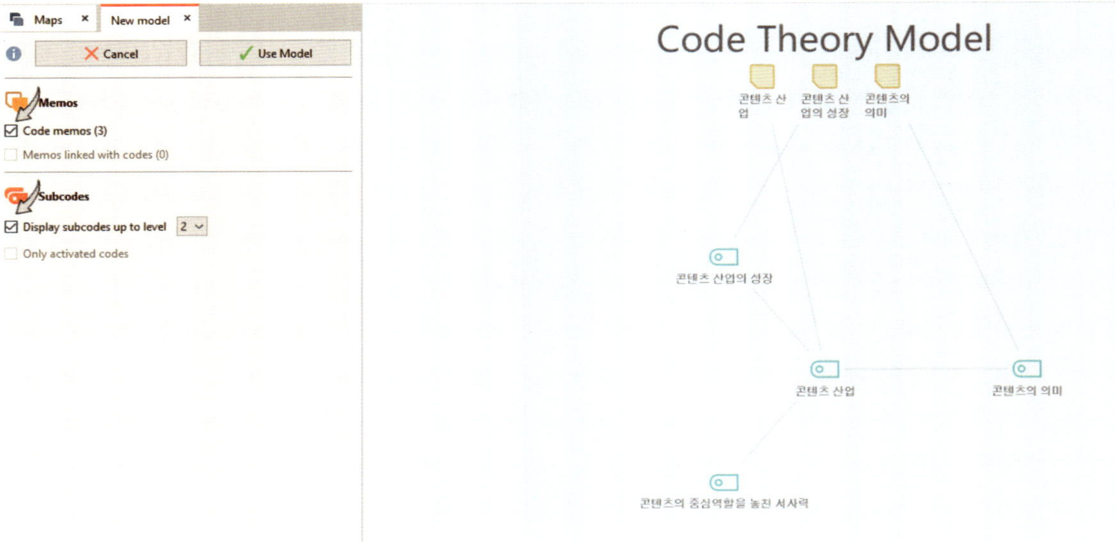

이 상태에서 Use Model을 클릭하자 아래와 같은 모델이 제시되었습니다. Code Theory Model은 코드와 범주, 메모를 활용해서 이론을 만들어 볼 때 유용해 보입니다.

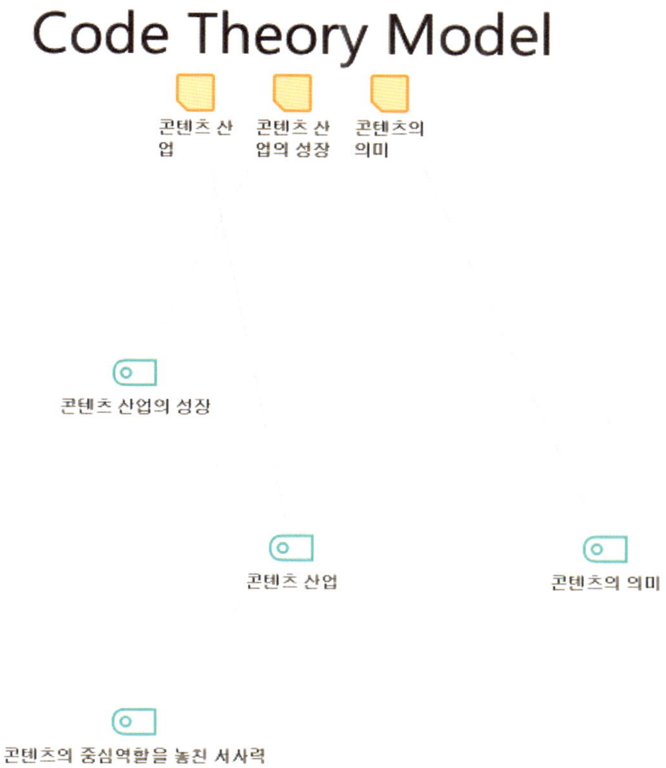

다음으로 Code-Subcodes-Segments Model 기능에서 '콘텐츠 산업'이라는 범주를 선택하니 아래와 같은 모델이 만들어집니다. 코드와 하위 코드 간의 관련성을 볼 때 활용할 수 있습니다.

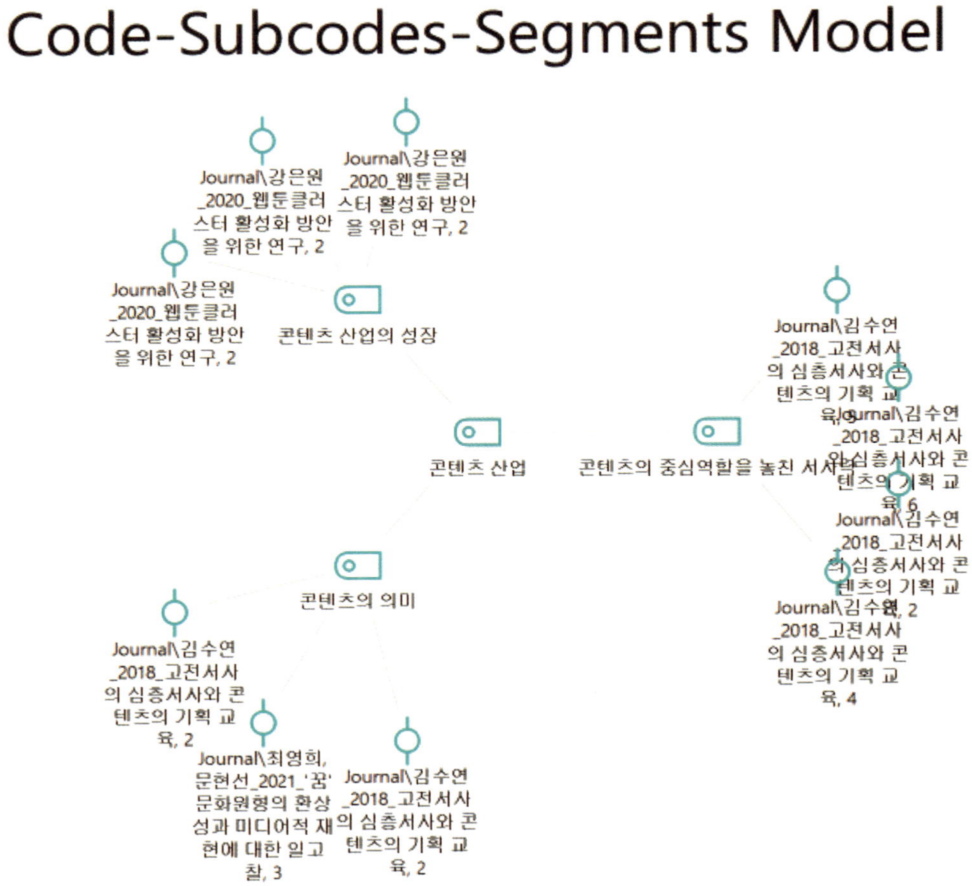

Hierarchical Code-Subcodes Model에서는 위의 모델과 유사하지만 하나의 코드(범주)를 중심으로 하위 코드가 위계적으로 제시됩니다.

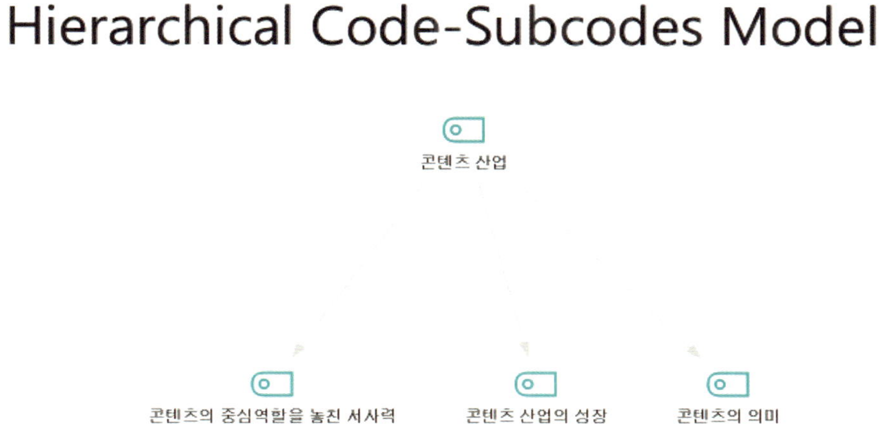

Code Distribution Model에서는 해당 코드와 관련된 아티클이 연결됩니다.

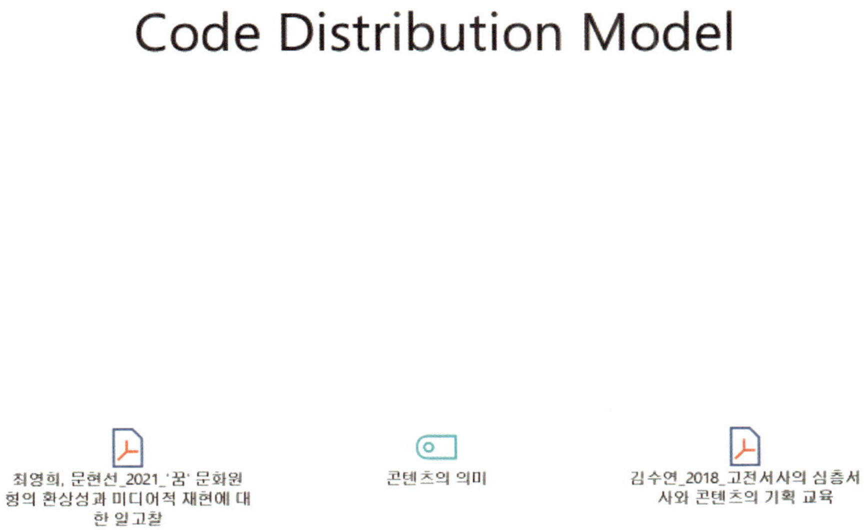

마지막으로 Code Co-occurrence Model은 두 개의 코드를 선택한 뒤, 이 코드들이 붙은 인용문이 서로 겹치는지, 코드 간 거리가 가까운지, 또는 하나의 문서 어딘가에 선택한 코드가 있는지를 계산해서 네트워크 모양으로 보여주는 기능입니다. 예를 들어 Code Co-occurrence Model (Code Intersection)을 선택한 뒤, 먼저 '콘텐츠 산업'이라는 코드를 창으로 드래그해 오겠습니다. 그러자 코드를 더 추가할지를 묻는 창이 뜹니다. Yes를 누른 뒤 다른 코드 하나를 더 추가하겠습니다.

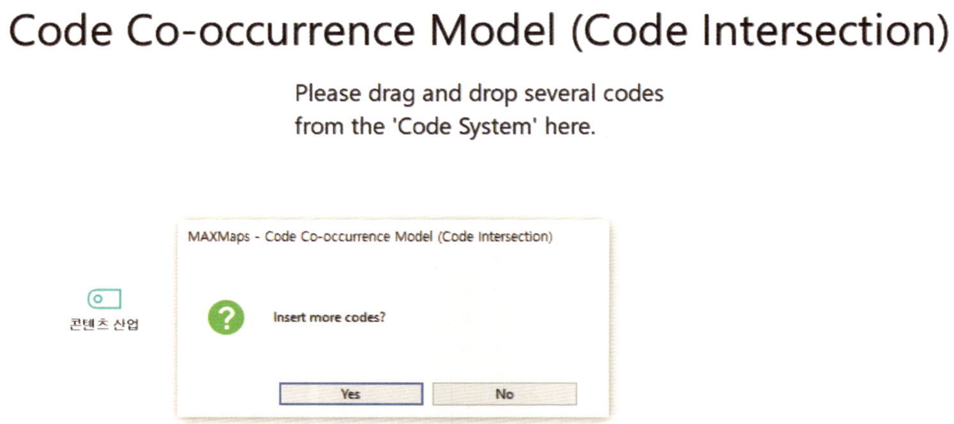

이번에는 '창의적 문제해결 장치'라는 코드를 추가했습니다. 그런 다음 뜨는 팝업창에는 더 이상 코드를 추가하지 않을 것이므로 'No'를 누릅니다.

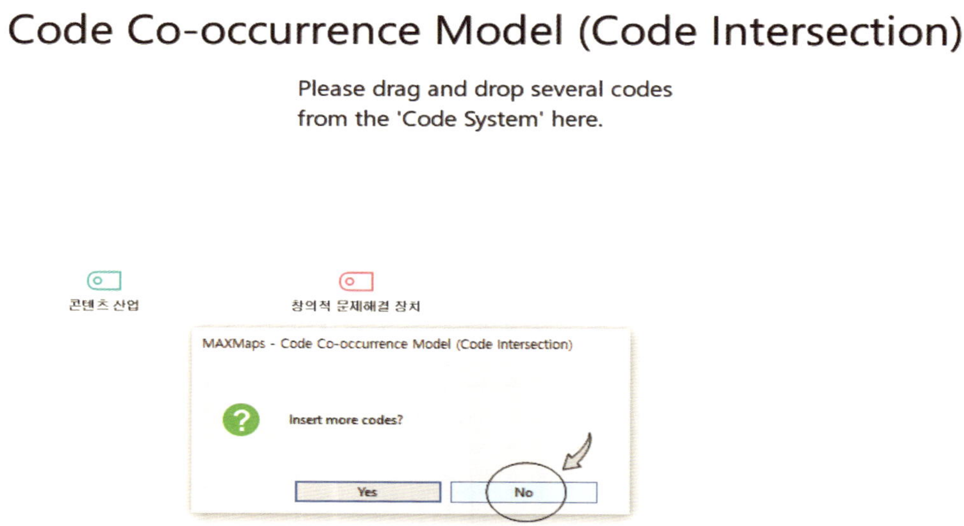

왼쪽에서 자신이 원하는 옵션을 추가할 수 있습니다.

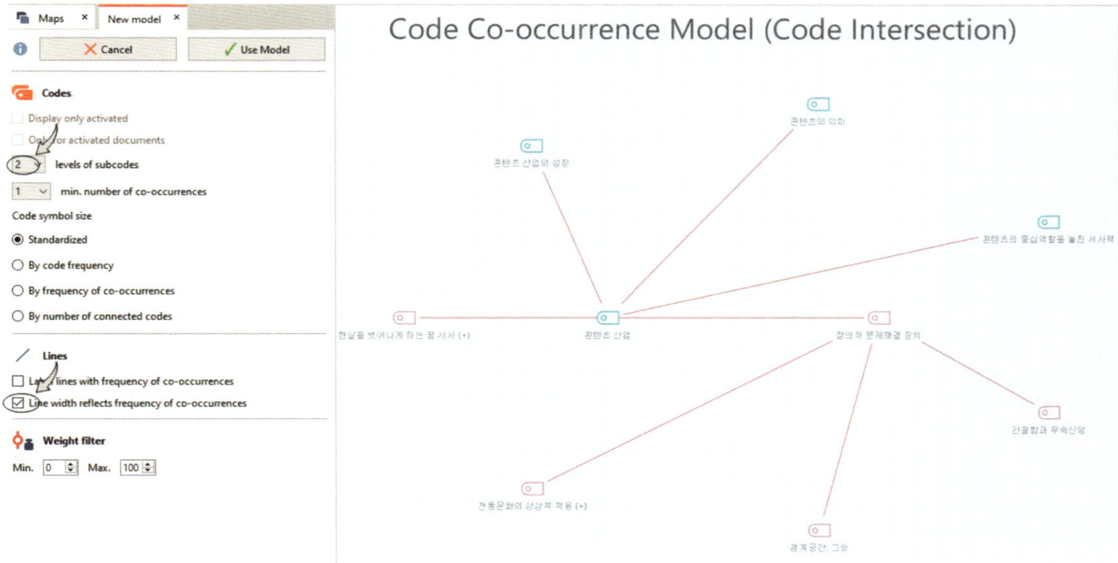

그러자 아래와 같은 네트워크가 생성되었습니다. 빨간 선은 하위 코드를 의미합니다.

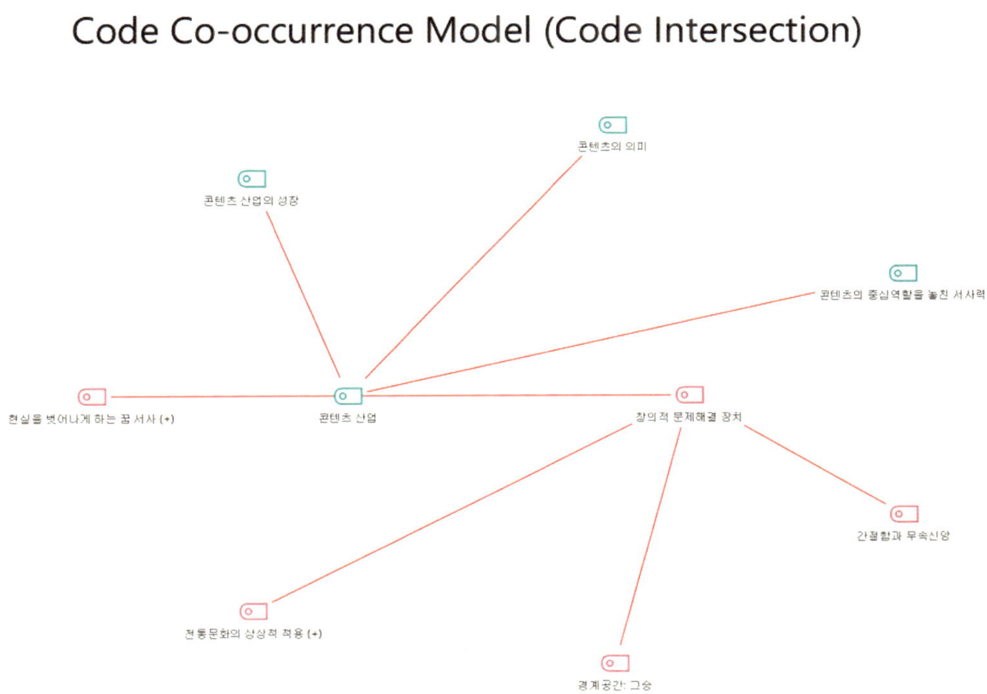

지금까지 MAXMaps의 다양한 기능을 살펴보았습니다. 이 기능을 모두 완전히 이해할 필요는 없습니다. 연습 삼아 여러 모델을 그려보면서 자유롭게 활용해 보세요.

개요 작성하기

지금까지 자료를 다각도로 살펴보면서 탐색을 해 보았습니다. 텍스트를 읽고 분석한다는 것이 단순히 코딩과 범주화만으로 끝나지 않는 것임을 알 수 있겠지요. 결과를 이렇게 저렇게 비교하고 표를 만들고 그림을 그려보는 과정에서 분석의 결과가 좀 더 명확해집니다. 이제는 지금까지의 작업을 정리하면서 독자들에게 어떠한 순서로 결과를 제시하는 것이 효과적일지 고려해야 합니다.

지금까지 아홉 개 문헌을 읽고 다각도로 살펴보았습니다. 분석할 때에는 처음에 밝힌 연구 질문에 대한 답을 찾으면서 문헌고찰의 목적을 일관되게 유지해야 합니다. 제 연구 질문은 (1) 웹툰 쌍갑포차와 관련해서 어떠한 종류의 연구들이 보고되고 있는가? (2) 웹툰 쌍갑포차와 관련해서 문헌에서 주요 관심사로 다뤄지고 있는 것은 무엇인가? (3) 어떠한 추가 연구가 필요한가? 였지요. 이 질문들을 염두에 두면서 다음과 같이 개념도를 작성하였습니다. 그리고 이 과정에서 '작품성과 대중성'이라는 핵심개념을 중심으로 분석 결과를 연결해 보았습니다. 이것은 저의 해석에 해당합니다. 여기에는 상위 테마도 있고 하위 테마도 있는데, 글을 쓴다면 위계적으로 상위에 있는 내용을 중심적으로 소개한 다음 구체적 설명을 추가하는 형태로 작성할 수 있습니다.

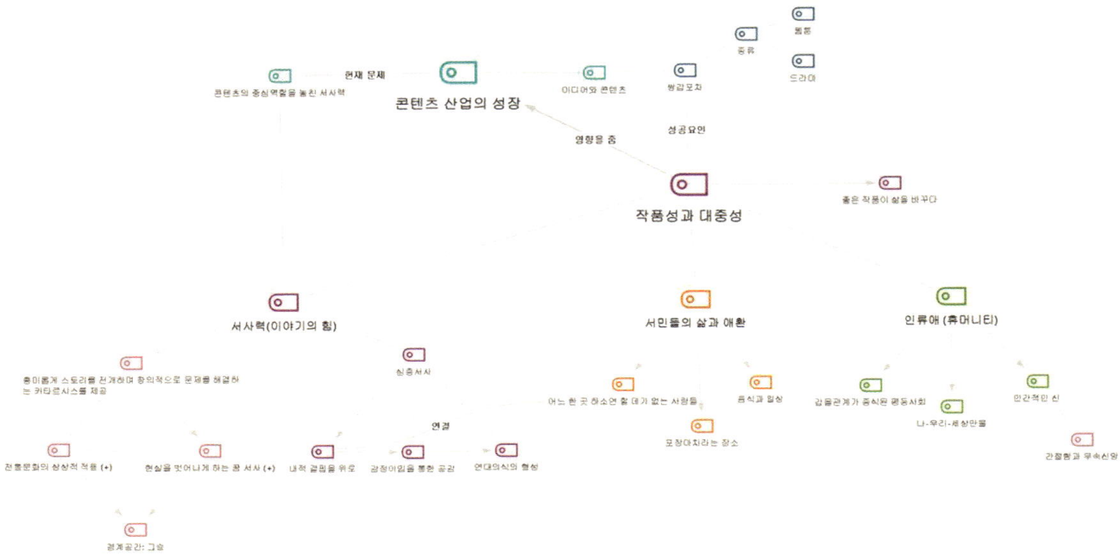

MAXMaps는 코드 간 관련성 이외에도 다양하게 활용될 수 있지요. 저는 지금까지 작성한 메모들 중 테마를 고려하는 데 활용할 수 있는 것들을 펼쳐 놓고 생각을 정리해 보았습니다. 아래와 같이 메모만 모아서 살펴보기도 하고요.

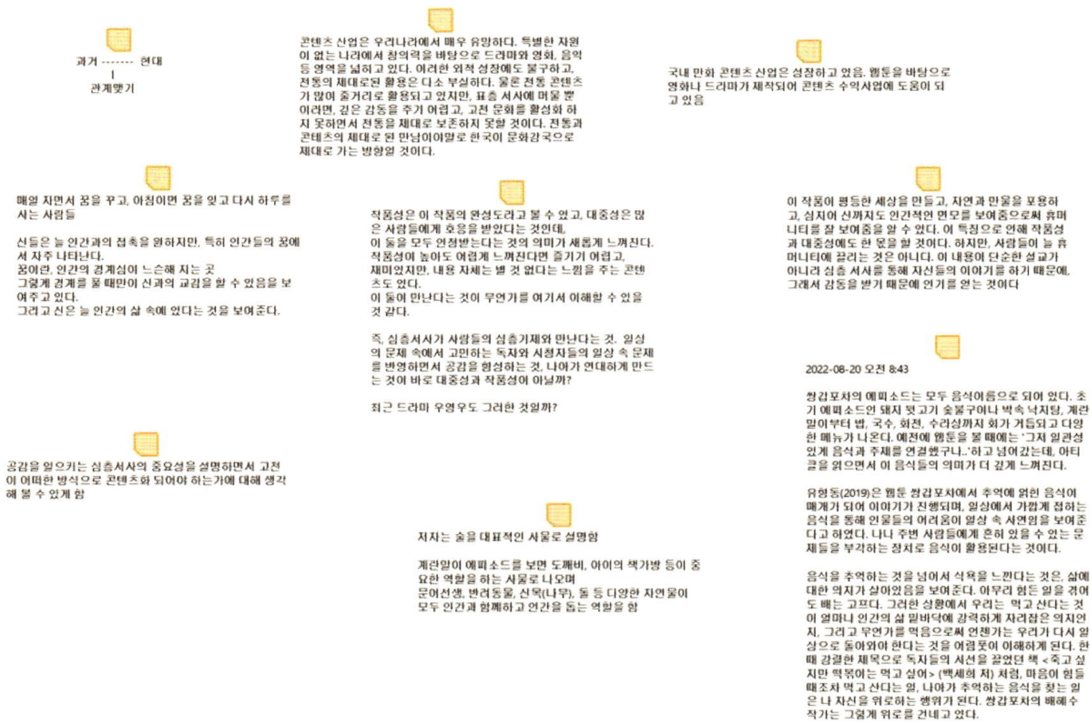

코드와 메모를 합쳐서 전체적인 스토리를 구성해 보기도 하였습니다.

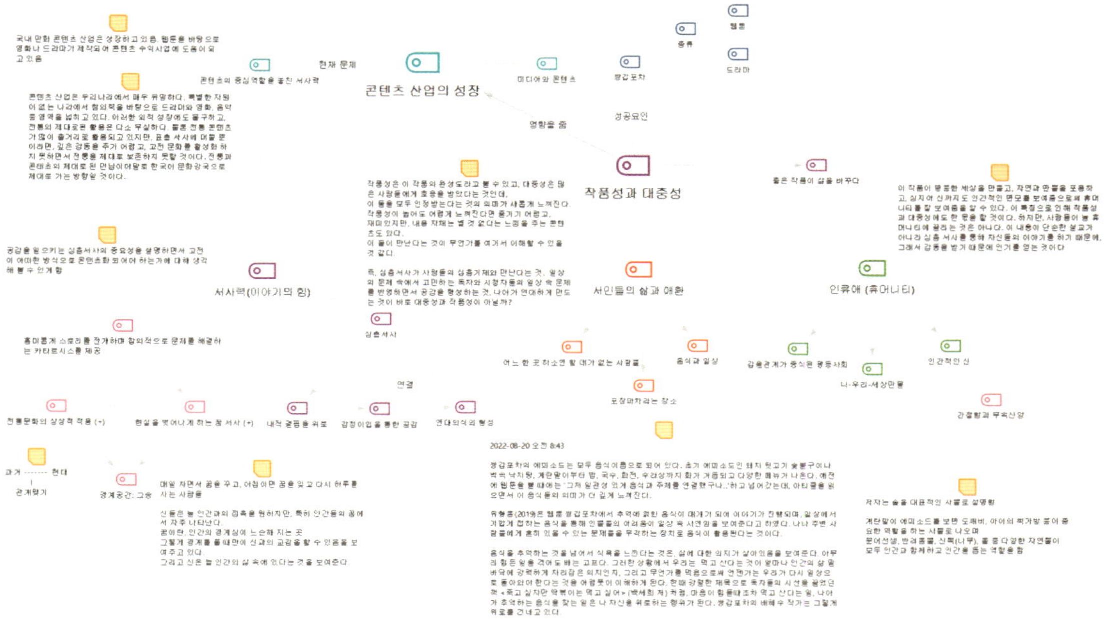

Code Matrix Browser에서 많이 나온 코드는 무엇인지, 특정 아티클에서만 언급된 내용은 무엇인지도 다시 한번 검토하였습니다. 여러 아티클을 통해 가장 강조되는 부분은 '전통 문화의 상상적 적용'인 것 같습니다. 5편의 아티클에 이 코드가 붙었네요.

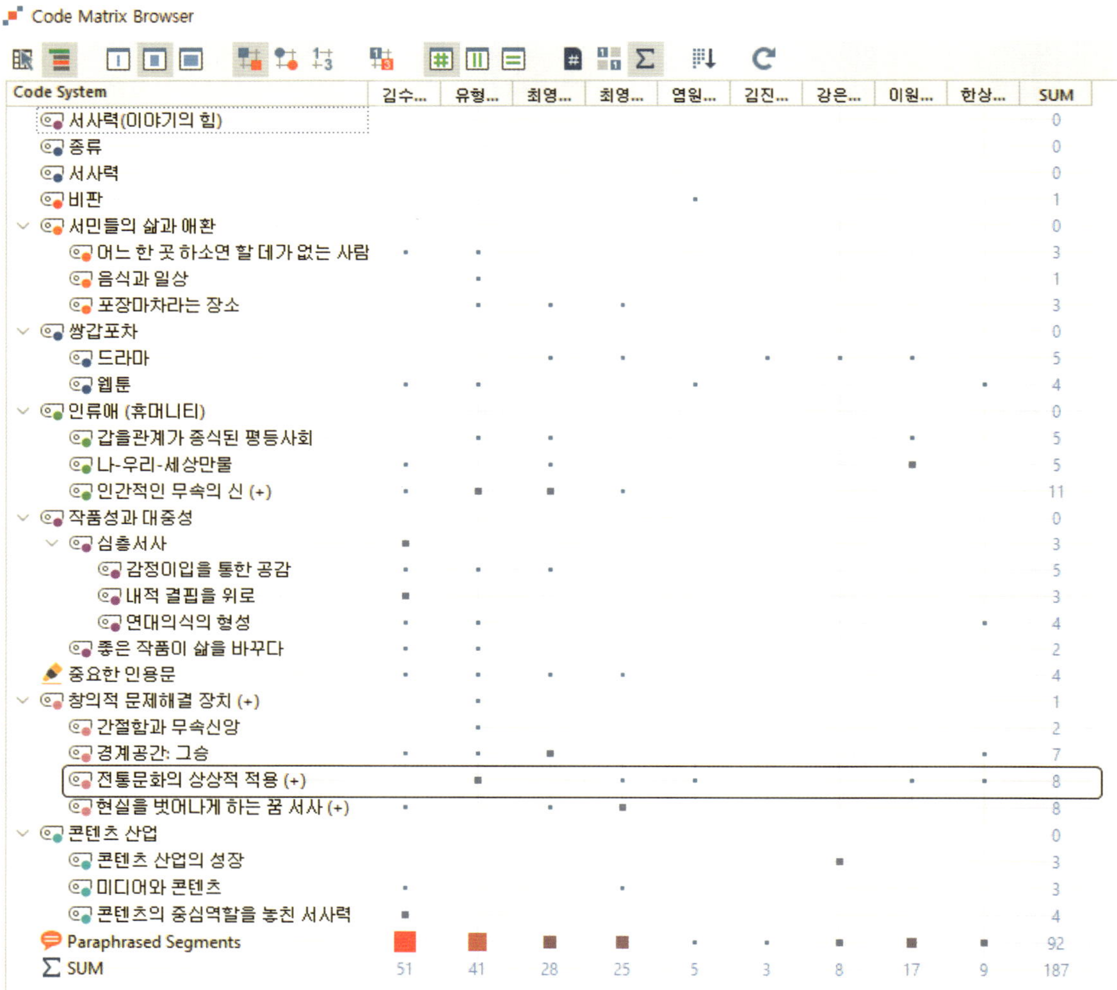

Crosstab에서 드라마 쌍갑포차를 언급한 아티클인지, 아니면 웹툰 쌍갑포차에 대한 아티클인지로 구분한 뒤 코드가 붙은 수치도 아래와 같이 비교하였습니다.

Crosstab

	콘텐츠 종류 = 드라마	콘텐츠 종류 = 웹툰	Total
서사력(이야기의 힘)			
종류			
서사력			
비판		1	1
서민들의 삶과 애환			
어느 한 곳 하소연 할 데가 없는 사람		2	2
음식과 일상		1	1
포장마차라는 장소	2	1	3
쌍갑포차			
드라마	5		5
웹툰		4	4
인류애 (휴머니티)			
갑을관계가 종식된 평등사회	2	1	3
나-우리-세상만물	2	1	3
인간적인 무속의 신 (+)	2	2	4
작품성과 대중성			
심층서사		1	1
감정이입을 통한 공감	1	2	3
내적 결핍을 위로		1	1
연대의식의 형성		3	3
좋은 작품이 삶을 바꾸다		2	2
중요한 인용문	2	2	4
창의적 문제해결 장치 (+)		1	1
간절함과 무속신앙		1	1
경계공간: 그승	1	3	4
전통문화의 상상적 적용 (+)	2	3	5
현실을 벗어나게 하는 꿈 서사 (+)	2	1	3
콘텐츠 산업			
콘텐츠 산업의 성장	1		1
미디어와 콘텐츠	1	1	2
콘텐츠의 중심역할을 놓친 서사력		1	1
Paraphrased Segments	5	4	9
Σ SUM	28	39	67
# N = Documents/Speaker	5 (55.6%)	4 (44.4%)	9 (100.0%)

Interactive Quote Matrix에서 코드가 붙은 인용문도 비교해 보고요.

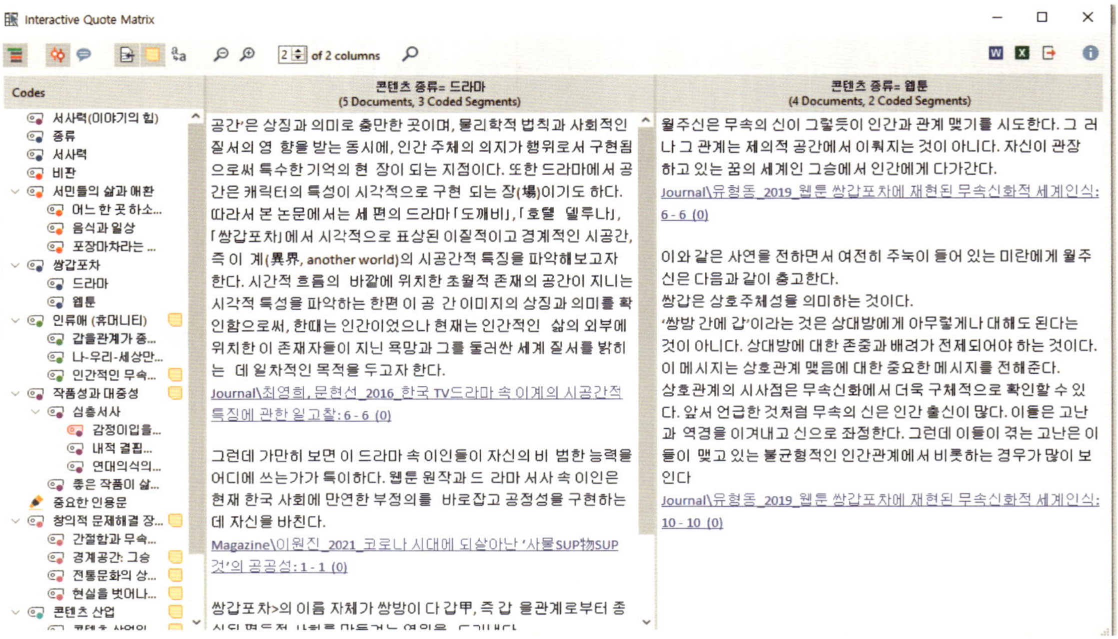

이제는 분석을 마무리하는 중요한 작업, 즉 개요 작성으로 넘어가겠습니다. 개요란, 분석 결과를 독자에게 어떠한 순서로 제시할지 목차로 만들어 보는 것입니다. 개요는 단어 형식으로 짧게 만들 수도 있고, 설명을 추가해 놓을 수도 있습니다. 또한 테마별로 작성할 수도 있고, 이론적 문헌과 실증 연구를 분리해서 결과를 따로 제시할 수도 있으며, 만일 연구 주제가 시간에 따라 다른 양상으로 전개되었다면 연대기적으로 작성할 수도 있습니다(Efron & Ravid, 2020). 이 책에서는 분석 방법을 설명하기 위해 9개의 아티클로 가볍게 문헌고찰을 진행한 것이므로 아래와 같이 간략한 테마 개요를 작성해 보았습니다.

I. 콘텐츠 산업의 성장과 웹툰 시장의 확대
   A. 콘텐츠의 의미 (김수연, 2018; 최영희 외, 2021)
   B. 콘텐츠 산업의 성장 및 관련된 문제 (강은원, 2020; 김수연, 2018)
   C. 콘텐츠 산업과 웹툰 쌍갑포차

1. 웹툰 쌍갑포차 (김수연, 2018; 염원희, 2018; 유형동, 2019; 한상정, 2017)
2. 드라마 쌍갑포차 (강은원, 2020; 김진철, 2021; 이원진, 2021; 최영희 외, 2016; 최영희 외, 2021)
3. 드라마와 웹툰 쌍갑포차의 유사점과 차이점 (웹툰의 창의적 재구성 및 월주라는 주인공에 대한 강조 차이를 설명)

II. 작품성과 대중성
   A. 이야기의 힘인 서사력
      1. 흥미로운 스토리전개와 문제 해결 (유형동, 2019)
         1) 전통문화의 상상적 적용 (염원희, 2018; 유형동, 2019; 이원진, 2021; 최영희 외, 2021; 한상정, 2017)
         2) 현실을 벗어나게 하는 꿈 서사 (김수연, 2018; 최영희 외, 2016; 최영희 외, 2021)
      2. 심층서사
         1) 내적 결핍의 위로 (김수연, 2018)
         2) 감정이입을 통한 공감 (김수연, 2018; 유형동, 2019; 최영희 외, 2016)
         3) 연대의식의 형성 (김수연, 2018; 유형동, 2019)
   B. 서민들의 삶과 애환
      1. 어느 한 곳 하소연할 데가 없는 서민들 (김수연, 2018; 유형동, 2019)
      2. 포창마차라는 장소 (유형동, 2019)
      3. 음식과 일상 (유형동, 2019)
   C. 인류애
      1. 갑을 관계가 종식된 평등사회 (유형동, 2019; 이원진, 2021; 최영희 외, 2016)
      2. 나-우리-세상만물 (김수연, 2018; 이원진, 2021; 최영희 외, 2016)
      3. 인간적인 신 (김수연, 2018; 유형동, 2019; 최영희 외, 2016; 최영희 외, 2021)

III. 기타
   A. 좋은 작품이 삶을 바꾸다 (김수연, 2018; 유형동, 2019)
   B. 개선될 부분 (염원희, 2018)
   C. 추후 연구 가능성

위와 같이 개요를 만들고 나면 이제는 여기에 연구자의 의견을 덧붙이면서 논지를 구성해 갑니다. 이 책에서 저는 분석과정을 보여드리고자 하였기에 글쓰기까지 진행하지는 않았습니다만, 다음과 같이 내용을 요약할 수 있을 것 같습니다.

- 콘텐츠 산업이 빠르게 성장하면서 K팝과 K드라마뿐만 아니라 K툰의 인기도 급상승세다. 콘텐츠는 디지털 매체에 담긴 내용을 말하는데, 일반적으로 이야기보다는 영상과 같이 기술력을 바탕으로 한 디지털 매체 그 자체가 강조되는 편이다. 그러나 전달매체에만 의존한 채 공모전 사업 등에 치우치다 보면 장기적으로는 콘텐츠의 핵심인 스토리를 놓치게 된다. 이 시점에서 웹툰 '쌍갑포차'의 성공요인은 콘텐츠 산업의 미래에 바람직한 시사점을 던져준다. 이 작품은 인기를 얻으며 드라마로도 방영되었는데, 웹툰의 에피소드를 바탕으로 하였지만 사람들을 돕는 월주신의 과거 이야기가 강조되며 일부 스토리가 재구성되었다.
- '쌍갑포차'의 흥행 성공은 한마디로 작품성과 대중성을 모두 지니고 있다는 점이다. 갑을 관계없이 인간과 신, 그리고 만물이 평등한 세상을 꿈꾸는 착한 작품이면서도 사람들을 빠져들게 만드는 이야기의 힘이 있다. 한국의 전통 문화를 자유자재로 활용하며 독자의 상상력을 자극하고, 작중 인물들의 고민을 해결하기 위해 꿈이라는 공간적 장치를 효과적으로 사용하는 것이 특징이다. 그러면서도 어느 틈에 독자의 마음 한구석을 위로하고 깊은 공감과 연대의식을 끌어낸다. 시간과 장소, 직업, 나이를 넘나드는 다양한 서민들, 동물과 식물, 심지어 물건에 깃든 영혼까지 주인공이 되며 그들 삶의 고단함이나 추억과 관련 깊은 음식들이 씨줄과 날줄이 되어 다채로운 작품이 만들어진다.
- 마무리하자면, '쌍갑포차'는 좋은 작품이 인간을 얼마만큼 인간답게 만드는지 보여준다. 추가적으로, 이번 문헌고찰을 하면서 학술지 문헌 하나에서 오류를 발견하였다. 해당 글의 저자는 웹툰 '쌍갑포차'에서 삼신이 붉은 실과 흰 실을 엮으며 상징적으로 남녀를 맺어주는 부분이 중국 월하노인과 우리 문화를 혼동한 것이라고 지적하였으나, 직접 작품을 확인해 본 결과 아래 그림과 같이 삼신은 우리 전통대로 청실홍실을 엮고 있었다(16화 '박속낙지탕'). 학술지 논문 작성 시 자료의 재검토가 요구되는 지점이다. 이번 문헌고찰에서 다룬 학술지나 잡지에 실린 문헌들은 모두 작품에 대한 저자들의 견해를 관련 증거와 함께 논의한 글이었다. 추후에는 '쌍갑포차'나 K툰에 대한 사람들의 경험을 인터뷰나 관찰, 또는 기타 자료(예를 들어 댓글 창의 반응)의 형태로 직접 수집해서 분석하는 실증연구가 필요해 보인다.

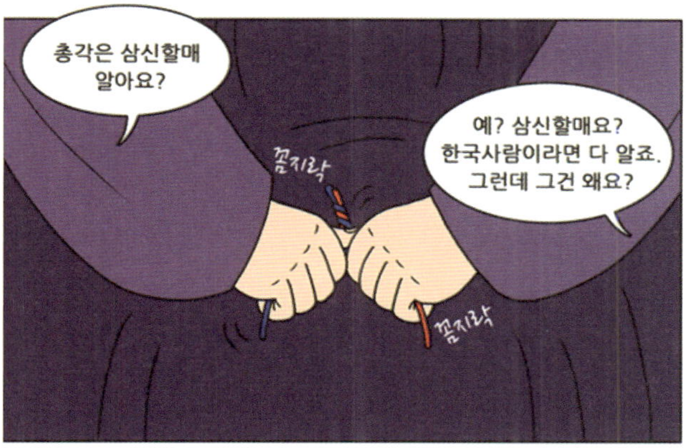

학위 논문이라면 마지막의 추후 연구 가능성 대신 자신의 연구가 필요한 측면을 자연스럽게 부각하면서 논문의 제3장인 방법론으로 이어가는 것이 중요하겠지요.

마치며

문헌고찰은 모든 연구에서 중요한 역할을 합니다. 그렇지만 생각만큼 수월한 작업이 아니지요. 다양한 질적 자료분석 소프트웨어를 활용해 문헌을 검토하면서 분석 작업의 효율도 높이고, 질적 분석 자체에 대한 흥미도 갖게 되길 바랍니다. 이 책에서는 제가 많이 쓰는 기능 위주로 설명했지만, 더 많은 기능이 있다는 점도 잊지 마시고요. 그럼 모두 좋은 연구하시길 바랍니다. 감사합니다!

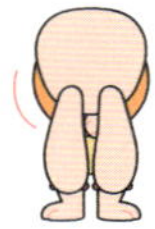

REFERENCES

Branley, D., Seale, C., & Zacharias, T. (2018). Doing a literature review. In C. Seale (Ed.), Researching Society and Culture (4th ed.) (pp. 63-78), Thousand Oaks, CA: Sage.

Bruce, C. (2001). Interpreting the scope of their literature reviews: Significant differences in research students' concerns. New Library World, 102(4), 158-166.

Charmaz, K. (2013). 근거이론의 구성: 질적분석의 실천 지침. 서울: 학지사. (원전은 2006에 출판)

Efron, S. E., & Ravid, R. (2020). 문헌리뷰 작성가이드. 박영 Story

Glaser, B. G., & Strauss, A. L. (1967). The discovery of grounded theory: Strategies for qualitative research. New York, NY: Routledge.

Kelle, U. (2014). Theorization from data. In U. Flick (Ed.), The SAGE Handbook of Qualitative Data Analysis (pp. 554-568). Thousand Oaks, CA: Sage

Phillips, E. M., & Pugh, D. S. (2005). 박사 학위 길잡이. 안그라픽스

Saldaña, J. (2013). The coding manual for qualitative researchers (2nd ed.). Thousand Oaks, CA: Sage.

Taylor, E. W. (2007). An update of transformative learning theory: a critical review of the empirical research (1999-2005). International Journal of Lifelong Education, 26(2), 173-191.

Winkler-Wagner, R. (2015). Having their lives narrowed down?: The state of black women's college success. Review of Educational Research, 85(2), 171-204.

저자 약력

한유리

조지아 대학(The University of Georgia)에서 성인교육 및 인적자원개발로 박사학위를 받았으며, 박사과정 중 알게 된 질적 연구방법론에 흥미를 느껴 지금은 더 많은 사람들이 질적 연구를 쉽게 접하고 즐겁게 연구할 수 있도록 배우고 전달하는 것에 관심이 있다. 『질적연구입문』, 『초보연구자를 위한 질적 자료 분석가이드』, 『차근차근 자문화기술지』를 썼고, 『질적연구의 30가지 노하우』, 『문헌리뷰 작성가이드』, 『사회구성주의로의 초대』를 번역하였다.

dain5479@naver.com

소프트웨어로 해보는 문헌고찰: MAXQDA 활용하기

초판발행 2023년 1월 2일

지은이 한유리
펴낸이 노 현

편 집 김다혜
표지디자인 이영경
제 작 고철민 · 조영환

펴낸곳 ㈜ 피와이메이트
서울특별시 금천구 가산디지털2로 53, 한라시그마밸리 210호(가산동)
등록 2014. 2. 12. 제2018-000080호
전 화 02)733-6771
f a x 02)736-4818
e-mail pys@pybook.co.kr
homepage www.pybook.co.kr
ISBN 979-11-6519-352-2 93370

정 가 18,000원

박영스토리는 박영사와 함께하는 브랜드입니다.